~~: ॐ :~~

श्रीविष्णुसहस्रनामस्तोत्रम्

श्रीमद्भगवद्गीता

श्रीसुन्दरकाण्ड

श्रीरामरक्षास्तोत्र

श्रीकाकभुसुंडिरामायण

श्रीहनुमान चालीसा

~~: ॐ :~~

śrīviṣṇu-sahasranāma-stotram
śrīmad-bhagavad-gītā
śrīsundara-kāṇḍa
śrīrāma-rakṣā-stotra
śrīkāka-bhusuṁḍi-rāmāyaṇa
śrī-hanumāna-cālīsā

Belongs to ______________________

Sanskrit Text with Transliteration (No Translation)

Published by: only **RAMA** only
(an Imprint of e1i1 Corporation)

Title: Vishnu-Sahasranama-Stotram, Bhagavad-Gita, Sundarakanda, Ramaraksha-Stotra, Bhushundi-Ramayana, Hanuman-Chalisa etc., Hymns
Sub-Title: Sanskrit Text with Transliteration (NO Translation)
Editor: Sushma

Identifiers

ISBN: 978-1-945739-53-8 (Paperback)
ISBN: 978-1-945739-54-5 (Hardcover)

—o—

About the Book: This book contains the **śrīviṣṇu-sahasranāma-stotram**, **śrīmad-bhagavad-gītā**, **śrīsundara-kāṇḍa**, **śrīrāma-rakṣā-stotra**, **śrīkāka-bhusuṁḍi-rāmāyaṇa**, **śrī-hanumāna-cālīsā** etc., Hymns and Āratī Texts in Devanāgarī along with Transliteration (but **NO** Translation).

Please Note: This is only a Sanskrit/Devanāgarī Edition, without any Translations.

—o—

Similar books are also available in following formats:

(1) Bhagavad-Gita, Sundarakanda, Rama-Rakha-Stotra, Bhushundi-Ramayana, Hanuman Chalisa etc., Hymns (**with English Translation/Transliteration**) & Vishnu-Sahasranama-Stotram (No Translation)
— Size 8.5"x8.5"—
ISBN: **978-1-945739-51-4** (Paperback)
ISBN: **978-1-945739-52-1** (Hardcover)

(1) Vishnu-Sahasranama-Stotram, Sundarakanda, Bhagavad-Gita (No Translation)
(Convenient 4"x6" Pocket-Sized Edition)
ISBN: **978-1-945739-49-1** (Paperback)

Some other books for your consideration at www.**onlyrama**.com/www.**e1i1**.com

- **Tulsi Ramayana—Hindu Holy Book:** Ramcharitmanas with English Translation/Transliteration
- **Ramcharitmanas - Large/Medium/Small** (No Translation)
- **Sundarakanda:** The Fifth-Ascent of Tulsi Ramayana
- **Bhagavad Gita, The Holy Book of Hindus:** Sanskrit Text, English Translation/Transliteration
- **My Bhagavad Gita Journal:** Journal for recording your everyday thoughts alongside the Gita
- **Rama Hymns:** Hanuman-Chalisa, Rāma-Raksha-Stotra, Nama-Ramayanam etc.
- **Vivekachudamani, Fiery Crest-Jewel of Wisdom:** My Self: the Ātmā Journal -- A Daily Journey of Self Discovery
- **Ashtavakra Gītā, the Fiery Octave:** My Self: the Ātmā Journal
- **Avadhoota Gītā:** My Self: the Ātmā Journal
- **The Fiery Gem of Wisdom:** My Self: the Ātmā Journal
- **Legacy Books - Endowment of Devotion (several):** Journal Books of sacred Hindu Hymns around which the Holy-Name Rama Name can be written; available in Paperback and Hardcover for: **Hanuman Chalisa** (ISBN: 1945739274/ 1945739940) **Sundara-Kanda** (ISBN: 1945739908/ 1945739916) **Rama-Raksha-Stotra** (ISBN: 1945739991/ 1945739967) **Bhushundi-Ramayana** (ISBN: 1945739983/ 1945739975) **Nama-Ramayanam** (ISBN: 1945739304/ 1945739959)
- **Rama Jayam - Likhita Japam Rama-Nama Mala alongside Sacred Hindu Texts (several):** Books for writing the 'Rama' Name 100,000 Times. Rama Jayam - Likhita Japam:Rama-Nama Mala. Available in Book Size 8"x10" (Paperback) for: **Hanuman Chalisa** (ISBN: 1945739169) **Rama Raksha Stotra** (ISBN: 1945739185) **Nama-Ramayanam** (ISBN: 1945739045) **Ramashtakam** (ISBN: 1945739177) **Rama Shatanama Stotra** (ISBN: 1945739266) **Rama-Shatnamavalih** (ISBN: 1945739134) **Simple (I)** (ISBN: 1945739142)
- **Likhita Japam -** Paperback books for writing the 'Rama' Name in dotted grids: **One-Lettered Rama Mantra**, Book Size 8"x10" (ISBN: 1945739312) **Two-Lettered Rama Mantra,** Book Size 8"x10" (ISBN: 1945739320) **Three-Lettered Rama Mantra,** Book Size 8"x10" (ISBN: 1945739339) **Four-Lettered Rama Mantra,** Book Size 8"x10" (ISBN: 1945739347) **Simple (II)** Book Size 7.5"x9.25" (ISBN: 1945739193) **Simple (III)** Book Size 8"x8" (ISBN: 1945739282) **Simple (IV)** Book Size 8.5"x8.5" (ISBN: 1945739878) **Simple (V)** Book Size 8.5"x11" (ISBN: 1945739924)

श्रीविष्णुसहस्रनामस्तोत्रम् śrīviṣṇu-sahasranāma-stotram

stutiḥ स्तुति • ५ - 5
stotram स्तोत्रम् • ११ - 11
uttara bhāgaḥ उत्तर भागः • २५ - 25

श्रीमद्भगवद्गीता śrīmad-bhagavad-gītā

stutiḥ स्तुति • ३१ - 31
canto I – प्रथमोऽध्यायः – अर्जुनविषादयोगः • ३३ - 33
canto II – द्वितीयोऽध्यायः – साङ्ख्ययोगः • ४० - 40
canto III – तृतीयोऽध्यायः – कर्मयोगः • ५० - 50
canto IV – चतुर्थोऽध्यायः – ज्ञानकर्मसंन्यासयोगः • ५६ - 56
canto V – पञ्चमोऽध्यायः – संन्यासयोगः • ६२ - 62
canto VI – षष्ठोऽध्यायः – ध्यानयोगः • ६६ - 66
canto VII – सप्तमोऽध्यायः – ज्ञानविज्ञानयोगः • ७३ - 73
canto VIII – अष्टमोऽध्यायः – अक्षरब्रह्मयोगः • ७८ - 78
canto IX – नवमोऽध्यायः – राजविद्याराजगुह्ययोगः • ८२ - 82
canto X – दशमोऽध्यायः – विभूतियोगः • ८७ - 87
canto XI – एकादशोऽध्यायः – विश्वरूपदर्शनयोगः • ९३ - 93
canto XII – द्वादशोऽध्यायः – भक्तियोगः • १०२ - 102
canto XIII – त्रयोदशोऽध्यायः – क्षेत्रक्षेत्रज्ञविभागयोगः • १०५ - 105
canto XIV – चतुर्दशोऽध्यायः – गुणत्रयविभागयोगः • ११० - 110
canto XV – पञ्चदशोऽध्यायः – पुरुषोत्तमयोगः • ११४ - 114
canto XVI – षोडशोऽध्यायः – दैवासुरसम्पद्विभागयोगः • ११७ - 117
canto XVII – सप्तदशोऽध्यायः – श्रद्धात्रयविभागयोगः • १२१ - 121
canto XVIII – अष्टादशोऽध्यायः – मोक्षसंन्यासयोगः • १२५ - 125
gītāmāhātmyam गीतामाहात्म्यम् • १३६ - 136

श्रीसुन्दरकाण्ड śrīsundara-kāṇḍa

stutiḥ स्तुति • १३७ - 137
śrīsundara-kāṇḍa श्रीसुन्दरकाण्ड • १४० - 140

श्रीरामरक्षास्तोत्र śrīrāma-rakṣā-stotra • १७७ – 177

श्रीकाकभुसुंडिरामायण śrīkāka-bhusuṁḍi-rāmāyaṇa • १८३ – 183

श्रीहनुमान चालीसा śrīhanumāna-cālīsā • १८७ – 187

आरती व स्तुति मंत्र āratīs & stutiḥ mantras • १९० – 190

— ध्यानम् — dhyānam —

ॐ श्री परमात्मने नमः

— om śrī paramātmane namaḥ —

त्वमेव माता च पिता त्वमेव । त्वमेव बंधुश्च सखा त्वमेव ।

tvameva mātā ca pitā tvameva ,
tvameva baṁdhuśca sakhā tvameva ,

त्वमेव विद्या द्रविणं त्वमेव । त्वमेव सर्वं मम देवदेव ॥

tvameva vidyā draviṇaṁ tvameva ,
tvameva sarvaṁ mama devadeva .

— ॐ —

शान्ताकारं भुजगशयनं पद्मनाभं सुरेशं

śāntākāraṁ bhujagaśayanaṁ padmanābhaṁ sureśaṁ

विश्वाधारं गगनसदृशं मेघवर्णं शुभाङ्गम् ।

viśvādhāraṁ gaganasadṛśaṁ meghavarṇaṁ śubhāṅgam ,

लक्ष्मीकान्तं कमलनयनं योगिभिर्ध्यानगम्यं

lakṣmīkāntaṁ kamalanayanaṁ yogibhirdhyānagamyaṁ

वन्दे विष्णुं भवभयहरं सर्वलोकैकनाथम् ॥

vande viṣṇuṁ bhavabhayaharaṁ sarvalokaikanātham .

— ॐ —

यं ब्रह्मा वरुणेन्द्ररुद्रमरुतः स्तुन्वन्ति दिव्यैः स्तवैः

yaṁ brahmā varuṇendrarudramarutaḥ stunvanti divyaiḥ stavaiḥ

वेदैः साङ्गपदक्रमोपनिषदैर्गायन्ति यं सामगाः ।

vedaiḥ sāṅgapadakramopaniṣadairgāyanti yaṁ sāmagāḥ ,

ध्यानावस्थिततद्गतेन मनसा पश्यन्ति यं योगिनो

dhyānāvasthitatadgatena manasā paśyanti yaṁ yogino

यस्यान्तं न विदुः सुरासुरगणा देवाय तस्मै नमः ॥

yasyāntaṁ na viduḥ surāsuragaṇā devāya tasmai namaḥ .

— ॐ —

मूकं करोति वाचालं पङ्गुं लङ्घयते गिरिम् ।

mūkaṁ karoti vācālaṁ paṅguṁ laṅghayate girim ,

यत्कृपा तमहं वन्दे परमानन्दमाधवम् ॥

yatkṛpā tamahaṁ vande paramānandamādhavam .

श्रीविष्णुसहस्रनामस्तोत्रम्

śrīviṣṇu-sahasranāma-stotram

~ॐ~

नारायणं नमस्कृत्य नरं चैव नरोत्तमम् ।
nārāyaṇaṁ namaskṛtya naraṁ caiva narottamam ,
देवीं सरस्वतीं व्यासं ततो जयमुदीरयेत् ॥
devīṁ sarasvatīṁ vyāsaṁ tato jayamudīrayet .

~ॐ~

ॐ अथ सकलसौभाग्यदायक श्रीविष्णुसहस्रनामस्तोत्रम् ।
om atha sakalasaubhāgyadāyaka śrīviṣṇusahasranāmastotram ,

~ॐ~

शुक्लाम्बरधरं विष्णुं शशिवर्णं चतुर्भुजम् ।
śuklāmbaradharaṁ viṣṇuṁ śaśivarṇaṁ caturbhujam ,
प्रसन्नवदनं ध्यायेत् सर्वविघ्नोपशान्तये ॥ १ ॥
prasannavadanaṁ dhyāyet sarvavighnopaśāntaye .1.
यस्य द्विरदवक्त्राद्याः पारिषद्याः परः शतम् ।
yasya dviradavaktrādyāḥ pāriṣadyāḥ paraḥ śatam ,
विघ्नं निघ्नन्ति सततं विष्वक्सेनं तमाश्रये ॥ २ ॥
vighnaṁ nighnanti satataṁ viṣvaksenaṁ tamāśraye . 2.
व्यासं वसिष्ठनप्तारं शक्तेः पौत्रमकल्मषम् ।
vyāsaṁ vasiṣṭhanaptāraṁ śakteḥ pautramakalmaṣam ,
पराशरात्मजं वन्दे शुकतातं तपोनिधिम् ॥ ३ ॥
parāśarātmajaṁ vande śukatātaṁ taponidhim .3.
व्यासाय विष्णुरूपाय व्यासरूपाय विष्णवे ।
vyāsāya viṣṇurūpāya vyāsarūpāya viṣṇave ,
नमो वै ब्रह्मनिधये वासिष्ठाय नमो नमः ॥ ४ ॥
namo vai brahmanidhaye vāsiṣṭhāya namo namaḥ .4.
अविकाराय शुद्धाय नित्याय परमात्मने ।
avikārāya śuddhāya nityāya paramātmane ,
सदैकरूपरूपाय विष्णवे सर्वजिष्णवे ॥ ५ ॥
sadaikarūparūpāya viṣṇave sarvajiṣṇave .5.

यस्य स्मरणमात्रेण जन्मसंसारबन्धनात् ।
yasya smaraṇamātreṇa janmasaṁsārabandhanāt ,
विमुच्यते नमस्तस्मै विष्णवे प्रभविष्णवे ॥ ६ ॥
vimucyate namastasmai viṣṇave prabhaviṣṇave .6.

ॐ नमो विष्णवे प्रभविष्णवे
om namo viṣṇave prabhaviṣṇave

श्रीवैशम्पायन उवाच :
śrīvaiśampāyana uvāca :

श्रुत्वा धर्मानशेषेण पावनानि च सर्वशः ।
śrutvā dharmānaśeṣeṇa pāvanāni ca sarvaśaḥ ,
युधिष्ठिरः शान्तनवं पुनरेवाभ्यभाषत ॥ ७ ॥
yudhiṣṭhiraḥ śāntanavaṁ punarevābhyabhāṣata .7.

युधिष्ठिर उवाच :
yudhiṣṭhira uvāca :

किमेकं दैवतं लोके किं वाप्येकं परायणम् ।
kimekaṁ daivataṁ loke kiṁ vāpyekaṁ parāyaṇam ,
स्तुवन्तः कं कमर्चन्तः प्राप्नुयुर्मानवाः शुभम् ॥ ८ ॥
stuvantaḥ kaṁ kamarcantaḥ prāpnuyurmānavāḥ śubham .8.
को धर्मः सर्वधर्माणां भवतः परमो मतः ।
ko dharmaḥ sarvadharmāṇāṁ bhavataḥ paramo mataḥ ,
किं जपन्मुच्यते जन्तुर्जन्मसंसारबन्धनात् ॥ ९ ॥
kiṁ japanmucyate janturjanmasaṁsārabandhanāt .9.

श्रीभीष्म उवाच :
śrībhīṣma uvāca :

जगत्प्रभुं देवदेवमनन्तं पुरुषोत्तमम् ।
jagatprabhuṁ devadevamanantaṁ puruṣottamam ,
स्तुवन् नामसहस्रेण पुरुषः सततोत्थितः ॥ १० ॥
stuvan nāmasahasreṇa puruṣaḥ satatotthitaḥ .10.
तमेव चार्चयन्नित्यं भक्त्या पुरुषमव्ययम् ।
tameva cārcayannityaṁ bhaktyā puruṣamavyayam ,
ध्यायन् स्तुवन् नमस्यंश्च यजमानस्तमेव च ॥ ११ ॥
dhyāyan stuvan namasyaṁśca yajamānastameva ca .11.

अनादिनिधनं विष्णुं सर्वलोकमहेश्वरम् ।
anādinidhanaṁ viṣṇuṁ sarvalokamaheśvaram ,
लोकाध्यक्षं स्तुवन्नित्यं सर्वदुःखातिगो भवेत् ॥ १२ ॥
lokādhyakṣaṁ stuvannityaṁ sarvaduḥkhātigo bhavet .12.
ब्रह्मण्यं सर्वधर्मज्ञं लोकानां कीर्तिवर्धनम् ।
brahmaṇyaṁ sarvadharmajñaṁ lokānāṁ kīrtivardhanam ,
लोकनाथं महद्भूतं सर्वभूतभवोद्भवम् ॥ १३ ॥
lokanāthaṁ mahadbhūtaṁ sarvabhūtabhavodbhavam .13.
एष मे सर्वधर्माणां धर्मोऽधिकतमो मतः ।
eṣa me sarvadharmāṇāṁ dharmo'dhikatamo mataḥ ,
यद्भक्त्या पुण्डरीकाक्षं स्तवैरर्चेन्नरः सदा ॥ १४ ॥
yadbhaktyā puṇḍarīkākṣaṁ stavairarcennaraḥ sadā .14.
परमं यो महत्तेजः परमं यो महत्तपः ।
paramaṁ yo mahattejaḥ paramaṁ yo mahattapaḥ ,
परमं यो महद्ब्रह्म परमं यः परायणम् ॥ १५ ॥
paramaṁ yo mahadbrahma paramaṁ yaḥ parāyaṇam .15.
पवित्राणां पवित्रं यो मङ्गलानां च मङ्गलम् ।
pavitrāṇāṁ pavitraṁ yo maṅgalānāṁ ca maṅgalam ,
दैवतं दैवतानां च भूतानां योऽव्ययः पिता ॥ १६ ॥
daivataṁ daivatānāṁ ca bhūtānāṁ yo'vyayaḥ pitā .16.
यतः सर्वाणि भूतानि भवन्त्यादियुगागमे ।
yataḥ sarvāṇi bhūtāni bhavantyādiyugāgame ,
यस्मिंश्च प्रलयं यान्ति पुनरेव युगक्षये ॥ १७ ॥
yasmiṁśca pralayaṁ yānti punareva yugakṣaye .17.
तस्य लोकप्रधानस्य जगन्नाथस्य भूपते ।
tasya lokapradhānasya jagannāthasya bhūpate ,
विष्णोर्नामसहस्रं मे श‍ृणु पापभयापहम् ॥ १८ ॥
viṣṇornāmasahasraṁ me śṛṇu pāpabhayāpaham .18.
यानि नामानि गौणानि विख्यातानि महात्मनः ।
yāni nāmāni gauṇāni vikhyātāni mahātmanaḥ ,
ऋषिभिः परिगीतानि तानि वक्ष्यामि भूतये ॥ १९ ॥
ṛṣibhiḥ parigītāni tāni vakṣyāmi bhūtaye .19.

ऋषिर्नाम्नां सहस्रस्य वेदव्यासो महामुनिः ।
ṛṣirnāmnāṁ sahasrasya vedavyāso mahāmuniḥ ,
छन्दोऽनुष्टुप् तथा देवो भगवान् देवकीसुतः ॥ २० ॥
chando'nuṣṭup tathā devo bhagavān devakīsutaḥ .20.
अमृतांशूद्भवो बीजं शक्तिर्देवकिनन्दनः ।
amṛtāṁśūdbhavo bījaṁ śaktirdevakinandanaḥ ,
त्रिसामा हृदयं तस्य शान्त्यर्थे विनियोज्यते ॥ २१ ॥
trisāmā hṛdayaṁ tasya śāntyarthe viniyojyate .21.
विष्णुं जिष्णुं महाविष्णुं प्रभविष्णुं महेश्वरम् ॥
viṣṇuṁ jiṣṇuṁ mahāviṣṇuṁ prabhaviṣṇuṁ maheśvaram .
अनेकरूप दैत्यान्तं नमामि पुरुषोत्तमं ॥ २२ ॥
anekarūpa daityāntaṁ namāmi puruṣottamaṁ .22 .

~ॐ~

न्यासः
nyāsaḥ

~ॐ~

श्रीवेदव्यास उवाच :
śrīvedavyāsa uvāca :

ॐ अस्य श्रीविष्णोर्दिव्यसहस्रनामस्तोत्रमहामन्त्रस्य ।
om asya śrīviṣṇordivyasahasranāmastotramahāmantrasya ,
श्री वेदव्यासो भगवान् ऋषिः । अनुष्टुप् छन्दः ।
śrī vedavyāso bhagavān ṛṣiḥ , anuṣṭup chandaḥ ,
श्रीमहाविष्णुः परमात्मा श्रीमन्नारायणो देवता ।
śrīmahāviṣṇuḥ paramātmā śrīmannārāyaṇo devatā ,
अमृतांशूद्भवो भानुरिति बीजम् ।
amṛtāṁśūdbhavo bhānuriti bījam ,
देवकीनन्दनः स्रष्टेति शक्तिः ।
devakīnandanaḥ sraṣṭeti śaktiḥ ,
उद्भवः क्षोभणो देव इति परमो मन्त्रः ।
udbhavaḥ kṣobhaṇo deva iti paramo mantraḥ ,
शङ्खभृन्नन्दकी चक्रीति कीलकम् ।
śaṅkhabhṛnnandakī cakrīti kīlakam ,
शार्ङ्गधन्वा गदाधर इत्यस्त्रम् ।
śārṅgadhanvā gadādhara ityastram ,
रथाङ्गपाणिरक्षोभ्य इति नेत्रम् ।
rathāṅgapāṇirakṣobhya iti netram ,

त्रिसामा सामगः सामेति कवचम् ।
trisāmā sāmagaḥ sāmeti kavacam ,

आनन्दं परब्रह्मेति योनिः ।
ānandaṁ parabrahmeti yoniḥ ,

ऋतुः सुदर्शनः काल इति दिग्बन्धः ॥
ṛtuḥ sudarśanaḥ kāla iti digbandhaḥ .

श्रीविश्वरूप इति ध्यानम् ।
śrīviśvarūpa iti dhyānam ,

श्रीमहाविष्णुप्रीत्यर्थे सहस्रनामस्तोत्रपाठे विनियोगः ॥
śrīmahāviṣṇuprītyarthe sahasranāmastotrapāṭhe viniyogaḥ .

~ॐ~

अथ ध्यानम्

atha dhyānam

~ॐ~

क्षीरोदन्वत्प्रदेशे शुचिमणिविलसत्सैकतेर्मौक्तिकानां
kṣīrodanvatpradeśe śucimaṇivilasatsaikatermauktikānāṁ

मालाक्लृप्तासनस्थः स्फटिकमणिनिभैर्मौक्तिकैर्मण्डिताङ्गः ।
mālākḷptāsanasthaḥ sphaṭikamaṇinibhairmauktikairmaṇḍitāṅgaḥ ,

शुभ्रैरभ्रैरदभ्रैरुपरिविरचितैर्मुक्तपीयूष वर्षैः
śubhrairabhrairadabhrairupariviracitairmuktapīyūṣa varṣaiḥ

आनन्दी नः पुनीयादरिनलिनगदा शङ्खपाणिर्मुकुन्दः ॥ १ ॥
ānandī naḥ punīyādarinalinagadā śaṅkhapāṇirmukundaḥ .1.

भूः पादौ यस्य नाभिर्वियदसुरनिलश्चन्द्र सूर्यौ च नेत्रे
bhūḥ pādau yasya nābhirviyadasuranilaścandra sūryau ca netre

कर्णावाशाः शिरो द्यौर्मुखमपि दहनो यस्य वास्तेयमब्धिः ।
karṇāvāśāḥ śiro dyaurmukhamapi dahano yasya vāsteyamabdhiḥ ,

अन्तःस्थं यस्य विश्वं सुरनरखगगोभोगिगन्धर्वदैत्यैः
antaḥsthaṁ yasya viśvaṁ suranarakhagagobhogigandharvadaityaiḥ

चित्रं रंरम्यते तं त्रिभुवन वपुषं विष्णुमीशं नमामि ॥ २ ॥
citraṁ raṁramyate taṁ tribhuvana vapuṣaṁ
viṣṇumīśaṁ namāmi .2.

~ॐ~

ॐ शान्ताकारं भुजगशयनं पद्मनाभं सुरेशं
om śāntākāraṁ bhujagaśayanaṁ padmanābhaṁ sureśaṁ

विश्वाधारं गगनसदृशं मेघवर्णं शुभाङ्गम् ।
viśvādhāraṁ gaganasadṛśaṁ meghavarṇaṁ śubhāṅgam ,

लक्ष्मीकान्तं कमलनयनं योगिभिर्ध्यानगम्यं
lakṣmīkāntaṁ kamalanayanaṁ yogibhirdhyānagamyaṁ

वन्दे विष्णुं भवभयहरं सर्वलोकैकनाथम् ॥ ३ ॥
vande viṣṇuṁ bhavabhayaharaṁ sarvalokaikanātham .3.

~ॐ~

मेघश्यामं पीतकौशेयवासं श्रीवत्साङ्कं कौस्तुभोद्भासिताङ्गम् ।
meghaśyāmaṁ pītakauśeyavāsaṁ
śrīvatsāṅkaṁ kaustubhodbhāsitāṅgam ,

पुण्योपेतं पुण्डरीकायताक्षं विष्णुं वन्दे सर्वलोकैकनाथम् ॥ ४ ॥
puṇyopetaṁ puṇḍarīkāyatākṣaṁ
viṣṇuṁ vande sarvalokaikanātham .4.

नमः समस्तभूतानामादिभूताय भूभृते ।
namaḥ samastabhūtānāmādibhūtāya bhūbhṛte ,

अनेकरूपरूपाय विष्णवे प्रभविष्णवे ॥ ५ ॥
anekarūparūpāya viṣṇave prabhaviṣṇave .5.

सशङ्खचक्रं सकिरीटकुण्डलं सपीतवस्त्रं सरसीरुहेक्षणम् ।
saśaṅkhacakraṁ sakirīṭakuṇḍalaṁ sapītavastraṁ sarasīruhekṣaṇam ,

सहारवक्षः स्थलशोभिकौस्तुभं
sahāravakṣaḥ sthalaśobhikaustubhaṁ

नमामि विष्णुं शिरसा चतुर्भुजम् ॥ ६ ॥
namāmi viṣṇuṁ śirasā caturbhujam .6.

छायायां पारिजातस्य हेमसिंहासनोपरि
chāyāyāṁ pārijātasya hemasiṁhāsanopari

आसीनमम्बुदश्याममायताक्षमलंकृतम् ।
āsīnamambudaśyāmamāyatākṣamalaṁkṛtam ,

चन्द्राननं चतुर्बाहुं श्रीवत्साङ्कित वक्षसं
candrānanaṁ caturbāhuṁ śrīvatsāṅkita vakṣasaṁ

रुक्मिणी सत्यभामाभ्यां सहितं कृष्णमाश्रये ॥ ७ ॥
rukmiṇī satyabhāmābhyāṁ sahitaṁ kṛṣṇamāśraye .7.

~ॐ~

स्तोत्रम्

stotram

~ॐ~

ॐ

विश्वं विष्णुर्वषट्कारो भूतभव्यभवत्प्रभुः ।
viśvaṁ viṣṇurvaṣaṭkāro bhūtabhavyabhavatprabhuḥ ,

भूतकृद्भूतभृद्भावो भूतात्मा भूतभावनः ॥ १ ॥
bhūtakṛdbhūtabhṛdbhāvo bhūtātmā bhūtabhāvanaḥ .1.

पूतात्मा परमात्मा च मुक्तानां परमा गतिः ।
pūtātmā paramātmā ca muktānāṁ paramā gatiḥ ,

अव्ययः पुरुषः साक्षी क्षेत्रज्ञोऽक्षर एव च ॥ २ ॥
avyayaḥ puruṣaḥ sākṣī kṣetrajño'kṣara eva ca .2.

योगो योगविदां नेता प्रधानपुरुषेश्वरः ।
yogo yogavidāṁ netā pradhānapuruṣeśvaraḥ ,

नारसिंहवपुः श्रीमान् केशवः पुरुषोत्तमः ॥ ३ ॥
nārasiṁhavapuḥ śrīmān keśavaḥ puruṣottamaḥ .3.

सर्वः शर्वः शिवः स्थाणुर्भूतादिर्निधिरव्ययः ।
sarvaḥ śarvaḥ śivaḥ sthāṇurbhūtādirnidhiravyayaḥ ,

सम्भवो भावनो भर्ता प्रभवः प्रभुरीश्वरः ॥ ४ ॥
sambhavo bhāvano bhartā prabhavaḥ prabhurīśvaraḥ .4.

स्वयम्भूः शम्भुरादित्यः पुष्कराक्षो महास्वनः ।
svayambhūḥ śambhurādityaḥ puṣkarākṣo mahāsvanaḥ ,

अनादिनिधनो धाता विधाता धातुरुत्तमः ॥ ५ ॥
anādinidhano dhātā vidhātā dhāturuttamaḥ .5.

अप्रमेयो हृषीकेशः पद्मनाभोऽमरप्रभुः ।
aprameyo hṛṣīkeśaḥ padmanābho'maraprabhuḥ ,

विश्वकर्मा मनुस्त्वष्टा स्थविष्ठः स्थविरो ध्रुवः ॥ ६ ॥
viśvakarmā manustvaṣṭā sthaviṣṭhaḥ sthaviro dhruvaḥ .6.

अग्राह्यः शाश्वतः कृष्णो लोहिताक्षः प्रतर्दनः ।
agrāhyaḥ śāśvataḥ kṛṣṇo lohitākṣaḥ pratardanaḥ ,

प्रभूतस्त्रिककुब्धाम पवित्रं मङ्गलं परम् ॥ ७ ॥
prabhūtastrikakubdhāma pavitraṁ maṅgalaṁ param .7.

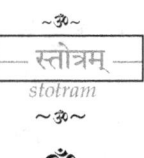

ईशानः प्राणदः प्राणो ज्येष्ठः श्रेष्ठः प्रजापतिः ।
īśānaḥ prāṇadaḥ prāṇo jyeṣṭhaḥ śreṣṭhaḥ prajāpatiḥ ,
हिरण्यगर्भो भूगर्भो माधवो मधुसूदनः ॥८॥
hiraṇyagarbho bhūgarbho mādhavo madhusūdanaḥ .8.
ईश्वरो विक्रमी धन्वी मेधावी विक्रमः क्रमः ।
īśvaro vikramī dhanvī medhāvī vikramaḥ kramaḥ ,
अनुत्तमो दुराधर्षः कृतज्ञः कृतिरात्मवान् ॥९॥
anuttamo durādharṣaḥ kṛtajñaḥ kṛtirātmavān .9.
सुरेशः शरणं शर्म विश्वरेताः प्रजाभवः ।
sureśaḥ śaraṇaṁ śarma viśvaretāḥ prajābhavaḥ ,
अहः संवत्सरो व्यालः प्रत्ययः सर्वदर्शनः ॥१०॥
ahaḥ saṁvatsaro vyālaḥ pratyayaḥ sarvadarśanaḥ .10.
अजः सर्वेश्वरः सिद्धः सिद्धिः सर्वादिरच्युतः ।
ajaḥ sarveśvaraḥ siddhaḥ siddhiḥ sarvādiracyutaḥ ,
वृषाकपिरमेयात्मा सर्वयोगविनिःसृतः ॥११॥
vṛṣākapirameyātmā sarvayogaviniḥsṛtaḥ .11.
वसुर्वसुमनाः सत्यः समात्माऽसम्मितः समः ।
vasurvasumanāḥ satyaḥ samātmā'sammitaḥ samaḥ ,
अमोघः पुण्डरीकाक्षो वृषकर्मा वृषाकृतिः ॥१२॥
amoghaḥ puṇḍarīkākṣo vṛṣakarmā vṛṣākṛtiḥ .12.
रुद्रो बहुशिरा बभ्रुर्विश्वयोनिः शुचिश्रवाः ।
rudro bahuśirā babhrurviśvayoniḥ śuciśravāḥ ,
अमृतः शाश्वतस्थाणुर्वरारोहो महातपाः ॥१३॥
amṛtaḥ śāśvatasthāṇurvarāroho mahātapāḥ .13.
सर्वगः सर्वविद्भानुर्विष्वक्सेनो जनार्दनः ।
sarvagaḥ sarvavidbhānurviṣvakseno janārdanaḥ ,
वेदो वेदविदव्यङ्गो वेदाङ्गो वेदवित् कविः ॥१४॥
vedo vedavidavyaṅgo vedāṅgo vedavit kaviḥ .14.
लोकाध्यक्षः सुराध्यक्षो धर्माध्यक्षः कृताकृतः ।
lokādhyakṣaḥ surādhyakṣo dharmādhyakṣaḥ kṛtākṛtaḥ ,
चतुरात्मा चतुर्व्यूहश्चतुर्दंष्ट्रश्चतुर्भुजः ॥१५॥
caturātmā caturvyūhaścaturdaṁṣṭraścaturbhujaḥ .15.

भ्राजिष्णुर्भोजनं भोक्ता सहिष्णुर्जगदादिजः ।
bhrājiṣṇurbhojanaṁ bhoktā sahiṣṇurjagadādijaḥ ,

अनघो विजयो जेता विश्वयोनिः पुनर्वसुः ॥ १६ ॥
anagho vijayo jetā viśvayoniḥ punarvasuḥ .16.

उपेन्द्रो वामनः प्रांशुरमोघः शुचिरूर्जितः ।
upendro vāmanaḥ prāṁśuramoghaḥ śucirūrjitaḥ ,

अतीन्द्रः सङ्ग्रहः सर्गो धृतात्मा नियमो यमः ॥ १७ ॥
atīndraḥ saṅgrahaḥ sargo dhṛtātmā niyamo yamaḥ .17.

वेद्यो वैद्यः सदायोगी वीरहा माधवो मधुः ।
vedyo vaidyaḥ sadāyogī vīrahā mādhavo madhuḥ ,

अतीन्द्रियो महामायो महोत्साहो महाबलः ॥ १८ ॥
atīndriyo mahāmāyo mahotsāho mahābalaḥ .18.

महाबुद्धिर्महावीर्यो महाशक्तिर्महाद्युतिः ।
mahābuddhirmahāvīryo mahāśaktirmahādyutiḥ ,

अनिर्देश्यवपुः श्रीमानमेयात्मा महाद्रिधृक् ॥ १९ ॥
anirdeśyavapuḥ śrīmānameyātmā mahādridhṛk .19.

महेष्वासो महीभर्ता श्रीनिवासः सतां गतिः ।
maheṣvāso mahībhartā śrīnivāsaḥ satāṁ gatiḥ ,

अनिरुद्धः सुरानन्दो गोविन्दो गोविदां पतिः ॥ २० ॥
aniruddhaḥ surānando govindo govidāṁ patiḥ .20.

मरीचिर्दमनो हंसः सुपर्णो भुजगोत्तमः ।
marīcirdamano haṁsaḥ suparṇo bhujagottamaḥ ,

हिरण्यनाभः सुतपाः पद्मनाभः प्रजापतिः ॥ २१ ॥
hiraṇyanābhaḥ sutapāḥ padmanābhaḥ prajāpatiḥ .21.

अमृत्युः सर्वदृक् सिंहः सन्धाता सन्धिमान् स्थिरः ।
amṛtyuḥ sarvadṛk siṁhaḥ sandhātā sandhimān sthiraḥ ,

अजो दुर्मर्षणः शास्ता विश्रुतात्मा सुरारिहा ॥ २२ ॥
ajo durmarṣaṇaḥ śāstā viśrutātmā surārihā .22.

गुरुर्गुरुतमो धाम सत्यः सत्यपराक्रमः ।
gururgurutamo dhāma satyaḥ satyaparākramaḥ ,

निमिषोऽनिमिषः स्रग्वी वाचस्पतिरुदारधीः ॥ २३ ॥
nimiṣo'nimiṣaḥ sragvī vācaspatirudāradhīḥ .23.

अग्रणीर्ग्रामणीः श्रीमान् न्यायो नेता समीरणः ।
agraṇīrgrāmaṇīḥ śrīmān nyāyo netā samīraṇaḥ ,

सहस्रमूर्धा विश्वात्मा सहस्राक्षः सहस्रपात् ॥ २४ ॥
sahasramūrdhā viśvātmā sahasrākṣaḥ sahasrapāt .24.

आवर्तनो निवृत्तात्मा संवृतः सम्प्रमर्दनः ।
āvartano nivṛttātmā saṁvṛtaḥ sampramardanaḥ ,

अहः संवर्तको वह्निरनिलो धरणीधरः ॥ २५ ॥
ahaḥ saṁvartako vahniranilo dharaṇīdharaḥ .25.

सुप्रसादः प्रसन्नात्मा विश्वधृग्विश्वभुग्विभुः ।
suprasādaḥ prasannātmā viśvadhṛgviśvabhugvibhuḥ ,

सत्कर्ता सत्कृतः साधुर्जह्नुर्नारायणो नरः ॥ २६ ॥
satkartā satkṛtaḥ sādhurjahnurnārāyaṇo naraḥ .26.

असङ्ख्येयोऽप्रमेयात्मा विशिष्टः शिष्टकृच्छुचिः ।
asaṅkhyeyo'prameyātmā viśiṣṭaḥ śiṣṭakṛcchuciḥ ,

सिद्धार्थः सिद्धसङ्कल्पः सिद्धिदः सिद्धिसाधनः ॥ २७ ॥
siddhārthaḥ siddhasaṅkalpaḥ siddhidaḥ siddhisādhanaḥ .27.

वृषाही वृषभो विष्णुर्वृषपर्वा वृषोदरः ।
vṛṣāhī vṛṣabho viṣṇurvṛṣaparvā vṛṣodaraḥ ,

वर्धनो वर्धमानश्च विविक्तः श्रुतिसागरः ॥ २८ ॥
vardhano vardhamānaśca viviktaḥ śrutisāgaraḥ .28.

सुभुजो दुर्धरो वाग्मी महेन्द्रो वसुदो वसुः ।
subhujo durdharo vāgmī mahendro vasudo vasuḥ ,

नैकरूपो बृहद्रूपः शिपिविष्टः प्रकाशनः ॥ २९ ॥
naikarūpo bṛhadrūpaḥ śipiviṣṭaḥ prakāśanaḥ .29.

ओजस्तेजोद्युतिधरः प्रकाशात्मा प्रतापनः ।
ojastejodyutidharaḥ prakāśātmā pratāpanaḥ ,

ऋद्धः स्पष्टाक्षरो मन्त्रश्चन्द्रांशुर्भास्करद्युतिः ॥ ३० ॥
ṛddhaḥ spaṣṭākṣaro mantraścandrāṁśurbhāskaradyutiḥ .30.

अमृतांशूद्भवो भानुः शशबिन्दुः सुरेश्वरः ।
amṛtāṁśūdbhavo bhānuḥ śaśabinduḥ sureśvaraḥ ,

औषधं जगतः सेतुः सत्यधर्मपराक्रमः ॥ ३१ ॥
auṣadhaṁ jagataḥ setuḥ satyadharmaparākramaḥ .31.

भूतभव्यभवन्नाथः पवनः पावनोऽनलः ।
bhūtabhavyabhavannāthaḥ pavanaḥ pāvano'nalaḥ ,

कामहा कामकृत्कान्तः कामः कामप्रदः प्रभुः ॥ ३२ ॥
kāmahā kāmakṛtkāntaḥ kāmaḥ kāmapradaḥ prabhuḥ .32.

युगादिकृद्युगावर्तो नैकमायो महाशनः ।
yugādikṛdyugāvarto naikamāyo mahāśanaḥ ,

अदृश्यो व्यक्तरूपश्च सहस्रजिदनन्तजित् ॥ ३३ ॥
adṛśyo vyaktarūpaśca sahasrajidanantajit .33.

इष्टोऽविशिष्टः शिष्टेष्टः शिखण्डी नहुषो वृषः ।
iṣṭo'viśiṣṭaḥ śiṣṭeṣṭaḥ śikhaṇḍī nahuṣo vṛṣaḥ ,

क्रोधहा क्रोधकृत्कर्ता विश्वबाहुर्महीधरः ॥ ३४ ॥
krodhahā krodhakṛtkartā viśvabāhurmahīdharaḥ .34.

अच्युतः प्रथितः प्राणः प्राणदो वासवानुजः ।
acyutaḥ prathitaḥ prāṇaḥ prāṇado vāsavānujaḥ ,

अपांनिधिरधिष्ठानमप्रमत्तः प्रतिष्ठितः ॥ ३५ ॥
apāṁnidhiradhiṣṭhānamapramattaḥ pratiṣṭhitaḥ .35.

स्कन्दः स्कन्दधरो धुर्यो वरदो वायुवाहनः ।
skandaḥ skandadharo dhuryo varado vāyuvāhanaḥ ,

वासुदेवो बृहद्भानुरादिदेवः पुरन्दरः ॥ ३६ ॥
vāsudevo bṛhadbhānurādidevaḥ purandaraḥ .36.

अशोकस्तारणस्तारः शूरः शौरिर्जनेश्वरः ।
aśokastāraṇastāraḥ śūraḥ śaurirjaneśvaraḥ ,

अनुकूलः शतावर्तः पद्मी पद्मनिभेक्षणः ॥ ३७ ॥
anukūlaḥ śatāvartaḥ padmī padmanibhekṣaṇaḥ .37.

पद्मनाभोऽरविन्दाक्षः पद्मगर्भः शरीरभृत् ।
padmanābho'ravindākṣaḥ padmagarbhaḥ śarīrabhṛt ,

महर्द्धिर्ऋद्धो वृद्धात्मा महाक्षो गरुडध्वजः ॥ ३८ ॥
maharddhirṛddho vṛddhātmā mahākṣo garuḍadhvajaḥ .38.

अतुलः शरभो भीमः समयज्ञो हविर्हरिः ।
atulaḥ śarabho bhīmaḥ samayajño havirhariḥ ,

सर्वलक्षणलक्षण्यो लक्ष्मीवान् समितिञ्जयः ॥ ३९ ॥
sarvalakṣaṇalakṣaṇyo lakṣmīvān samitiñjayaḥ .39.

विक्षरो रोहितो मार्गो हेतुर्दामोदरः सहः ।
vikṣaro rohito mārgo heturdāmodaraḥ sahaḥ ,

महीधरो महाभागो वेगवानमिताशनः ॥४०॥
mahīdharo mahābhāgo vegavānamitāśanaḥ .40.

उद्भवः क्षोभणो देवः श्रीगर्भः परमेश्वरः ।
udbhavaḥ kṣobhaṇo devaḥ śrīgarbhaḥ parameśvaraḥ ,

करणं कारणं कर्ता विकर्ता गहनो गुहः ॥४१॥
karaṇaṁ kāraṇaṁ kartā vikartā gahano guhaḥ .41.

व्यवसायो व्यवस्थानः संस्थानः स्थानदो ध्रुवः ।
vyavasāyo vyavasthānaḥ saṁsthānaḥ sthānado dhruvaḥ ,

परर्द्धिः परमस्पष्टस्तुष्टः पुष्टः शुभेक्षणः ॥४२॥
pararddhiḥ paramaspaṣṭastuṣṭaḥ puṣṭaḥ śubhekṣaṇaḥ .42.

रामो विरामो विरजो मार्गो नेयो नयोऽनयः ।
rāmo virāmo virajo mārgo neyo nayo'nayaḥ ,

वीरः शक्तिमतां श्रेष्ठो धर्मो धर्मविदुत्तमः ॥४३॥
vīraḥ śaktimatāṁ śreṣṭho dharmo dharmaviduttamaḥ .43.

वैकुण्ठः पुरुषः प्राणः प्राणदः प्रणवः पृथुः ।
vaikuṇṭhaḥ puruṣaḥ prāṇaḥ prāṇadaḥ praṇavaḥ pṛthuḥ ,

हिरण्यगर्भः शत्रुघ्नो व्याप्तो वायुरधोक्षजः ॥४४॥
hiraṇyagarbhaḥ śatrughno vyāpto vāyuradhokṣajaḥ .44.

ऋतुः सुदर्शनः कालः परमेष्ठी परिग्रहः ।
ṛtuḥ sudarśanaḥ kālaḥ parameṣṭhī parigrahaḥ ,

उग्रः संवत्सरो दक्षो विश्रामो विश्वदक्षिणः ॥४५॥
ugraḥ saṁvatsaro dakṣo viśrāmo viśvadakṣiṇaḥ .45.

विस्तारः स्थावरस्थाणुः प्रमाणं बीजमव्ययम् ।
vistāraḥ sthāvarasthāṇuḥ pramāṇaṁ bījamavyayam ,

अर्थोऽनर्थो महाकोशो महाभोगो महाधनः ॥४६॥
artho'nartho mahākośo mahābhogo mahādhanaḥ .46.

अनिर्विण्णः स्थविष्ठोऽभूर्धर्मयूपो महामखः ।
anirviṇṇaḥ sthaviṣṭho'bhūrdharmayūpo mahāmakhaḥ ,

नक्षत्रनेमिर्नक्षत्री क्षमः क्षामः समीहनः ॥४७॥
nakṣatranemirnakṣatrī kṣamaḥ kṣāmaḥ samīhanaḥ .47.

यज्ञ इज्यो महेज्यश्च क्रतुः सत्रं सतां गतिः ।
yajña ijyo mahejyaśca kratuḥ satraṁ satāṁ gatiḥ ,
सर्वदर्शी विमुक्तात्मा सर्वज्ञो ज्ञानमुत्तमम् ॥४८॥
sarvadarśī vimuktātmā sarvajño jñānamuttamam .48.
सुव्रतः सुमुखः सूक्ष्मः सुघोषः सुखदः सुहृत् ।
suvrataḥ sumukhaḥ sūkṣmaḥ sughoṣaḥ sukhadaḥ suhṛt ,
मनोहरो जितक्रोधो वीरबाहुर्विदारणः ॥४९॥
manoharo jitakrodho vīrabāhurvidāraṇaḥ .49.
स्वापनः स्ववशो व्यापी नैकात्मा नैककर्मकृत् ।
svāpanaḥ svavaśo vyāpī naikātmā naikakarmakṛt ,
वत्सरो वत्सलो वत्सी रत्नगर्भो धनेश्वरः ॥५०॥
vatsaro vatsalo vatsī ratnagarbho dhaneśvaraḥ .50.
धर्मगुब्धर्मकृद्धर्मी सदसत्क्षरमक्षरम् ।
dharmagubdharmakṛddharmī sadasatkṣaramakṣaram ,
अविज्ञाता सहस्रांशुर्विधाता कृतलक्षणः ॥५१॥
avijñātā sahasrāṁśurvidhātā kṛtalakṣaṇaḥ .51.
गभस्तिनेमिः सत्त्वस्थः सिंहो भूतमहेश्वरः ।
gabhastinemiḥ sattvasthaḥ siṁho bhūtamaheśvaraḥ ,
आदिदेवो महादेवो देवेशो देवभृद्गुरुः ॥५२॥
ādidevo mahādevo deveśo devabhṛdguruḥ .52.
उत्तरो गोपतिर्गोप्ता ज्ञानगम्यः पुरातनः ।
uttaro gopatirgoptā jñānagamyaḥ purātanaḥ ,
शरीरभूतभृद्भोक्ता कपीन्द्रो भूरिदक्षिणः ॥५३॥
śarīrabhūtabhṛdbhoktā kapīndro bhūridakṣiṇaḥ .53.
सोमपोऽमृतपः सोमः पुरुजित्पुरुसत्तमः ।
somapo'mṛtapaḥ somaḥ purujitpurusattamaḥ ,
विनयो जयः सत्यसन्धो दाशार्हः सात्वताम्पतिः ॥५४॥
vinayo jayaḥ satyasandho dāśārhaḥ sātvatāmpatiḥ .54.
जीवो विनयिता साक्षी मुकुन्दोऽमितविक्रमः ।
jīvo vinayitā sākṣī mukundo'mitavikramaḥ ,
अम्भोनिधिरनन्तात्मा महोदधिशयोऽन्तकः ॥५५॥
ambhonidhiranantātmā mahodadhiśayo'ntakaḥ .55.

अजो महार्हः स्वाभाव्यो जितामित्रः प्रमोदनः ।
ajo mahārhaḥ svābhāvyo jitāmitraḥ pramodanaḥ ,
आनन्दो नन्दनो नन्दः सत्यधर्मा त्रिविक्रमः ॥ ५६ ॥
ānando nandano nandaḥ satyadharmā trivikramaḥ .56.

महर्षिः कपिलाचार्यः कृतज्ञो मेदिनीपतिः ।
maharṣiḥ kapilācāryaḥ kṛtajño medinīpatiḥ ,
त्रिपदस्त्रिदशाध्यक्षो महाश्रृङ्गः कृतान्तकृत् ॥ ५७ ॥
tripadastridaśādhyakṣo mahāśṛṅgaḥ kṛtāntakṛt .57.

महावराहो गोविन्दः सुषेणः कनकाङ्गदी ।
mahāvarāho govindaḥ suṣeṇaḥ kanakāṅgadī ,
गुह्यो गभीरो गहनो गुप्तश्चक्रगदाधरः ॥ ५८ ॥
guhyo gabhīro gahano guptaścakragadādharaḥ .58.

वेधाः स्वाङ्गोऽजितः कृष्णो दृढः सङ्कर्षणोऽच्युतः ।
vedhāḥ svāṅgo'jitaḥ kṛṣṇo dṛḍhaḥ saṅkarṣaṇo'cyutaḥ ,
वरुणो वारुणो वृक्षः पुष्कराक्षो महामनाः ॥ ५९ ॥
varuṇo vāruṇo vṛkṣaḥ puṣkarākṣo mahāmanāḥ .59.

भगवान् भगहाऽऽनन्दी वनमाली हलायुधः ।
bhagavān bhagahā''nandī vanamālī halāyudhaḥ ,
आदित्यो ज्योतिरादित्यः सहिष्णुर्गतिसत्तमः ॥ ६० ॥
ādityo jyotirādityaḥ sahiṣṇurgatisattamaḥ .60.

सुधन्वा खण्डपरशुर्दारुणो द्रविणप्रदः ।
sudhanvā khaṇḍaparaśurdāruṇo draviṇapradaḥ ,
दिवस्पृक् सर्वदृग्व्यासो वाचस्पतिरयोनिजः ॥ ६१ ॥
divaspṛk sarvadṛgvyāso vācaspatirayonijaḥ .61.

त्रिसामा सामगः साम निर्वाणं भेषजं भिषक् ।
trisāmā sāmagaḥ sāma nirvāṇaṁ bheṣajaṁ bhiṣak ,
संन्यासकृच्छमः शान्तो निष्ठा शान्तिः परायणम् ॥ ६२ ॥
saṁnyāsakṛcchamaḥ śānto niṣṭhā śāntiḥ parāyaṇam .62.

शुभाङ्गः शान्तिदः स्रष्टा कुमुदः कुवलेशयः ।
śubhāṅgaḥ śāntidaḥ sraṣṭā kumudaḥ kuvaleśayaḥ ,
गोहितो गोपतिर्गोप्ता वृषभाक्षो वृषप्रियः ॥ ६३ ॥
gohito gopatirgoptā vṛṣabhākṣo vṛṣapriyaḥ .63.

अनिवर्ती निवृत्तात्मा सङ्क्षेप्ता क्षेमकृच्छिवः ।
anivartī nivṛttātmā saṅkṣeptā kṣemakṛcchivaḥ ,
श्रीवत्सवक्षाः श्रीवासः श्रीपतिः श्रीमतांवरः ॥ ६४ ॥
śrīvatsavakṣāḥ śrīvāsaḥ śrīpatiḥ śrīmatāṁvaraḥ .64.
श्रीदः श्रीशः श्रीनिवासः श्रीनिधिः श्रीविभावनः ।
śrīdaḥ śrīśaḥ śrīnivāsaḥ śrīnidhiḥ śrīvibhāvanaḥ ,
श्रीधरः श्रीकरः श्रेयः श्रीमाँल्लोकत्रयाश्रयः ॥ ६५ ॥
śrīdharaḥ śrīkaraḥ śreyaḥ śrīmām̐llokatrayāśrayaḥ .65.
स्वक्षः स्वङ्गः शतानन्दो नन्दिर्ज्योतिर्गणेश्वरः ।
svakṣaḥ svaṅgaḥ śatānando nandirjyotirgaṇeśvaraḥ ,
विजितात्माऽविधेयात्मा सत्कीर्तिश्छिन्नसंशयः ॥ ६६ ॥
vijitātmā'vidheyātmā satkīrtiśchinnasaṁśayaḥ .66.
उदीर्णः सर्वतश्चक्षुरनीशः शाश्वतस्थिरः ।
udīrṇaḥ sarvataścakṣuranīśaḥ śāśvatasthiraḥ ,
भूशयो भूषणो भूतिर्विशोकः शोकनाशनः ॥ ६७ ॥
bhūśayo bhūṣaṇo bhūtirviśokaḥ śokanāśanaḥ .67.
अर्चिष्मानर्चितः कुम्भो विशुद्धात्मा विशोधनः ।
arciṣmānarcitaḥ kumbho viśuddhātmā viśodhanaḥ ,
अनिरुद्धोऽप्रतिरथः प्रद्युम्नोऽमितविक्रमः ॥ ६८ ॥
aniruddho'pratirathaḥ pradyumno'mitavikramaḥ .68.
कालनेमिनिहा वीरः शौरिः शूरजनेश्वरः ।
kālaneminihā vīraḥ śauriḥ śūrajaneśvaraḥ ,
त्रिलोकात्मा त्रिलोकेशः केशवः केशिहा हरिः ॥ ६९ ॥
trilokātmā trilokeśaḥ keśavaḥ keśihā hariḥ .69.
कामदेवः कामपालः कामी कान्तः कृतागमः ।
kāmadevaḥ kāmapālaḥ kāmī kāntaḥ kṛtāgamaḥ ,
अनिर्देश्यवपुर्विष्णुर्वीरोऽनन्तो धनञ्जयः ॥ ७० ॥
anirdeśyavapurviṣṇurvīro'nanto dhanañjayaḥ .70.
ब्रह्मण्यो ब्रह्मकृद् ब्रह्मा ब्रह्म ब्रह्मविवर्धनः ।
brahmaṇyo brahmakṛd brahmā brahma brahmavivardhanaḥ ,
ब्रह्मविद् ब्राह्मणो ब्रह्मी ब्रह्मज्ञो ब्राह्मणप्रियः ॥ ७१ ॥
brahmavid brāhmaṇo brahmī brahmajño brāhmaṇapriyaḥ .71.

महाक्रमो महाकर्मा महातेजा महोरगः ।
mahākramo mahākarmā mahātejā mahoragaḥ ,
महाक्रतुर्महायज्वा महायज्ञो महाहविः ॥ ७२ ॥
mahākraturmahāyajvā mahāyajño mahāhaviḥ .72.
स्तव्यः स्तवप्रियः स्तोत्रं स्तुतिः स्तोता रणप्रियः ।
stavyaḥ stavapriyaḥ stotraṁ stutiḥ stotā raṇapriyaḥ ,
पूर्णः पूरयिता पुण्यः पुण्यकीर्तिरनामयः ॥ ७३ ॥
pūrṇaḥ pūrayitā puṇyaḥ puṇyakīrtiranāmayaḥ .73.
मनोजवस्तीर्थकरो वसुरेता वसुप्रदः ।
manojavastīrthakaro vasuretā vasupradaḥ ,
वसुप्रदो वासुदेवो वसुर्वसुमना हविः ॥ ७४ ॥
vasuprado vāsudevo vasurvasumanā haviḥ .74.
सद्गतिः सत्कृतिः सत्ता सद्भूतिः सत्परायणः ।
sadgatiḥ satkṛtiḥ sattā sadbhūtiḥ satparāyaṇaḥ ,
शूरसेनो यदुश्रेष्ठः सन्निवासः सुयामुनः ॥ ७५ ॥
śūraseno yaduśreṣṭhaḥ sannivāsaḥ suyāmunaḥ .75.
भूतावासो वासुदेवः सर्वासुनिलयोऽनलः ।
bhūtāvāso vāsudevaḥ sarvāsunilayo'nalaḥ ,
दर्पहा दर्पदो दृप्तो दुर्धरोऽथापराजितः ॥ ७६ ॥
darpahā darpado dṛpto durdharo'thāparājitaḥ .76.
विश्वमूर्तिर्महामूर्तिर्दीप्तमूर्तिरमूर्तिमान् ।
viśvamūrtirmahāmūrtirdīptamūrtiramūrtimān ,
अनेकमूर्तिरव्यक्तः शतमूर्तिः शताननः ॥ ७७ ॥
anekamūrtiravyaktaḥ śatamūrtiḥ śatānanaḥ .77.
एको नैकः सवः कः किं यत् तत्पदमनुत्तमम् ।
eko naikaḥ savaḥ kaḥ kiṁ yat tatpadamanuttamam ,
लोकबन्धुर्लोकनाथो माधवो भक्तवत्सलः ॥ ७८ ॥
lokabandhurlokanātho mādhavo bhaktavatsalaḥ .78.
सुवर्णवर्णो हेमाङ्गो वराङ्गश्चन्दनाङ्गदी ।
suvarṇavarṇo hemāṅgo varāṅgaścandanāṅgadī ,
वीरहा विषमः शून्यो घृताशीरचलश्चलः ॥ ७९ ॥
vīrahā viṣamaḥ śūnyo ghṛtāśīracalaścalaḥ .79.

अमानी मानदो मान्यो लोकस्वामी त्रिलोकधृक् ।
amānī mānado mānyo lokasvāmī trilokadhṛk ,

सुमेधा मेधजो धन्यः सत्यमेधा धराधरः ॥८०॥
sumedhā medhajo dhanyaḥ satyamedhā dharādharaḥ .80.

तेजोवृषो द्युतिधरः सर्वशस्त्रभृतां वरः ।
tejovṛṣo dyutidharaḥ sarvaśastrabhṛtāṁ varaḥ ,

प्रग्रहो निग्रहो व्यग्रो नैकशृङ्गो गदाग्रजः ॥८१॥
pragraho nigraho vyagro naikaśṛṅgo gadāgrajaḥ .81.

चतुर्मूर्तिश्चतुर्बाहुश्चतुर्व्यूहश्चतुर्गतिः ।
caturmūrtiścaturbāhuścaturvyūhaścaturgatiḥ ,

चतुरात्मा चतुर्भावश्चतुर्वेदविदेकपात् ॥८२॥
caturātmā caturbhāvaścaturvedavidekapāt .82.

समावर्तोऽनिवृत्तात्मा दुर्जयो दुरतिक्रमः ।
samāvarto'nivṛttātmā durjayo duratikramaḥ ,

दुर्लभो दुर्गमो दुर्गो दुरावासो दुरारिहा ॥८३॥
durlabho durgamo durgo durāvāso durārihā .83.

शुभाङ्गो लोकसारङ्गः सुतन्तुस्तन्तुवर्धनः ।
śubhāṅgo lokasāraṅgaḥ sutantustantuvardhanaḥ ,

इन्द्रकर्मा महाकर्मा कृतकर्मा कृतागमः ॥८४॥
indrakarmā mahākarmā kṛtakarmā kṛtāgamaḥ .84.

उद्भवः सुन्दरः सुन्दो रत्ननाभः सुलोचनः ।
udbhavaḥ sundaraḥ sundo ratnanābhaḥ sulocanaḥ ,

अर्को वाजसनः शृङ्गी जयन्तः सर्वविज्जयी ॥८५॥
arko vājasanaḥ śṛṅgī jayantaḥ sarvavijjayī .85.

सुवर्णबिन्दुरक्षोभ्यः सर्ववागीश्वरेश्वरः ।
suvarṇabindurakṣobhyaḥ sarvavāgīśvareśvaraḥ ,

महाह्रदो महागर्तो महाभूतो महानिधिः ॥८६॥
mahāhrado mahāgarto mahābhūto mahānidhiḥ .86.

कुमुदः कुन्दरः कुन्दः पर्जन्यः पावनोऽनिलः ।
kumudaḥ kundaraḥ kundaḥ parjanyaḥ pāvano'nilaḥ ,

अमृताशोऽमृतवपुः सर्वज्ञः सर्वतोमुखः ॥८७॥
amṛtāśo'mṛtavapuḥ sarvajñaḥ sarvatomukhaḥ .87.

सुलभः सुव्रतः सिद्धः शत्रुजिच्छत्रुतापनः ।
sulabhaḥ suvrataḥ siddhaḥ śatrujicchatrutāpanaḥ ,

न्यग्रोधोऽदुम्बरोऽश्वत्थश्चाणूरान्ध्रनिषूदनः ॥८८॥
nyagrodho'dumbaro'śvatthaścāṇūrāndhraniṣūdanaḥ .88.

सहस्रार्चिः सप्तजिह्वः सप्तैधाः सप्तवाहनः ।
sahasrārciḥ saptajihvaḥ saptaidhāḥ saptavāhanaḥ ,

अमूर्तिरनघोऽचिन्त्यो भयकृद्भयनाशनः ॥८९॥
amūrtiranagho'cintyo bhayakṛdbhayanāśanaḥ .89.

अणुर्बृहत्कृशः स्थूलो गुणभृन्निर्गुणो महान् ।
aṇurbṛhatkṛśaḥ sthūlo guṇabhṛnnirguṇo mahān ,

अधृतः स्वधृतः स्वास्यः प्राग्वंशो वंशवर्धनः ॥९०॥
adhṛtaḥ svadhṛtaḥ svāsyaḥ prāgvaṁśo vaṁśavardhanaḥ .90.

भारभृत् कथितो योगी योगीशः सर्वकामदः ।
bhārabhṛt kathito yogī yogīśaḥ sarvakāmadaḥ ,

आश्रमः श्रमणः क्षामः सुपर्णो वायुवाहनः ॥९१॥
āśramaḥ śramaṇaḥ kṣāmaḥ suparṇo vāyuvāhanaḥ .91.

धनुर्धरो धनुर्वेदो दण्डो दमयिता दमः ।
dhanurdharo dhanurvedo daṇḍo damayitā damaḥ ,

अपराजितः सर्वसहो नियन्ताऽनियमोऽयमः ॥९२॥
aparājitaḥ sarvasaho niyantā'niyamo'yamaḥ .92.

सत्त्ववान् सात्त्विकः सत्यः सत्यधर्मपरायणः ।
sattvavān sāttvikaḥ satyaḥ satyadharmaparāyaṇaḥ ,

अभिप्रायः प्रियार्होऽर्हः प्रियकृत् प्रीतिवर्धनः ॥९३॥
abhiprāyaḥ priyārho'rhaḥ priyakṛt prītivardhanaḥ .93.

विहायसगतिर्ज्योतिः सुरुचिर्हुतभुग्विभुः ।
vihāyasagatirjyotiḥ surucirhutabhugvibhuḥ ,

रविर्विरोचनः सूर्यः सविता रविलोचनः ॥९४॥
ravirvirocanaḥ sūryaḥ savitā ravilocanaḥ .94.

अनन्तो हुतभुग्भोक्ता सुखदो नैकजोऽग्रजः ।
ananto hutabhugbhoktā sukhado naikajo'grajaḥ ,

अनिर्विण्णः सदामर्षी लोकाधिष्ठानमद्भुतः ॥९५॥
anirviṇṇaḥ sadāmarṣī lokādhiṣṭhānamadbhutaḥ .95.

सनात्सनातनतमः कपिलः कपिरव्ययः ।
sanātsanātanatamaḥ kapilaḥ kapiravyayaḥ ,
स्वस्तिदः स्वस्तिकृत्स्वस्ति स्वस्तिभुक्स्वस्तिदक्षिणः ॥९६॥
svastidaḥ svastikṛtsvasti svastibhuksvastidakṣiṇaḥ .96.
अरौद्रः कुण्डली चक्री विक्रम्यूर्जितशासनः ।
araudraḥ kuṇḍalī cakrī vikramyūrjitaśāsanaḥ ,
शब्दातिगः शब्दसहः शिशिरः शर्वरीकरः ॥९७॥
śabdātigaḥ śabdasahaḥ śiśiraḥ śarvarīkaraḥ .97.
अक्रूरः पेशलो दक्षो दक्षिणः क्षमिणांवरः ।
akrūraḥ peśalo dakṣo dakṣiṇaḥ kṣamiṇāṁvaraḥ ,
विद्वत्तमो वीतभयः पुण्यश्रवणकीर्तनः ॥९८॥
vidvattamo vītabhayaḥ puṇyaśravaṇakīrtanaḥ .98.
उत्तारणो दुष्कृतिहा पुण्यो दुःस्वप्ननाशनः ।
uttāraṇo duṣkṛtihā puṇyo duḥsvapnanāśanaḥ ,
वीरहा रक्षणः सन्तो जीवनः पर्यवस्थितः ॥९९॥
vīrahā rakṣaṇaḥ santo jīvanaḥ paryavasthitaḥ .99.
अनन्तरूपोऽनन्तश्रीर्जितमन्युर्भयापहः ।
anantarūpo'nantaśrīrjitamanyurbhayāpahaḥ ,
चतुरश्रो गभीरात्मा विदिशो व्यादिशो दिशः ॥१००॥
caturaśro gabhīrātmā vidiśo vyādiśo diśaḥ .100.
अनादिर्भूर्भुवो लक्ष्मीः सुवीरो रुचिराङ्गदः ।
anādirbhūrbhuvo lakṣmīḥ suvīro rucirāṅgadaḥ ,
जननो जनजन्मादिर्भीमो भीमपराक्रमः ॥१०१॥
janano janajanmādirbhīmo bhīmaparākramaḥ .101.
आधारनिलयोऽधाता पुष्पहासः प्रजागरः ।
ādhāranilayo'dhātā puṣpahāsaḥ prajāgaraḥ ,
ऊर्ध्वगः सत्पथाचारः प्राणदः प्रणवः पणः ॥१०२॥
ūrdhvagaḥ satpathācāraḥ prāṇadaḥ praṇavaḥ paṇaḥ .102.
प्रमाणं प्राणनिलयः प्राणभृत्प्राणजीवनः ।
pramāṇaṁ prāṇanilayaḥ prāṇabhṛtprāṇajīvanaḥ ,
तत्त्वं तत्त्वविदेकात्मा जन्ममृत्युजरातिगः ॥१०३॥
tattvaṁ tattvavidekātmā janmamṛtyujarātigaḥ .103.

भूर्भुवःस्वस्तरुस्तारः सविता प्रपितामहः ।
bhūrbhuvaḥsvastarustāraḥ savitā prapitāmahaḥ ,
यज्ञो यज्ञपतिर्यज्वा यज्ञाङ्गो यज्ञवाहनः ॥ १०४ ॥
yajño yajñapatiryajvā yajñāṅgo yajñavāhanaḥ .104.
यज्ञभृद् यज्ञकृद् यज्ञी यज्ञभुग् यज्ञसाधनः ।
yajñabhṛd yajñakṛd yajñī yajñabhug yajñasādhanaḥ ,
यज्ञान्तकृद् यज्ञगुह्यमन्नमन्नाद एव च ॥ १०५ ॥
yajñāntakṛd yajñaguhyamannamannāda eva ca .105.
आत्मयोनिः स्वयञ्जातो वैखानः सामगायनः ।
ātmayoniḥ svayañjāto vaikhānaḥ sāmagāyanaḥ ,
देवकीनन्दनः स्रष्टा क्षितीशः पापनाशनः ॥ १०६ ॥
devakīnandanaḥ sraṣṭā kṣitīśaḥ pāpanāśanaḥ .106.
शङ्खभृन्नन्दकी चक्री शार्ङ्गधन्वा गदाधरः ।
śaṅkhabhṛnnandakī cakrī śārṅgadhanvā gadādharaḥ ,
रथाङ्गपाणिरक्षोभ्यः सर्वप्रहरणायुधः ॥ १०७ ॥
rathāṅgapāṇirakṣobhyaḥ sarvapraharaṇāyudhaḥ .107.

सर्वप्रहरणायुध ॐ नम इति
sarvapraharaṇāyudha om nama iti

वनमाली गदी शार्ङ्गी शङ्खी चक्री च नन्दकी ।
vanamālī gadī śārṅgī śaṅkhī cakrī ca nandakī ,
श्रीमान् नारायणो विष्णुर्वासुदेवोऽभिरक्षतु ॥ १०८ ॥
śrīmān nārāyaṇo viṣṇurvāsudevo'bhirakṣatu .108.

श्री वासुदेवोऽभिरक्षतु ॐ नम इति
śrī vāsudevo'bhirakṣatu om nama iti

~ॐ~

उत्तर भागः

uttara bhāgaḥ

~ॐ~

भीष्म उवाच :

bhīṣma uvāca :

इतीदं कीर्तनीयस्य केशवस्य महात्मनः ।
itīdaṁ kīrtanīyasya keśavasya mahātmanaḥ ,
नाम्नां सहस्रं दिव्यानामशेषेण प्रकीर्तितम् ॥ १ ॥
nāmnāṁ sahasraṁ divyānāmaśeṣeṇa prakīrtitam .1.

य इदं श्रृणुयान्नित्यं यश्चापि परिकीर्तयेत् ।
ya idaṁ śṛṇuyānnityaṁ yaścāpi parikīrtayet ,
नाशुभं प्राप्नुयात्किञ्चित्सोऽमुत्रेह च मानवः ॥ २ ॥
nāśubhaṁ prāpnuyātkiñcitso'mutreha ca mānavaḥ .2.

वेदान्तगो ब्राह्मणः स्यात्क्षत्रियो विजयी भवेत् ।
vedāntago brāhmaṇaḥ syātkṣatriyo vijayī bhavet ,
वैश्यो धनसमृद्धः स्याच्छूद्रः सुखमवाप्नुयात् ॥ ३ ॥
vaiśyo dhanasamṛddhaḥ syācchūdraḥ sukhamavāpnuyāt .3.

धर्मार्थी प्राप्नुयाद्धर्ममर्थार्थी चार्थमाप्नुयात् ।
dharmārthī prāpnuyāddharmamarthārthī cārthamāpnuyāt ,
कामानवाप्नुयात्कामी प्रजार्थी प्राप्नुयात्प्रजाम् ॥ ४ ॥
kāmānavāpnuyātkāmī prajārthī prāpnuyātprajām .4.

भक्तिमान् यः सदोत्थाय शुचिस्तद्गतमानसः ।
bhaktimān yaḥ sadotthāya śucistadgatamānasaḥ ,
सहस्रं वासुदेवस्य नाम्नामेतत्प्रकीर्तयेत् ॥ ५ ॥
sahasraṁ vāsudevasya nāmnāmetatprakīrtayet .5.

यशः प्राप्नोति विपुलं ज्ञातिप्राधान्यमेव च ।
yaśaḥ prāpnoti vipulaṁ jñātiprādhānyameva ca ,
अचलां श्रियमाप्नोति श्रेयः प्राप्नोत्यनुत्तमम् ॥ ६ ॥
acalāṁ śriyamāpnoti śreyaḥ prāpnotyanuttamam .6.

न भयं क्वचिदाप्नोति वीर्यं तेजश्च विन्दति ।
na bhayaṁ kvacidāpnoti vīryaṁ tejaśca vindati ,
भवत्यरोगो द्युतिमान्बलरूपगुणान्वितः ॥ ७ ॥
bhavatyarogo dyutimānbalarūpaguṇānvitaḥ .7.

रोगार्तो मुच्यते रोगाद्बद्धो मुच्येत बन्धनात् ।
rogārto mucyate rogādbaddho mucyeta bandhanāt ,

भयान्मुच्येत भीतस्तु मुच्येतापन्न आपदः ॥ ८ ॥
bhayānmucyeta bhītastu mucyetāpanna āpadaḥ .8.

दुर्गाण्यतितरत्याशु पुरुषः पुरुषोत्तमम् ।
durgāṇyatitaratyāśu puruṣaḥ puruṣottamam ,

स्तुवन्नामसहस्रेण नित्यं भक्तिसमन्वितः ॥ ९ ॥
stuvannāmasahasreṇa nityaṁ bhaktisamanvitaḥ .9.

वासुदेवाश्रयो मर्त्यो वासुदेवपरायणः ।
vāsudevāśrayo martyo vāsudevaparāyaṇaḥ ,

सर्वपापविशुद्धात्मा याति ब्रह्म सनातनम् ॥ १० ॥
sarvapāpaviśuddhātmā yāti brahma sanātanam .10.

न वासुदेवभक्तानामशुभं विद्यते क्वचित् ।
na vāsudevabhaktānāmaśubhaṁ vidyate kvacit ,

जन्ममृत्युजराव्याधिभयं नैवोपजायते ॥ ११ ॥
janmamṛtyujarāvyādhibhayaṁ naivopajāyate .11.

इमं स्तवमधीयानः श्रद्धाभक्तिसमन्वितः ।
imaṁ stavamadhīyānaḥ śraddhābhaktisamanvitaḥ ,

युज्येतात्मसुखक्षान्तिश्रीधृतिस्मृतिकीर्तिभिः ॥ १२ ॥
yujyetātmasukhakṣāntiśrīdhṛtismṛtikīrtibhiḥ .12.

न क्रोधो न च मात्सर्यं न लोभो नाशुभा मतिः ।
na krodho na ca mātsaryaṁ na lobho nāśubhā matiḥ ,

भवन्ति कृत पुण्यानां भक्तानां पुरुषोत्तमे ॥ १३ ॥
bhavanti kṛta puṇyānāṁ bhaktānāṁ puruṣottame .13.

द्यौः सचन्द्रार्कनक्षत्रा खं दिशो भूर्महोदधिः ।
.dyauḥ sacandrārkanakṣatrā khaṁ diśo bhūrmahodadhiḥ ,

वासुदेवस्य वीर्येण विधृतानि महात्मनः ॥ १४ ॥
vāsudevasya vīryeṇa vidhṛtāni mahātmanaḥ .14.

ससुरासुरगन्धर्वं सयक्षोरगराक्षसम् ।
sasurāsuragandharvaṁ sayakṣoragarākṣasam ,

जगद्वशे वर्ततेदं कृष्णस्य सचराचरम् ॥ १५ ॥
jagadvaśe vartatedaṁ kṛṣṇasya sacarācaram .15.

इन्द्रियाणि मनो बुद्धिः सत्त्वं तेजो बलं धृतिः ।
indriyāṇi mano buddhiḥ sattvaṁ tejo balaṁ dhṛtiḥ ,
वासुदेवात्मकान्याहुः क्षेत्रं क्षेत्रज्ञ एव च ॥ १६ ॥
vāsudevātmakānyāhuḥ kṣetraṁ kṣetrajña eva ca .16.
सर्वागमानामाचारः प्रथमं परिकल्पते ।
sarvāgamānāmācāraḥ prathamaṁ parikalpyate ,
आचारप्रभवो धर्मो धर्मस्य प्रभुरच्युतः ॥ १७ ॥
ācāraprabhavo dharmo dharmasya prabhuracyutaḥ .17.
ऋषयः पितरो देवा महाभूतानि धातवः ।
ṛṣayaḥ pitaro devā mahābhūtāni dhātavaḥ ,
जङ्गमाजङ्गमं चेदं जगन्नारायणोद्भवम् ॥ १८ ॥
jaṅgamājaṅgamaṁ cedaṁ jagannārāyaṇodbhavam .18.
योगो ज्ञानं तथा साङ्ख्यं विद्याः शिल्पादि कर्म च ।
yogo jñānaṁ tathā sāṅkhyaṁ vidyāḥ śilpādi karma ca ,
वेदाः शास्त्राणि विज्ञानमेतत्सर्वं जनार्दनात् ॥ १९ ॥
vedāḥ śāstrāṇi vijñānametatsarvaṁ janārdanāt .19.
एको विष्णुर्महद्भूतं पृथग्भूतान्यनेकशः ।
eko viṣṇurmahadbhūtaṁ pṛthagbhūtānyanekaśaḥ ,
त्रींल्लोकान्व्याप्य भूतात्मा भुङ्क्ते विश्वभुगव्ययः ॥ २० ॥
trīṁllokānvyāpya bhūtātmā bhuṅkte viśvabhugavyayaḥ .20.
इमं स्तवं भगवतो विष्णोर्व्यासेन कीर्तितम् ।
imaṁ stavaṁ bhagavato viṣṇorvyāsena kīrtitam ,
पठेद्य इच्छेत्पुरुषः श्रेयः प्राप्तुं सुखानि च ॥ २१ ॥
paṭhedya icchetpuruṣaḥ śreyaḥ prāptuṁ sukhāni ca .21.
विश्वेश्वरमजं देवं जगतः प्रभुमव्ययम् ।
viśveśvaramajaṁ devaṁ jagataḥ prabhumavyayam ,
भजन्ति ये पुष्कराक्षं न ते यान्ति पराभवम् ॥ २२ ॥
bhajanti ye puṣkarākṣaṁ na te yānti parābhavam .22.
न ते यान्ति पराभवम् ॐ नम इति
na te yānti parābhavam om nama iti

~ॐ~

अर्जुन उवाच :
arjuna uvāca :

पद्मपत्रविशालाक्ष पद्मनाभ सुरोत्तम ।
padmapatraviśālākṣa padmanābha surottama ,
भक्तानामनुरक्तानां त्राता भव जनार्दन ॥ २३ ॥
bhaktānāmanuraktānāṁ trātā bhava janārdana .23.

~ॐ~

श्रीभगवानुवाच :
śrībhagavānuvāca :

यो मां नामसहस्रेण स्तोतुमिच्छति पाण्डव ।
yo māṁ nāmasahasreṇa stotumicchati pāṇḍava ,
सोहऽमेकेन श्लोकेन स्तुत एव न संशयः ॥ २४ ॥
soha'mekena ślokena stuta eva na saṁśayaḥ .24.

स्तुत एव न संशय ॐ नम इति
stuta eva na saṁśaya om nama iti

~ॐ~

व्यास उवाच :
vyāsa uvāca :

वासनाद्वासुदेवस्य वासितं भुवनत्रयम् ।
vāsanādvāsudevasya vāsitaṁ bhuvanatrayam ,
सर्वभूतनिवासोऽसि वासुदेव नमोऽस्तु ते ॥ २५ ॥
sarvabhūtanivāso'si vāsudeva namo'stu te .25.

श्री वासुदेव नमोऽस्तुत ॐ नम इति
śrī vāsudeva namo'stuta om nama iti

~ॐ~

पार्वत्युवाच :
pārvatyuvāca :

केनोपायेन लघुना विष्णोर्नामसहस्रकम् ।
kenopāyena laghunā viṣṇornāmasahasrakam ,
पठ्यते पण्डितैर्नित्यं श्रोतुमिच्छाम्यहं प्रभो ॥ २६ ॥
paṭhyate paṇḍitairnityaṁ śrotumicchāmyahaṁ prabho .26.

~::ॐ::~

ईश्वर उवाच :
īśvara uvāca :

श्रीराम राम रामेति रमे रामे मनोरमे ।
śrīrāma rāma rāmeti rame rāme manorame ,
सहस्रनाम तत्तुल्यं राम नाम वरानने ॥ २७ ॥
sahasranāma tattulyaṁ rāma nāma varānane .27.

श्रीरामनाम वरानन ॐ नम इति
śrīrāmanāma varānana om nama iti

~ॐ~

ब्रह्मोवाच :
brahmovāca :

नमोऽस्त्वनन्ताय सहस्रमूर्तये सहस्रपादाक्षिशिरोरुबाहवे ।
namo'stvanantāya sahasramūrtaye sahasrapādākṣiśirorubāhave ,

सहस्रनाम्ने पुरुषाय शाश्वते सहस्रकोटियुगधारिणे नमः ॥ २८ ॥
sahasranāmne puruṣāya śāśvate sahasrakoṭiyugadhāriṇe namaḥ .28.

सहस्रकोटियुगधारिणे ॐ नम इति
sahasrakoṭiyugadhāriṇe om nama iti

~ॐ~

ॐ तत्सदिति श्रीमहाभारते शतसाहस्र्यां संहितायां वैयासिक्यामानुशासनिके
om tatsaditi śrīmahābhārate śatasāhasryāṁ saṁhitāyāṁ vaiyāsikyāmānuśāsanike

पर्वणि भीष्मयुधिष्ठिरसंवादे श्रीविष्णोर्दिव्यसहस्रनामस्तोत्रम् ॥
parvaṇi bhīṣmayudhiṣṭhirasaṁvāde śrīviṣṇordivyasahasranāmastotram .

~ॐ~

सञ्जय उवाच :
sañjaya uvāca :

यत्र योगेश्वरः कृष्णो यत्र पार्थो धनुर्धरः ।
yatra yogeśvaraḥ kṛṣṇo yatra pārtho dhanurdharaḥ ,

तत्र श्रीर्विजयो भूतिर्ध्रुवा नीतिर्मतिर्मम ॥ २९ ॥
tatra śrīrvijayo bhūtirdhruvā nītirmatirmama .29.

~ॐ~

श्रीभगवानुवाच :
śrībhagavānuvāca :

अनन्याश्चिन्तयन्तो मां ये जनाः पर्युपासते ।
ananyāścintayanto māṁ ye janāḥ paryupāsate ,

तेषां नित्याभियुक्तानां योगक्षेमं वहाम्यहम् ॥ ३० ॥
teṣāṁ nityābhiyuktānāṁ yogakṣemaṁ vahāmyaham .30.

परित्राणाय साधूनां विनाशाय च दुष्कृताम् ।
paritrāṇāya sādhūnāṁ vināśāya ca duṣkṛtām ,

धर्मसंस्थापनार्थाय सम्भवामि युगे युगे ॥ ३१ ॥
dharmasaṁsthāpanārthāya sambhavāmi yuge yuge .31.

~ॐ~ ॐ~ ॐ~

आर्ताः विषण्णाः शिथिलाश्च भीताः घोरेषु च व्याधिषु वर्तमानाः ।
ārtāḥ viṣaṇṇāḥ śithilāśca bhītāḥ ghoreṣu ca vyādhiṣu vartamānāḥ ,

सङ्कीर्त्य नारायणशब्दमात्रं विमुक्तदुःखाः सुखिनो भवन्ति ॥ ३२ ॥
saṅkīrtya nārāyaṇaśabdamātraṁ vimuktaduḥkhāḥ sukhino bhavanti .32.

~ॐ~ॐ~ॐ~

कायेन वाचा मनसेन्द्रियैर्वा बुद्ध्यात्मना वा प्रकृतेः स्वभावात्।
kāyena vācā manasendriyairvā
buddhyātmanā vā prakṛteḥ svabhāvāt ,
करोमि यद्यत् सकलं परस्मै नारायणायेति समर्पयामि ॥३३॥
karomi yadyat sakalaṁ parasmai nārāyaṇāyeti samarpayāmi .33.

ॐ
~ॐ~
ॐ~ॐ~ॐ~ॐ~ॐ~
~ॐ~ॐ~ॐ~ॐ~ॐ~ॐ~
~ॐ~ॐ~ॐ~ॐ~ॐ~ॐ~

इति श्रीविष्णोर्दिव्यसहस्रनामस्तोत्रं सम्पूर्णम्
~ॐ~ॐ~ॐ~ॐ~ॐ~ॐ~
~ॐ~ॐ~ॐ~ॐ~ॐ~
~ॐ~ॐ~ॐ~
~ॐ~

— ॐ — स्तुतिः — ॐ — stutiḥ — ॐ —

— ॐ —

पार्थाय प्रतिबोधितां भगवता नारायणेन स्वयम्
pārthāya pratibodhitāṁ bhagavatā
nārāyaṇena svayam
व्यासेनग्रथितां पुराणमुनिना मध्ये महाभारते ।
vyāsenagrathitāṁ purāṇamuninā
madhye mahābhārate ,
अद्वैतामृतवर्षिणीं भगवतीमष्टादशाध्यायिनीम्
advaitāmṛtavarṣiṇīṁ bhagavatīmaṣṭādaśādhyāyinīm
अम्ब त्वामनुसन्दधामि भगवद्गीते भवेद्वेषिणीम् ॥
amba tvāmanusandadhāmi bhagavadgīte bhavedveṣiṇīm .

— ॐ —

नमोऽस्तु ते व्यास विशालबुद्धे फुल्लारविन्दायतपत्रनेत्र ।
namo'stu te vyāsa viśālabuddhe phullāravindāyatapatranetra ,
येन त्वया भारततैलपूर्णः प्रज्वालितो ज्ञानमयः प्रदीपः ॥
yena tvayā bhāratatailapūrṇaḥ prajvālito jñānamayaḥ pradīpaḥ .

— ॐ —

प्रपन्नपारिजाताय तोत्रवेत्रैकपाणये ।
prapannapārijātāya totravetraikapāṇaye ,
ज्ञानमुद्राय कृष्णाय गीतामृतदुहे नमः ॥
jñānamudrāya kṛṣṇāya gītāmṛtaduhe namaḥ .

— ॐ —

सर्वोपनिषदो गावो दोग्धा गोपालनन्दनः ।
sarvopaniṣado gāvo dogdhā gopālanandanaḥ,
पार्थो वत्सः सुधीर्भोक्ता दुग्धं गीतामृतं महत् ॥
pārtho vatsaḥ sudhīrbhoktā
dugdhaṁ gītāmṛtaṁ mahat .

— ॐ —

वसुदेवसुतं देवं कंसचाणूरमर्दनम् ।
vasudevasutaṁ devaṁ kaṁsacāṇūramardanam ,
देवकीपरमानन्दं कृष्णं वन्दे जगद्गुरुम् ॥
devakīparamānandaṁ kṛṣṇaṁ vande jagadgurum .

— ॐ —

भीष्मद्रोणतटा जयद्रथजला गान्धारनीलोत्पला
bhīṣmadroṇataṭā jayadrathajalā gāndhāranīlotpalā
शल्यग्राहवती कृपेण वहनी कर्णेन वेलाकुला ।
śalyagrāhavatī kṛpeṇa vahanī karṇena velākulā ,
अश्वत्थामविकर्णघोरमकरा दुर्योधनावर्तिनी
aśvatthāmavikarṇaghoramakarā duryodhanāvartinī
सोत्तीर्णा खलु पाण्डवैरणनदी कैवर्तकः केशवः ॥
sottīrṇā khalu pāṇḍavairaṇanadī kaivartakaḥ keśavaḥ .

— ॐ —

पाराशर्यवचः सरोजममलं गीतार्थगन्धोत्कटं
pārāśaryavacaḥ sarojamamalaṁ gītārthagandhotkaṭaṁ
नानाख्यानककेसरं हरिकथासम्बोधनाबोधितम् ।
nānākhyānakakesaraṁ harikathāsambodhanābodhitam ।
लोके सज्जनषट्पदैरहरहः पेपीयमानं मुदा
loke sajjanaṣaṭpadairaharahaḥ pepīyamānaṁ mudā
भूयाद्भारतपङ्कजं कलिमलप्रध्वंसिनः श्रेयसे ॥
bhūyādbhāratapaṅkajaṁ kalimalapradhvaṁsinaḥ śreyase .

ॐ

श्रीमद्भगवद्गीता

śrīmadbhagavadgītā

प्रथमोऽध्यायः - अर्जुनविषादयोगः

prathamo'dhyāyaḥ - arjunaviṣādayogaḥ

धृतराष्ट्र उवाच --
dhṛtarāṣṭra uvāca --

धर्मक्षेत्रे कुरुक्षेत्रे समवेता युयुत्सवः ।
dharmakṣetre kurukṣetre samavetā yuyutsavaḥ
मामकाः पाण्डवाश्चैव किमकुर्वत सञ्जय ॥ १-१ ॥
māmakāḥ pāṇḍavāścaiva kimakurvata sañjaya (1-1)

सञ्जय उवाच --
sañjaya uvāca --

दृष्ट्वा तु पाण्डवानीकं व्यूढं दुर्योधनस्तदा ।
dṛṣṭvā tu pāṇḍavānīkaṁ vyūḍhaṁ duryodhanastadā
आचार्यमुपसङ्गम्य राजा वचनमब्रवीत् ॥ १-२ ॥
ācāryamupasaṅgamya rājā vacanamabravīt (1-2)

पश्यैतां पाण्डुपुत्राणामाचार्य महतीं चमूम् ।
paśyaitāṁ pāṇḍuputrāṇāmācārya mahatīṁ camūm
व्यूढां द्रुपदपुत्रेण तव शिष्येण धीमता ॥ १-३ ॥
vyūḍhāṁ drupadaputreṇa tava śiṣyeṇa dhīmatā (1-3)

अत्र शूरा महेष्वासा भीमार्जुनसमा युधि ।
atra śūrā maheṣvāsā bhīmārjunasamā yudhi
युयुधानो विराटश्च द्रुपदश्च महारथः ॥ १-४ ॥
yuyudhāno virāṭaśca drupadaśca mahārathaḥ (1-4)
धृष्टकेतुश्चेकितानः काशिराजश्च वीर्यवान् ।
dhṛṣṭaketuścekitānaḥ kāśirājaśca vīryavān
पुरुजित्कुन्तिभोजश्च शैब्यश्च नरपुङ्गवः ॥ १-५ ॥
purujitkuntibhojaśca śaibyaśca narapuṅgavaḥ (1-5)

युधामन्युश्च विक्रान्त उत्तमौजाश्च वीर्यवान् ।
yudhāmanyuśca vikrānta uttamaujāśca vīryavān
सौभद्रो द्रौपदेयाश्च सर्व एव महारथाः ॥१-६॥
saubhadro draupadeyāśca sarva eva mahārathāḥ (1-6)

अस्माकं तु विशिष्टा ये तान्निबोध द्विजोत्तम ।
asmākaṁ tu viśiṣṭā ye tānnibodha dvijottama
नायका मम सैन्यस्य संज्ञार्थं तान्ब्रवीमि ते ॥१-७॥
nāyakā mama sainyasya saṁjñārthaṁ tānbravīmi te (1-7)

भवान्भीष्मश्च कर्णश्च कृपश्च समितिञ्जयः ।
bhavānbhīṣmaśca karṇaśca kṛpaśca samitiñjayaḥ
अश्वत्थामा विकर्णश्च सौमदत्तिस्तथैव च ॥१-८॥
aśvatthāmā vikarṇaśca saumadattistathaiva ca (1-8)

अन्ये च बहवः शूरा मदर्थे त्यक्तजीविताः ।
anye ca bahavaḥ śūrā madarthe tyaktajīvitāḥ
नानाशस्त्रप्रहरणाः सर्वे युद्धविशारदाः ॥१-९॥
nānāśastrapraharaṇāḥ sarve yuddhaviśāradāḥ (1-9)

अपर्याप्तं तदस्माकं बलं भीष्माभिरक्षितम् ।
aparyāptaṁ tadasmākaṁ balaṁ bhīṣmābhirakṣitam
पर्याप्तं त्विदमेतेषां बलं भीमाभिरक्षितम् ॥१-१०॥
paryāptaṁ tvidameteṣāṁ balaṁ bhīmābhirakṣitam (1-10)

अयनेषु च सर्वेषु यथाभागमवस्थिताः ।
ayaneṣu ca sarveṣu yathābhāgamavasthitāḥ
भीष्ममेवाभिरक्षन्तु भवन्तः सर्व एव हि ॥१-११॥
bhīṣmamevābhirakṣantu bhavantaḥ sarva eva hi (1-11)

तस्य सञ्जनयन्हर्षं कुरुवृद्धः पितामहः ।
tasya sañjanayanharṣaṁ kuruvṛddhaḥ pitāmahaḥ
सिंहनादं विनद्योच्चैः शङ्खं दध्मौ प्रतापवान् ॥१-१२॥
siṁhanādaṁ vinadyoccaiḥ śaṅkhaṁ dadhmau pratāpavān (1-12)

ततः शङ्खाश्च भेर्यश्च पणवानकगोमुखाः ।
tataḥ śaṅkhāśca bheryaśca paṇavānakagomukhāḥ
सहसैवाभ्यहन्यन्त स शब्दस्तुमुलोऽभवत् ॥१-१३॥
sahasaivābhyahanyanta sa śabdastumulo'bhavat (1-13)

ततः श्वेतैर्हयैर्युक्ते महति स्यन्दने स्थितौ ।
tataḥ śvetairhayairyukte mahati syandane sthitau
माधवः पाण्डवश्चैव दिव्यौ शङ्खौ प्रदध्मतुः ॥१-१४॥
mādhavaḥ pāṇḍavaścaiva divyau śaṅkhau pradadhmatuḥ (1-14)

पाञ्चजन्यं हृषीकेशो देवदत्तं धनञ्जयः ।
pāñcajanyaṁ hṛṣīkeśo devadattaṁ dhanañjayaḥ
पौण्ड्रं दध्मौ महाशङ्खं भीमकर्मा वृकोदरः ॥१-१५॥
pauṇḍraṁ dadhmau mahāśaṅkhaṁ bhīmakarmā vṛkodaraḥ (1-15)

अनन्तविजयं राजा कुन्तीपुत्रो युधिष्ठिरः ।
anantavijayaṁ rājā kuntīputro yudhiṣṭhiraḥ
नकुलः सहदेवश्च सुघोषमणिपुष्पकौ ॥१-१६॥
nakulaḥ sahadevaśca sughoṣamaṇipuṣpakau (1-16)

काश्यश्च परमेष्वासः शिखण्डी च महारथः ।
kāśyaśca parameṣvāsaḥ śikhaṇḍī ca mahārathaḥ
धृष्टद्युम्नो विराटश्च सात्यकिश्चापराजितः ॥१-१७॥
dhṛṣṭadyumno virāṭaśca sātyakiścāparājitaḥ (1-17)
द्रुपदो द्रौपदेयाश्च सर्वशः पृथिवीपते ।
drupado draupadeyāśca sarvaśaḥ pṛthivīpate
सौभद्रश्च महाबाहुः शङ्खान्दध्मुः पृथक्पृथक् ॥१-१८॥
saubhadraśca mahābāhuḥ śaṅkhāndadhmuḥ pṛthakpṛthak (1-18)

स घोषो धार्तराष्ट्राणां हृदयानि व्यदारयत् ।
sa ghoṣo dhārtarāṣṭrāṇāṁ hṛdayāni vyadārayat
नभश्च पृथिवीं चैव तुमुलोऽभ्यनुनादयन् ॥१-१९॥
nabhaśca pṛthivīṁ caiva tumulo'bhyanunādayan (1-19)

अथ व्यवस्थितान्दृष्ट्वा धार्तराष्ट्रान् कपिध्वजः ।
atha vyavasthitāndṛṣṭvā dhārtarāṣṭrān kapidhvajaḥ
प्रवृत्ते शस्त्रसम्पाते धनुरुद्यम्य पाण्डवः ॥१-२०॥
pravṛtte śastrasampāte dhanurudyamya pāṇḍavaḥ (1-20)
हृषीकेशं तदा वाक्यमिदमाह महीपते ।
hṛṣīkeśaṁ tadā vākyamidamāha mahīpate

अर्जुन उवाच --
arjuna uvāca --

सेनयोरुभयोर्मध्ये रथं स्थापय मेऽच्युत ॥ १-२१ ॥
senayorubhayormadhye rathaṁ sthāpaya me'cyuta (1-21)
यावदेतान्निरीक्षेऽहं योद्धुकामानवस्थितान् ।
yāvadetānnirīkṣe'haṁ yoddhukāmānavasthitān
कैर्मया सह योद्धव्यमस्मिन् रणसमुद्यमे ॥ १-२२ ॥
kairmayā saha yoddhavyamasmin raṇasamudyame (1-22)

योत्स्यमानानवेक्षेऽहं य एतेऽत्र समागताः ।
yotsyamānānavekṣe'haṁ ya ete'tra samāgatāḥ
धार्तराष्ट्रस्य दुर्बुद्धेर्युद्धे प्रियचिकीर्षवः ॥ १-२३ ॥
dhārtarāṣṭrasya durbuddheryuddhe priyacikīrṣavaḥ (1-23)

सञ्जय उवाच --
sañjaya uvāca --

एवमुक्तो हृषीकेशो गुडाकेशेन भारत ।
evamukto hṛṣīkeśo guḍākeśena bhārata
सेनयोरुभयोर्मध्ये स्थापयित्वा रथोत्तमम् ॥ १-२४ ॥
senayorubhayormadhye sthāpayitvā rathottamam (1-24)
भीष्मद्रोणप्रमुखतः सर्वेषां च महीक्षिताम् ।
bhīṣmadroṇapramukhataḥ sarveṣāṁ ca mahīkṣitām
उवाच पार्थ पश्यैतान्समवेतान्कुरूनिति ॥ १-२५ ॥
uvāca pārtha paśyaitānsamavetānkurūniti (1-25)

तत्रापश्यत्स्थितान्पार्थः पितॄनथ पितामहान् ।
tatrāpaśyatsthitānpārthaḥ pitṝnatha pitāmahān
आचार्यान्मातुलान्भ्रातॄन्पुत्रान्पौत्रान्सखींस्तथा ॥ १-२६ ॥
ācāryānmātulānbhrātṝnputrānpautrānsakhīṁstathā (1-26)
श्वशुरान्सुहृदश्चैव सेनयोरुभयोरपि ।
śvaśurānsuhṛdaścaiva senayorubhayorapi
तान्समीक्ष्य स कौन्तेयः सर्वान्बन्धूनवस्थितान् ॥ १-२७ ॥
tānsamīkṣya sa kaunteyaḥ sarvānbandhūnavasthitān (1-27)
कृपया परयाविष्टो विषीदन्निदमब्रवीत् ।
kṛpayā parayāviṣṭo viṣīdannidamabravīt

अर्जुन उवाच --
arjuna uvāca --

दृष्ट्वेमं स्वजनं कृष्ण युयुत्सुं समुपस्थितम् ॥ १-२८॥
dṛṣṭvemaṁ svajanaṁ kṛṣṇa yuyutsuṁ samupasthitam (1-28)

सीदन्ति मम गात्राणि मुखं च परिशुष्यति ।
sīdanti mama gātrāṇi mukhaṁ ca pariśuṣyati
वेपथुश्च शरीरे मे रोमहर्षश्च जायते ॥ १-२९॥
vepathuśca śarīre me romaharṣaśca jāyate (1-29)

गाण्डीवं स्रंसते हस्तात्त्वक्चैव परिदह्यते ।
gāṇḍīvaṁ sraṁsate hastāttvakcaiva paridahyate
न च शक्नोम्यवस्थातुं भ्रमतीव च मे मनः ॥ १-३०॥
na ca śaknomyavasthātuṁ bhramatīva ca me manaḥ (1-30)

निमित्तानि च पश्यामि विपरीतानि केशव ।
nimittāni ca paśyāmi viparītāni keśava
न च श्रेयोऽनुपश्यामि हत्वा स्वजनमाहवे ॥ १-३१॥
na ca śreyo'nupaśyāmi hatvā svajanamāhave (1-31)

न काङ्क्षे विजयं कृष्ण न च राज्यं सुखानि च ।
na kāṅkṣe vijayaṁ kṛṣṇa na ca rājyaṁ sukhāni ca
किं नो राज्येन गोविन्द किं भोगैर्जीवितेन वा ॥ १-३२॥
kiṁ no rājyena govinda kiṁ bhogairjīvitena vā (1-32)

येषामर्थे काङ्क्षितं नो राज्यं भोगाः सुखानि च ।
yeṣāmarthe kāṅkṣitaṁ no rājyaṁ bhogāḥ sukhāni ca
त इमेऽवस्थिता युद्धे प्राणांस्त्यक्त्वा धनानि च ॥ १-३३॥
ta ime'vasthitā yuddhe prāṇāṁstyaktvā dhanāni ca (1-33)

आचार्याः पितरः पुत्रास्तथैव च पितामहाः ।
ācāryāḥ pitaraḥ putrāstathaiva ca pitāmahāḥ
मातुलाः श्वशुराः पौत्राः श्यालाः सम्बन्धिनस्तथा ॥ १-३४॥
mātulāḥ śvaśurāḥ pautrāḥ śyālāḥ sambandhinastathā (1-34)

एतान्न हन्तुमिच्छामि घ्नतोऽपि मधुसूदन ।
etānna hantumicchāmi ghnato'pi madhusūdana
अपि त्रैलोक्यराज्यस्य हेतोः किं नु महीकृते ॥ १-३५॥
api trailokyarājyasya hetoḥ kiṁ nu mahīkṛte (1-35)

निहत्य धार्तराष्ट्रान्नः का प्रीतिः स्याज्जनार्दन ।
nihatya dhārtarāṣṭrānnaḥ kā prītiḥ syājjanārdana
पापमेवाश्रयेदस्मान्हत्वैतानाततायिनः ॥१-३६॥
pāpamevāśrayedasmānhatvaitānātatāyinaḥ (1-36)
तस्मान्नार्हा वयं हन्तुं धार्तराष्ट्रान्स्वबान्धवान् ।
tasmānnārhā vayaṁ hantuṁ dhārtarāṣṭrānsvabāndhavān
स्वजनं हि कथं हत्वा सुखिनः स्याम माधव ॥१-३७॥
svajanaṁ hi kathaṁ hatvā sukhinaḥ syāma mādhava (1-37)

यद्यप्येते न पश्यन्ति लोभोपहतचेतसः ।
yadyapyete na paśyanti lobhopahatacetasaḥ
कुलक्षयकृतं दोषं मित्रद्रोहे च पातकम् ॥१-३८॥
kulakṣayakṛtaṁ doṣaṁ mitradrohe ca pātakam (1-38)
कथं न ज्ञेयमस्माभिः पापादस्मान्निवर्तितुम् ।
kathaṁ na jñeyamasmābhiḥ pāpādasmānnivartitum
कुलक्षयकृतं दोषं प्रपश्यद्भिर्जनार्दन ॥१-३९॥
kulakṣayakṛtaṁ doṣaṁ prapaśyadbhirjanārdana (1-39)

कुलक्षये प्रणश्यन्ति कुलधर्माः सनातनाः ।
kulakṣaye praṇaśyanti kuladharmāḥ sanātanāḥ
धर्मे नष्टे कुलं कृत्स्नमधर्मोऽभिभवत्युत ॥१-४०॥
dharme naṣṭe kulaṁ kṛtsnamadharmo'bhibhavatyuta (1-40)

अधर्माभिभवात्कृष्ण प्रदुष्यन्ति कुलस्त्रियः ।
adharmābhibhavātkṛṣṇa praduṣyanti kulastriyaḥ
स्त्रीषु दुष्टासु वार्ष्णेय जायते वर्णसङ्करः ॥१-४१॥
strīṣu duṣṭāsu vārṣṇeya jāyate varṇasaṅkaraḥ (1-41)

सङ्करो नरकायैव कुलघ्नानां कुलस्य च ।
saṅkaro narakāyaiva kulaghnānāṁ kulasya ca
पतन्ति पितरो ह्येषां लुप्तपिण्डोदकक्रियाः ॥१-४२॥
patanti pitaro hyeṣāṁ luptapiṇḍodakakriyāḥ (1-42)

दोषैरेतैः कुलघ्नानां वर्णसङ्करकारकैः ।
doṣairetaiḥ kulaghnānāṁ varṇasaṅkarakārakaiḥ
उत्साद्यन्ते जातिधर्माः कुलधर्माश्च शाश्वताः ॥ १-४३ ॥
utsādyante jātidharmāḥ kuladharmāśca śāśvatāḥ (1-43)

उत्सन्नकुलधर्माणां मनुष्याणां जनार्दन ।
utsannakuladharmāṇāṁ manuṣyāṇāṁ janārdana
नरके नियतं वासो भवतीत्यनुशुश्रुम ॥ १-४४ ॥
narake niyataṁ vāso bhavatītyanuśuśruma (1-44)

अहो बत महत्पापं कर्तुं व्यवसिता वयम् ।
aho bata mahatpāpaṁ kartuṁ vyavasitā vayam
यद्राज्यसुखलोभेन हन्तुं स्वजनमुद्यताः ॥ १-४५ ॥
yadrājyasukhalobhena hantuṁ svajanamudyatāḥ (1-45)

यदि मामप्रतीकारमशस्त्रं शस्त्रपाणयः ।
yadi māmapratīkāramaśastraṁ śastrapāṇayaḥ
धार्तराष्ट्रा रणे हन्युस्तन्मे क्षेमतरं भवेत् ॥ १-४६ ॥
dhārtarāṣṭrā raṇe hanyustanme kṣemataraṁ bhavet (1-46)

सञ्जय उवाच --
sañjaya uvāca --

एवमुक्त्वार्जुनः सङ्ख्ये रथोपस्थ उपाविशत् ।
evamuktvārjunaḥ saṅkhye rathopastha upāviśat
विसृज्य सशरं चापं शोकसंविग्नमानसः ॥ १-४७ ॥
visṛjya saśaraṁ cāpaṁ śokasaṁvignamānasaḥ (1-47)

ॐ तत्सदिति श्रीमद्भगवद्गीतासूपनिषत्सु
om tatsaditi śrīmadbhagavadgītāsūpaniṣatsu
ब्रह्मविद्यायां योगशास्त्रे श्रीकृष्णार्जुनसंवादे
brahmavidyāyāṁ yogaśāstre śrīkṛṣṇārjunasaṁvāde
अर्जुनविषादयोगो नाम प्रथमोऽध्यायः ॥
arjunaviṣādayogo nāma prathamo'dhyāyaḥ .

~ॐ~ॐ~ॐ~ॐ~ॐ~ॐ~ ॐ~ ॐ~ ॐ~

द्वितीयोऽध्यायः - साङ्ख्ययोगः

dvitīyo'dhyāyaḥ - sāṅkhyayogaḥ

सञ्जय उवाच --
sañjaya uvāca --

तं तथा कृपयाविष्टमश्रुपूर्णाकुलेक्षणम् ।
taṁ tathā kṛpayāviṣṭamaśrupūrṇākulekṣaṇam
विषीदन्तमिदं वाक्यमुवाच मधुसूदनः ॥२-१॥
viṣīdantamidaṁ vākyamuvāca madhusūdanaḥ (2-1)

श्रीभगवानुवाच --
śrībhagavānuvāca --

कुतस्त्वा कश्मलमिदं विषमे समुपस्थितम् ।
kutastvā kaśmalamidaṁ viṣame samupasthitam
अनार्यजुष्टमस्वर्ग्यमकीर्तिकरमर्जुन ॥२-२॥
anāryajuṣṭamasvargyamakīrtikaramarjuna (2-2)

क्लैब्यं मा स्म गमः पार्थ नैतत्त्वय्युपपद्यते ।
klaibyaṁ mā sma gamaḥ pārtha naitattvayyupapadyate
क्षुद्रं हृदयदौर्बल्यं त्यक्त्वोत्तिष्ठ परन्तप ॥२-३॥
kṣudraṁ hṛdayadaurbalyaṁ tyaktvottiṣṭha parantapa (2-3)

अर्जुन उवाच --
arjuna uvāca --

कथं भीष्ममहं सङ्ख्ये द्रोणं च मधुसूदन ।
kathaṁ bhīṣmamahaṁ saṅkhye droṇaṁ ca madhusūdana
इषुभिः प्रतियोत्स्यामि पूजार्हावरिसूदन ॥२-४॥
iṣubhiḥ pratiyotsyāmi pūjārhāvarisūdana (2-4)

गुरूनहत्वा हि महानुभावान् श्रेयो भोक्तुं भैक्ष्यमपीह लोके ।
gurūnahatvā hi mahānubhāvān śreyo bhoktuṁ bhaikṣyamapīha loke
हत्वार्थकामांस्तु गुरूनिहैव भुञ्जीय भोगान् रुधिरप्रदिग्धान् ॥२-५॥
hatvārthakāmāṁstu gurūnihaiva
bhuñjīya bhogān rudhirapradigdhān (2-5)

न चैतद्विद्मः कतरन्नो गरीयो यद्वा जयेम यदि वा नो जयेयुः ।
na caitadvidmaḥ kataranno garīyo yadvā jayema yadi vā no jayeyuḥ
यानेव हत्वा न जिजीविषामस्तेऽवस्थिताः प्रमुखे धार्तराष्ट्राः ॥२-६॥
yāneva hatvā na jijīviṣāmaste'vasthitāḥ pramukhe dhārtarāṣṭrāḥ (2-6)

कार्पण्यदोषोपहतस्वभावः पृच्छामि त्वां धर्मसम्मूढचेताः ।
kārpaṇyadoṣopahatasvabhāvaḥ
pṛcchāmi tvāṁ dharmasammūḍhacetāḥ
यच्छ्रेयः स्यान्निश्चितं ब्रूहि तन्मे
yacchreyaḥ syānniścitaṁ brūhi tanme
शिष्यस्तेऽहं शाधि मां त्वां प्रपन्नम् ॥२-७॥
śiṣyaste'haṁ śādhi māṁ tvāṁ prapannam (2-7)

न हि प्रपश्यामि ममापनुद्याद् यच्छोकमुच्छोषणमिन्द्रियाणाम् ।
na hi prapaśyāmi mamāpanudyād
yacchokamucchoṣaṇamindriyāṇām
अवाप्य भूमावसपत्नमृद्धं राज्यं सुराणामपि चाधिपत्यम् ॥२-८॥
avāpya bhūmāvasapatnamṛddhaṁ
rājyaṁ surāṇāmapi cādhipatyam (2-8)

सञ्जय उवाच --
sañjaya uvāca --

एवमुक्त्वा हृषीकेशं गुडाकेशः परन्तप ।
evamuktvā hṛṣīkeśaṁ guḍākeśaḥ parantapa
न योत्स्य इति गोविन्दमुक्त्वा तूष्णीं बभूव ह ॥२-९॥
na yotsya iti govindamuktvā tūṣṇīṁ babhūva ha (2-9)

तमुवाच हृषीकेशः प्रहसन्निव भारत ।
tamuvāca hṛṣīkeśaḥ prahasanniva bhārata
सेनयोरुभयोर्मध्ये विषीदन्तमिदं वचः ॥२-१०॥
senayorubhayormadhye viṣīdantamidaṁ vacaḥ (2-10)

श्रीभगवानुवाच --
śrībhagavānuvāca --

अशोच्यानन्वशोचस्त्वं प्रज्ञावादांश्च भाषसे ।
aśocyānanvaśocastvaṁ prajñāvādāṁśca bhāṣase
गतासूनगतासूंश्च नानुशोचन्ति पण्डिताः ॥२-११॥
gatāsūnagatāsūṁśca nānuśocanti paṇḍitāḥ (2-11)

न त्वेवाहं जातु नासं न त्वं नेमे जनाधिपाः ।
na tvevāhaṁ jātu nāsaṁ na tvaṁ neme janādhipāḥ
न चैव न भविष्यामः सर्वे वयमतः परम् ॥२-१२॥
na caiva na bhaviṣyāmaḥ sarve vayamataḥ param (2-12)

देहिनोऽस्मिन्यथा देहे कौमारं यौवनं जरा ।
dehino'sminyathā dehe kaumāraṁ yauvanaṁ jarā
तथा देहान्तरप्राप्तिर्धीरस्तत्र न मुह्यति ॥२-१३॥
tathā dehāntaraprāptirdhīrastatra na muhyati (2-13)

मात्रास्पर्शास्तु कौन्तेय शीतोष्णसुखदुःखदाः ।
mātrāsparśāstu kaunteya śītoṣṇasukhaduḥkhadāḥ
आगमापायिनोऽनित्यास्तांस्तितिक्षस्व भारत ॥२-१४॥
āgamāpāyino'nityāstāṁstitikṣasva bhārata (2-14)

यं हि न व्यथयन्त्येते पुरुषं पुरुषर्षभ ।
yaṁ hi na vyathayantyete puruṣaṁ puruṣarṣabha
समदुःखसुखं धीरं सोऽमृतत्वाय कल्पते ॥२-१५॥
samaduḥkhasukhaṁ dhīraṁ so'mṛtatvāya kalpate (2-15)

नासतो विद्यते भावो नाभावो विद्यते सतः ।
nāsato vidyate bhāvo nābhāvo vidyate sataḥ
उभयोरपि दृष्टोऽन्तस्त्वनयोस्तत्त्वदर्शिभिः ॥२-१६॥
ubhayorapi dṛṣṭo'ntastvanayostattvadarśibhiḥ (2-16)

अविनाशि तु तद्विद्धि येन सर्वमिदं ततम् ।
avināśi tu tadviddhi yena sarvamidaṁ tatam
विनाशमव्ययस्यास्य न कश्चित्कर्तुमर्हति ॥२-१७॥
vināśamavyayasyāsya na kaścitkartumarhati (2-17)

अन्तवन्त इमे देहा नित्यस्योक्ताः शरीरिणः ।
antavanta ime dehā nityasyoktāḥ śarīriṇaḥ
अनाशिनोऽप्रमेयस्य तस्माद्युध्यस्व भारत ॥२-१८॥
anāśino'prameyasya tasmādyudhyasva bhārata (2-18)

य एनं वेत्ति हन्तारं यश्चैनं मन्यते हतम् ।
ya enaṁ vetti hantāraṁ yaścainaṁ manyate hatam
उभौ तौ न विजानीतो नायं हन्ति न हन्यते ॥२-१९॥
ubhau tau na vijānīto nāyaṁ hanti na hanyate (2-19)

न जायते म्रियते वा कदाचिन् नायं भूत्वा भविता वा न भूयः ।
na jāyate mriyate vā kadācin nāyaṁ bhūtvā bhavitā vā na bhūyaḥ
अजो नित्यः शाश्वतोऽयं पुराणो न हन्यते हन्यमाने शरीरे ॥२-२०॥
ajo nityaḥ śāśvato'yaṁ purāṇo na hanyate hanyamāne śarīre (2-20)

वेदाविनाशिनं नित्यं य एनमजमव्ययम् ।
vedāvināśinaṁ nityaṁ ya enamajamavyayam
कथं स पुरुषः पार्थ कं घातयति हन्ति कम् ॥२-२१॥
kathaṁ sa puruṣaḥ pārtha kaṁ ghātayati hanti kam (2-21)

वासांसि जीर्णानि यथा विहाय नवानि गृह्णाति नरोऽपराणि ।
vāsāṁsi jīrṇāni yathā vihāya navāni gṛhṇāti naro'parāṇi
तथा शरीराणि विहाय जीर्णान्यन्यानि संयाति नवानि देही ॥२-२२॥
tathā śarīrāṇi vihāya jīrṇānyanyāni saṁyāti navāni dehī (2-22)

नैनं छिन्दन्ति शस्त्राणि नैनं दहति पावकः ।
nainaṁ chindanti śastrāṇi nainaṁ dahati pāvakaḥ
न चैनं क्लेदयन्त्यापो न शोषयति मारुतः ॥२-२३॥
na cainaṁ kledayantyāpo na śoṣayati mārutaḥ (2-23)

अच्छेद्योऽयमदाह्योऽयमक्लेद्योऽशोष्य एव च ।
acchedyo'yamadāhyo'yamakledyo'śoṣya eva ca
नित्यः सर्वगतः स्थाणुरचलोऽयं सनातनः ॥२-२४॥
nityaḥ sarvagataḥ sthāṇuracalo'yaṁ sanātanaḥ (2-24)

अव्यक्तोऽयमचिन्त्योऽयमविकार्योऽयमुच्यते ।
avyakto'yamacintyo'yamavikāryo'yamucyate
तस्मादेवं विदित्वैनं नानुशोचितुमर्हसि ॥२-२५॥
tasmādevaṁ viditvainaṁ nānuśocitumarhasi (2-25)

अथ चैनं नित्यजातं नित्यं वा मन्यसे मृतम् ।
atha cainaṁ nityajātaṁ nityaṁ vā manyase mṛtam
तथापि त्वं महाबाहो नैवं शोचितुमर्हसि ॥२-२६॥
tathāpi tvaṁ mahābāho naivaṁ śocitumarhasi (2-26)

जातस्य हि ध्रुवो मृत्युर्ध्रुवं जन्म मृतस्य च ।
jātasya hi dhruvo mṛtyurdhruvaṁ janma mṛtasya ca
तस्मादपरिहार्येऽर्थे न त्वं शोचितुमर्हसि ॥२-२७॥
tasmādaparihārye'rthe na tvaṁ śocitumarhasi (2-27)

अव्यक्तादीनि भूतानि व्यक्तमध्यानि भारत ।
avyaktādīni bhūtāni vyaktamadhyāni bhārata

अव्यक्तनिधनान्येव तत्र का परिदेवना ॥२-२८॥
avyaktanidhanānyeva tatra kā paridevanā (2-28)

आश्चर्यवत्पश्यति कश्चिदेनमाश्चर्यवद्वदति तथैव चान्यः ।
āścaryavatpaśyati kaścidenamāścaryavadvadati tathaiva cānyaḥ
आश्चर्यवच्चैनमन्यः शृणोति श्रुत्वाप्येनं वेद न चैव कश्चित् ॥२-२९॥
āścaryavaccainamanyaḥ śṛṇoti
śrutvāpyenaṁ veda na caiva kaścit (2-29)

देही नित्यमवध्योऽयं देहे सर्वस्य भारत ।
dehī nityamavadhyo'yaṁ dehe sarvasya bhārata
तस्मात्सर्वाणि भूतानि न त्वं शोचितुमर्हसि ॥२-३०॥
tasmātsarvāṇi bhūtāni na tvaṁ śocitumarhasi (2-30)

स्वधर्ममपि चावेक्ष्य न विकम्पितुमर्हसि ।
svadharmamapi cāvekṣya na vikampitumarhasi
धर्म्याद्धि युद्धाच्छ्रेयोऽन्यत्क्षत्रियस्य न विद्यते ॥२-३१॥
dharmyāddhi yuddhācchreyo'nyatkṣatriyasya na vidyate (2-31)

यदृच्छया चोपपन्नं स्वर्गद्वारमपावृतम् ।
yadṛcchayā copapannaṁ svargadvāramapāvṛtam
सुखिनः क्षत्रियाः पार्थ लभन्ते युद्धमीदृशम् ॥२-३२॥
sukhinaḥ kṣatriyāḥ pārtha labhante yuddhamīdṛśam (2-32)

अथ चेत्त्वमिमं धर्म्यं सङ्ग्रामं न करिष्यसि ।
atha cettvamimaṁ dharmyaṁ saṅgrāmaṁ na kariṣyasi
ततः स्वधर्मं कीर्तिं च हित्वा पापमवाप्स्यसि ॥२-३३॥
tataḥ svadharmaṁ kīrtiṁ ca hitvā pāpamavāpsyasi (2-33)

अकीर्तिं चापि भूतानि कथयिष्यन्ति तेऽव्ययाम् ।
akīrtiṁ cāpi bhūtāni kathayiṣyanti te'vyayām
सम्भावितस्य चाकीर्तिर्मरणादतिरिच्यते ॥२-३४॥
sambhāvitasya cākīrtirmaraṇādatiricyate (2-34)

भयाद्रणादुपरतं मंस्यन्ते त्वां महारथाः ।
bhayādraṇāduparataṁ maṁsyante tvāṁ mahārathāḥ
येषां च त्वं बहुमतो भूत्वा यास्यसि लाघवम् ॥२-३५॥
yeṣāṁ ca tvaṁ bahumato bhūtvā yāsyasi lāghavam (2-35)

अवाच्यवादांश्च बहून्वदिष्यन्ति तवाहिताः ।
avācyavādāṁśca bahūnvadiṣyanti tavāhitāḥ
निन्दन्तस्तव सामर्थ्यं ततो दुःखतरं नु किम् ॥२-३६॥
nindantastava sāmarthyaṁ tato duḥkhataraṁ nu kim (2-36)

हतो वा प्राप्स्यसि स्वर्गं जित्वा वा भोक्ष्यसे महीम् ।
hato vā prāpsyasi svargaṁ jitvā vā bhokṣyase mahīm
तस्मादुत्तिष्ठ कौन्तेय युद्धाय कृतनिश्चयः ॥२-३७॥
tasmāduttiṣṭha kaunteya yuddhāya kṛtaniścayaḥ (2-37)

सुखदुःखे समे कृत्वा लाभालाभौ जयाजयौ ।
sukhaduḥkhe same kṛtvā lābhālābhau jayājayau
ततो युद्धाय युज्यस्व नैवं पापमवाप्स्यसि ॥२-३८॥
tato yuddhāya yujyasva naivaṁ pāpamavāpsyasi (2-38)

एषा तेऽभिहिता साङ्ख्ये बुद्धिर्योगे त्विमां शृणु ।
eṣā te'bhihitā sāṅkhye buddhiryoge tvimāṁ śṛṇu
बुद्ध्या युक्तो यया पार्थ कर्मबन्धं प्रहास्यसि ॥२-३९॥
buddhyā yukto yayā pārtha karmabandhaṁ prahāsyasi (2-39)

नेहाभिक्रमनाशोऽस्ति प्रत्यवायो न विद्यते ।
nehābhikramanāśo'sti pratyavāyo na vidyate
स्वल्पमप्यस्य धर्मस्य त्रायते महतो भयात् ॥२-४०॥
svalpamapyasya dharmasya trāyate mahato bhayāt (2-40)

व्यवसायात्मिका बुद्धिरेकेह कुरुनन्दन ।
vyavasāyātmikā buddhirekeha kurunandana
बहुशाखा ह्यनन्ताश्च बुद्धयोऽव्यवसायिनाम् ॥२-४१॥
bahuśākhā hyanantāśca buddhayo'vyavasāyinām (2-41)

यामिमां पुष्पितां वाचं प्रवदन्त्यविपश्चितः ।
yāmimāṁ puṣpitāṁ vācaṁ pravadantyavipaścitaḥ
वेदवादरताः पार्थ नान्यदस्तीति वादिनः ॥२-४२॥
vedavādaratāḥ pārtha nānyadastīti vādinaḥ (2-42)
कामात्मानः स्वर्गपरा जन्मकर्मफलप्रदाम् ।
kāmātmānaḥ svargaparā janmakarmaphalapradām
क्रियाविशेषबहुलां भोगैश्वर्यगतिं प्रति ॥२-४३॥
kriyāviśeṣabahulāṁ bhogaiśvaryagatiṁ prati (2-43)

भोगैश्वर्यप्रसक्तानां तयापहृतचेतसाम् ।
bhogaiśvaryaprasaktānāṁ tayāpahṛtacetasām

व्यवसायात्मिका बुद्धिः समाधौ न विधीयते ॥ २-४४ ॥
vyavasāyātmikā buddhiḥ samādhau na vidhīyate (2-44)

त्रैगुण्यविषया वेदा निस्त्रैगुण्यो भवार्जुन ।
traiguṇyaviṣayā vedā nistraiguṇyo bhavārjuna

निर्द्वन्द्वो नित्यसत्त्वस्थो निर्योगक्षेम आत्मवान् ॥ २-४५ ॥
nirdvandvo nityasattvastho niryogakṣema ātmavān (2-45)

यावानर्थ उदपाने सर्वतः सम्प्लुतोदके ।
yāvānartha udapāne sarvataḥ samplutodake

तावान्सर्वेषु वेदेषु ब्राह्मणस्य विजानतः ॥ २-४६ ॥
tāvānsarveṣu vedeṣu brāhmaṇasya vijānataḥ (2-46)

कर्मण्येवाधिकारस्ते मा फलेषु कदाचन ।
karmaṇyevādhikāraste mā phaleṣu kadācana

मा कर्मफलहेतुर्भूर्मा ते सङ्गोऽस्त्वकर्मणि ॥ २-४७ ॥
mā karmaphalaheturbhūrmā te saṅgo'stvakarmaṇi (2-47)

योगस्थः कुरु कर्माणि सङ्गं त्यक्त्वा धनञ्जय ।
yogasthaḥ kuru karmāṇi saṅgaṁ tyaktvā dhanañjaya

सिद्ध्यसिद्ध्योः समो भूत्वा समत्वं योग उच्यते ॥ २-४८ ॥
siddhyasiddhyoḥ samo bhūtvā samatvaṁ yoga ucyate (2-48)

दूरेण ह्यवरं कर्म बुद्धियोगाद्धनञ्जय ।
dūreṇa hyavaraṁ karma buddhiyogāddhanañjaya

बुद्धौ शरणमन्विच्छ कृपणाः फलहेतवः ॥ २-४९ ॥
buddhau śaraṇamanviccha kṛpaṇāḥ phalahetavaḥ (2-49)

बुद्धियुक्तो जहातीह उभे सुकृतदुष्कृते ।
buddhiyukto jahātīha ubhe sukṛtaduṣkṛte

तस्माद्योगाय युज्यस्व योगः कर्मसु कौशलम् ॥ २-५० ॥
tasmādyogāya yujyasva yogaḥ karmasu kauśalam (2-50)

कर्मजं बुद्धियुक्ता हि फलं त्यक्त्वा मनीषिणः ।
karmajaṁ buddhiyuktā hi phalaṁ tyaktvā manīṣiṇaḥ

जन्मबन्धविनिर्मुक्ताः पदं गच्छन्त्यनामयम् ॥ २-५१ ॥
janmabandhavinirmuktāḥ padaṁ gacchantyanāmayam (2-51)

यदा ते मोहकलिलं बुद्धिर्व्यतितरिष्यति ।
yadā te mohakalilaṁ buddhirvyatitariṣyati
तदा गन्तासि निर्वेदं श्रोतव्यस्य श्रुतस्य च ॥२-५२॥
tadā gantāsi nirvedaṁ śrotavyasya śrutasya ca (2-52)

श्रुतिविप्रतिपन्ना ते यदा स्थास्यति निश्चला ।
śrutivipratipannā te yadā sthāsyati niścalā
समाधावचला बुद्धिस्तदा योगमवाप्स्यसि ॥२-५३॥
samādhāvacalā buddhistadā yogamavāpsyasi (2-53)

अर्जुन उवाच --
arjuna uvāca --

स्थितप्रज्ञस्य का भाषा समाधिस्थस्य केशव ।
sthitaprajñasya kā bhāṣā samādhisthasya keśava
स्थितधीः किं प्रभाषेत किमासीत व्रजेत किम् ॥२-५४॥
sthitadhīḥ kiṁ prabhāṣeta kimāsīta vrajeta kim (2-54)

श्रीभगवानुवाच --
śrībhagavānuvāca --

प्रजहाति यदा कामान्सर्वान्पार्थ मनोगतान् ।
prajahāti yadā kāmānsarvānpārtha manogatān
आत्मन्येवात्मना तुष्टः स्थितप्रज्ञस्तदोच्यते ॥२-५५॥
ātmanyevātmanā tuṣṭaḥ sthitaprajñastadocyate (2-55)

दुःखेष्वनुद्विग्नमनाः सुखेषु विगतस्पृहः ।
duḥkheṣvanudvignamanāḥ sukheṣu vigataspṛhaḥ
वीतरागभयक्रोधः स्थितधीर्मुनिरुच्यते ॥२-५६॥
vītarāgabhayakrodhaḥ sthitadhīrmunirucyate (2-56)

यः सर्वत्रानभिस्नेहस्तत्तत्प्राप्य शुभाशुभम् ।
yaḥ sarvatrānabhisnehastattatprāpya śubhāśubham
नाभिनन्दति न द्वेष्टि तस्य प्रज्ञा प्रतिष्ठिता ॥२-५७॥
nābhinandati na dveṣṭi tasya prajñā pratiṣṭhitā (2-57)

यदा संहरते चायं कूर्मोऽङ्गानीव सर्वशः ।
yadā saṁharate cāyaṁ kūrmo'ṅgānīva sarvaśaḥ
इन्द्रियाणीन्द्रियार्थेभ्यस्तस्य प्रज्ञा प्रतिष्ठिता ॥२-५८॥
indriyāṇīndriyārthebhyastasya prajñā pratiṣṭhitā (2-58)

विषया विनिवर्तन्ते निराहारस्य देहिनः ।
viṣayā vinivartante nirāhārasya dehinaḥ
रसवर्जं रसोऽप्यस्य परं दृष्ट्वा निवर्तते ॥२-५९॥
rasavarjaṁ raso'pyasya paraṁ dṛṣṭvā nivartate (2-59)

यततो ह्यपि कौन्तेय पुरुषस्य विपश्चितः ।
yatato hyapi kaunteya puruṣasya vipaścitaḥ
इन्द्रियाणि प्रमाथीनि हरन्ति प्रसभं मनः ॥२-६०॥
indriyāṇi pramāthīni haranti prasabhaṁ manaḥ (2-60)

तानि सर्वाणि संयम्य युक्त आसीत मत्परः ।
tāni sarvāṇi saṁyamya yukta āsīta matparaḥ
वशे हि यस्येन्द्रियाणि तस्य प्रज्ञा प्रतिष्ठिता ॥२-६१॥
vaśe hi yasyendriyāṇi tasya prajñā pratiṣṭhitā (2-61)

ध्यायतो विषयान्पुंसः सङ्गस्तेषूपजायते ।
dhyāyato viṣayānpuṁsaḥ saṅgasteṣūpajāyate
सङ्गात्सञ्जायते कामः कामात्क्रोधोऽभिजायते ॥२-६२॥
saṅgātsañjāyate kāmaḥ kāmātkrodho'bhijāyate (2-62)

क्रोधाद्भवति सम्मोहः सम्मोहात्स्मृतिविभ्रमः ।
krodhādbhavati sammohaḥ sammohātsmṛtivibhramaḥ
स्मृतिभ्रंशाद् बुद्धिनाशो बुद्धिनाशात्प्रणश्यति ॥२-६३॥
smṛtibhraṁśād buddhināśo buddhināśātpraṇaśyati (2-63)

रागद्वेषविमुक्तैस्तु विषयानिन्द्रियैश्चरन् ।
rāgadveṣavimuktaistu viṣayānindriyaiścaran
आत्मवश्यैर्विधेयात्मा प्रसादमधिगच्छति ॥२-६४॥
ātmavaśyairvidheyātmā prasādamadhigacchati (2-64)

प्रसादे सर्वदुःखानां हानिरस्योपजायते ।
prasāde sarvaduḥkhānāṁ hānirasyopajāyate
प्रसन्नचेतसो ह्याशु बुद्धिः पर्यवतिष्ठते ॥२-६५॥
prasannacetaso hyāśu buddhiḥ paryavatiṣṭhate (2-65)

नास्ति बुद्धिरयुक्तस्य न चायुक्तस्य भावना ।
nāsti buddhirayuktasya na cāyuktasya bhāvanā

न चाभावयतः शान्तिरशान्तस्य कुतः सुखम् ॥ २-६६ ॥
na cābhāvayataḥ śāntiraśāntasya kutaḥ sukham (2-66)

इन्द्रियाणां हि चरतां यन्मनोऽनुविधीयते ।
indriyāṇāṁ hi caratāṁ yanmano'nuvidhīyate
तदस्य हरति प्रज्ञां वायुर्नावमिवाम्भसि ॥ २-६७ ॥
tadasya harati prajñāṁ vāyurnāvamivāmbhasi (2-67)

तस्माद्यस्य महाबाहो निगृहीतानि सर्वशः ।
tasmādyasya mahābāho nigṛhītāni sarvaśaḥ
इन्द्रियाणीन्द्रियार्थेभ्यस्तस्य प्रज्ञा प्रतिष्ठिता ॥ २-६८ ॥
indriyāṇīndriyārthebhyastasya prajñā pratiṣṭhitā (2-68)

या निशा सर्वभूतानां तस्यां जागर्ति संयमी ।
yā niśā sarvabhūtānāṁ tasyāṁ jāgarti saṁyamī
यस्यां जाग्रति भूतानि सा निशा पश्यतो मुनेः ॥ २-६९ ॥
yasyāṁ jāgrati bhūtāni sā niśā paśyato muneḥ (2-69)

आपूर्यमाणमचलप्रतिष्ठं समुद्रमापः प्रविशन्ति यद्वत् ।
āpūryamāṇamacalapratiṣṭhaṁ samudramāpaḥ praviśanti yadvat
तद्वत्कामा यं प्रविशन्ति सर्वे स शान्तिमाप्नोति न कामकामी ॥ २-७० ॥
tadvatkāmā yaṁ praviśanti sarve sa śāntimāpnoti na kāmakāmī (2-70)

विहाय कामान्यः सर्वान्पुमांश्चरति निःस्पृहः ।
vihāya kāmānyaḥ sarvānpumāṁścarati niḥspṛhaḥ
निर्ममो निरहङ्कारः स शान्तिमधिगच्छति ॥ २-७१ ॥
nirmamo nirahaṅkāraḥ sa śāntimadhigacchati (2-71)

एषा ब्राह्मी स्थितिः पार्थ नैनां प्राप्य विमुह्यति ।
eṣā brāhmī sthitiḥ pārtha naināṁ prāpya vimuhyati
स्थित्वास्यामन्तकालेऽपि ब्रह्मनिर्वाणमृच्छति ॥ २-७२ ॥
sthitvāsyāmantakāle'pi brahmanirvāṇamṛcchati (2-72)

ॐ तत्सदिति श्रीमद्भगवद्गीतासूपनिषत्सु
om tatsaditi śrīmadbhagavadgītāsūpaniṣatsu
ब्रह्मविद्यायां योगशास्त्रे श्रीकृष्णार्जुनसंवादे
brahmavidyāyāṁ yogaśāstre śrīkṛṣṇārjunasaṁvāde
साङ्ख्ययोगो नाम द्वितीयोऽध्यायः ॥
sāṅkhyayogo nāma dvitīyo'dhyāyaḥ .
~ॐ~ॐ~ॐ~ॐ~ॐ~ॐ~ ॐ~ ॐ~ ॐ~

तृतीयोऽध्यायः - कर्मयोगः

tṛtīyo'dhyāyaḥ - karmayogaḥ

अर्जुन उवाच --
arjuna uvāca --

ज्यायसी चेत्कर्मणस्ते मता बुद्धिर्जनार्दन ।
jyāyasī cetkarmaṇaste matā buddhirjanārdana
तत्किं कर्मणि घोरे मां नियोजयसि केशव ॥३-१॥
tatkiṁ karmaṇi ghore māṁ niyojayasi keśava (3-1)

व्यामिश्रेणेव वाक्येन बुद्धिं मोहयसीव मे ।
vyāmiśreṇeva vākyena buddhiṁ mohayasīva me
तदेकं वद निश्चित्य येन श्रेयोऽहमाप्नुयाम् ॥३-२॥
tadekaṁ vada niścitya yena śreyo'hamāpnuyām (3-2)

श्रीभगवानुवाच --
śrībhagavānuvāca --

लोकेऽस्मिन् द्विविधा निष्ठा पुरा प्रोक्ता मयानघ ।
loke'smin dvividhā niṣṭhā purā proktā mayānagha
ज्ञानयोगेन साङ्ख्यानां कर्मयोगेन योगिनाम् ॥३-३॥
jñānayogena sāṅkhyānāṁ karmayogena yoginām (3-3)

न कर्मणामनारम्भान्नैष्कर्म्यं पुरुषोऽश्नुते ।
na karmaṇāmanārambhānnaiṣkarmyaṁ puruṣo'śnute
न च संन्यसनादेव सिद्धिं समधिगच्छति ॥३-४॥
na ca saṁnyasanādeva siddhiṁ samadhigacchati (3-4)

न हि कश्चित्क्षणमपि जातु तिष्ठत्यकर्मकृत् ।
na hi kaścitkṣaṇamapi jātu tiṣṭhatyakarmakṛt
कार्यते ह्यवशः कर्म सर्वः प्रकृतिजैर्गुणैः ॥३-५॥
kāryate hyavaśaḥ karma sarvaḥ prakṛtijairguṇaiḥ (3-5)

कर्मेन्द्रियाणि संयम्य य आस्ते मनसा स्मरन् ।
karmendriyāṇi saṁyamya ya āste manasā smaran
इन्द्रियार्थान्विमूढात्मा मिथ्याचारः स उच्यते ॥३-६॥
indriyārthānvimūḍhātmā mithyācāraḥ sa ucyate (3-6)

यस्त्विन्द्रियाणि मनसा नियम्यारभतेऽर्जुन ।
yastvindriyāṇi manasā niyamyārabhate'rjuna

कर्मेन्द्रियैः कर्मयोगमसक्तः स विशिष्यते ॥३-७॥
karmendriyaiḥ karmayogamasaktaḥ sa viśiṣyate (3-7)

नियतं कुरु कर्म त्वं कर्म ज्यायो ह्यकर्मणः ।
niyataṁ kuru karma tvaṁ karma jyāyo hyakarmaṇaḥ
शरीरयात्रापि च ते न प्रसिद्ध्येदकर्मणः ॥३-८॥
śarīrayātrāpi ca te na prasiddhyedakarmaṇaḥ (3-8)

यज्ञार्थात्कर्मणोऽन्यत्र लोकोऽयं कर्मबन्धनः ।
yajñārthātkarmaṇo'nyatra loko'yaṁ karmabandhanaḥ
तदर्थं कर्म कौन्तेय मुक्तसङ्गः समाचर ॥३-९॥
tadarthaṁ karma kaunteya muktasaṅgaḥ samācara (3-9)

सहयज्ञाः प्रजाः सृष्ट्वा पुरोवाच प्रजापतिः ।
sahayajñāḥ prajāḥ sṛṣṭvā purovāca prajāpatiḥ
अनेन प्रसविष्यध्वमेष वोऽस्त्विष्टकामधुक् ॥३-१०॥
anena prasaviṣyadhvameṣa vo'stviṣṭakāmadhuk (3-10)

देवान्भावयतानेन ते देवा भावयन्तु वः ।
devānbhāvayatānena te devā bhāvayantu vaḥ
परस्परं भावयन्तः श्रेयः परमवाप्स्यथ ॥३-११॥
parasparaṁ bhāvayantaḥ śreyaḥ paramavāpsyatha (3-11)

इष्टान्भोगान्हि वो देवा दास्यन्ते यज्ञभाविताः ।
iṣṭānbhogānhi vo devā dāsyante yajñabhāvitāḥ
तैर्दत्तानप्रदायैभ्यो यो भुङ्क्ते स्तेन एव सः ॥३-१२॥
tairdattānapradāyaibhyo yo bhuṅkte stena eva saḥ (3-12)

यज्ञशिष्टाशिनः सन्तो मुच्यन्ते सर्वकिल्बिषैः ।
yajñaśiṣṭāśinaḥ santo mucyante sarvakilbiṣaiḥ
भुञ्जते ते त्वघं पापा ये पचन्त्यात्मकारणात् ॥३-१३॥
bhuñjate te tvaghaṁ pāpā ye pacantyātmakāraṇāt (3-13)

अन्नाद्भवन्ति भूतानि पर्जन्यादन्नसम्भवः ।
annādbhavanti bhūtāni parjanyādannasambhavaḥ
यज्ञाद्भवति पर्जन्यो यज्ञः कर्मसमुद्भवः ॥३-१४॥
yajñādbhavati parjanyo yajñaḥ karmasamudbhavaḥ (3-14)

कर्म ब्रह्मोद्भवं विद्धि ब्रह्माक्षरसमुद्भवम् ।
karma brahmodbhavaṁ viddhi brahmākṣarasamudbhavam

तस्मात्सर्वगतं ब्रह्म नित्यं यज्ञे प्रतिष्ठितम् ॥३-१५॥
tasmātsarvagataṁ brahma nityaṁ yajñe pratiṣṭhitam (3-15)

एवं प्रवर्तितं चक्रं नानुवर्तयतीह यः ।
evaṁ pravartitaṁ cakraṁ nānuvartayatīha yaḥ

अघायुरिन्द्रियारामो मोघं पार्थ स जीवति ॥३-१६॥
aghāyurindriyārāmo moghaṁ pārtha sa jīvati (3-16)

यस्त्वात्मरतिरेव स्यादात्मतृप्तश्च मानवः ।
yastvātmaratireva syādātmatṛptaśca mānavaḥ

आत्मन्येव च सन्तुष्टस्तस्य कार्यं न विद्यते ॥३-१७॥
ātmanyeva ca santuṣṭastasya kāryaṁ na vidyate (3-17)

नैव तस्य कृतेनार्थो नाकृतेनेह कश्चन ।
naiva tasya kṛtenārtho nākṛteneha kaścana

न चास्य सर्वभूतेषु कश्चिदर्थव्यपाश्रयः ॥३-१८॥
na cāsya sarvabhūteṣu kaścidarthavyapāśrayaḥ (3-18)

तस्मादसक्तः सततं कार्यं कर्म समाचर ।
tasmādasaktaḥ satataṁ kāryaṁ karma samācara

असक्तो ह्याचरन्कर्म परमाप्नोति पूरुषः ॥३-१९॥
asakto hyācarankarma paramāpnoti pūruṣaḥ (3-19)

कर्मणैव हि संसिद्धिमास्थिता जनकादयः ।
karmaṇaiva hi saṁsiddhimāsthitā janakādayaḥ

लोकसङ्ग्रहमेवापि सम्पश्यन्कर्तुमर्हसि ॥३-२०॥
lokasaṅgrahamevāpi sampaśyankartumarhasi (3-20)

यद्यदाचरति श्रेष्ठस्तत्तदेवेतरो जनः ।
yadyadācarati śreṣṭhastattadevetaro janaḥ

स यत्प्रमाणं कुरुते लोकस्तदनुवर्तते ॥३-२१॥
sa yatpramāṇaṁ kurute lokastadanuvartate (3-21)

न मे पार्थास्ति कर्तव्यं त्रिषु लोकेषु किञ्चन ।
na me pārthāsti kartavyaṁ triṣu lokeṣu kiñcana

नानवाप्तमवाप्तव्यं वर्त एव च कर्मणि ॥३-२२॥
nānavāptamavāptavyaṁ varta eva ca karmaṇi (3-22)

यदि ह्यहं न वर्तेयं जातु कर्मण्यतन्द्रितः ।
yadi hyahaṁ na varteyaṁ jātu karmaṇyatandritaḥ
मम वर्त्मानुवर्तन्ते मनुष्याः पार्थ सर्वशः ॥ ३-२३ ॥
mama vartmānuvartante manuṣyāḥ pārtha sarvaśaḥ (3-23)

उत्सीदेयुरिमे लोका न कुर्यां कर्म चेदहम् ।
utsīdeyurime lokā na kuryāṁ karma cedaham
सङ्करस्य च कर्ता स्यामुपहन्यामिमाः प्रजाः ॥ ३-२४ ॥
saṅkarasya ca kartā syāmupahanyāmimāḥ prajāḥ (3-24)

सक्ताः कर्मण्यविद्वांसो यथा कुर्वन्ति भारत ।
saktāḥ karmaṇyavidvāṁso yathā kurvanti bhārata
कुर्याद्विद्वांस्तथासक्तश्चिकीर्षुर्लोकसङ्ग्रहम् ॥ ३-२५ ॥
kuryādvidvāṁstathāsaktaścikīrṣurlokasaṅgraham (3-25)

न बुद्धिभेदं जनयेदज्ञानां कर्मसङ्गिनाम् ।
na buddhibhedaṁ janayedajñānāṁ karmasaṅginām
जोषयेत्सर्वकर्माणि विद्वान्युक्तः समाचरन् ॥ ३-२६ ॥
joṣayetsarvakarmāṇi vidvānyuktaḥ samācaran (3-26)

प्रकृतेः क्रियमाणानि गुणैः कर्माणि सर्वशः ।
prakṛteḥ kriyamāṇāni guṇaiḥ karmāṇi sarvaśaḥ
अहङ्कारविमूढात्मा कर्ताहमिति मन्यते ॥ ३-२७ ॥
ahaṅkāravimūḍhātmā kartāhamiti manyate (3-27)

तत्त्ववित्तु महाबाहो गुणकर्मविभागयोः ।
tattvavittu mahābāho guṇakarmavibhāgayoḥ
गुणा गुणेषु वर्तन्त इति मत्वा न सज्जते ॥ ३-२८ ॥
guṇā guṇeṣu vartanta iti matvā na sajjate (3-28)

प्रकृतेर्गुणसम्मूढाः सज्जन्ते गुणकर्मसु ।
prakṛterguṇasammūḍhāḥ sajjante guṇakarmasu
तानकृत्स्नविदो मन्दान्कृत्स्नविन्न विचालयेत् ॥ ३-२९ ॥
tānakṛtsnavido mandānkṛtsnavinna vicālayet (3-29)

मयि सर्वाणि कर्माणि संन्यस्याध्यात्मचेतसा ।
mayi sarvāṇi karmāṇi saṁnyasyādhyātmacetasā

निराशीर्निर्ममो भूत्वा युध्यस्व विगतज्वरः ॥३-३०॥
nirāśīrnirmamo bhūtvā yudhyasva vigatajvaraḥ (3-30)

ये मे मतमिदं नित्यमनुतिष्ठन्ति मानवाः ।
ye me matamidaṁ nityamanutiṣṭhanti mānavāḥ
श्रद्धावन्तोऽनसूयन्तो मुच्यन्ते तेऽपि कर्मभिः ॥३-३१॥
śraddhāvanto'nasūyanto mucyante te'pi karmabhiḥ (3-31)

ये त्वेतदभ्यसूयन्तो नानुतिष्ठन्ति मे मतम् ।
ye tvetadabhyasūyanto nānutiṣṭhanti me matam
सर्वज्ञानविमूढांस्तान्विद्धि नष्टानचेतसः ॥३-३२॥
sarvajñānavimūḍhāṁstānviddhi naṣṭānacetasaḥ (3-32)

सदृशं चेष्टते स्वस्याः प्रकृतेर्ज्ञानवानपि ।
sadṛśaṁ ceṣṭate svasyāḥ prakṛterjñānavānapi
प्रकृतिं यान्ति भूतानि निग्रहः किं करिष्यति ॥३-३३॥
prakṛtiṁ yānti bhūtāni nigrahaḥ kiṁ kariṣyati (3-33)

इन्द्रियस्येन्द्रियस्यार्थे रागद्वेषौ व्यवस्थितौ ।
indriyasyendriyasyārthe rāgadveṣau vyavasthitau
तयोर्न वशमागच्छेत्तौ ह्यस्य परिपन्थिनौ ॥३-३४॥
tayorna vaśamāgacchettau hyasya paripanthinau (3-34)

श्रेयान्स्वधर्मो विगुणः परधर्मात्स्वनुष्ठितात् ।
śreyānsvadharmo viguṇaḥ paradharmātsvanuṣṭhitāt
स्वधर्मे निधनं श्रेयः परधर्मो भयावहः ॥३-३५॥
svadharme nidhanaṁ śreyaḥ paradharmo bhayāvahaḥ (3-35)

अर्जुन उवाच --
arjuna uvāca --

अथ केन प्रयुक्तोऽयं पापं चरति पूरुषः ।
atha kena prayukto'yaṁ pāpaṁ carati pūruṣaḥ
अनिच्छन्नपि वार्ष्णेय बलादिव नियोजितः ॥३-३६॥
anicchannapi vārṣṇeya balādiva niyojitaḥ (3-36)

श्रीभगवानुवाच --
śrībhagavānuvāca --

काम एष क्रोध एष रजोगुणसमुद्भवः ।
kāma eṣa krodha eṣa rajoguṇasamudbhavaḥ

महाशनो महापाप्मा विद्ध्येनमिह वैरिणम् ॥ ३-३७॥
mahāśano mahāpāpmā viddhyenamiha vairiṇam (3-37)

धूमेनाव्रियते वह्निर्यथादर्शो मलेन च ।
dhūmenāvriyate vahniryathādarśo malena ca
यथोल्बेनावृतो गर्भस्तथा तेनेदमावृतम् ॥ ३-३८॥
yatholbenāvṛto garbhastathā tenedamāvṛtam (3-38)

आवृतं ज्ञानमेतेन ज्ञानिनो नित्यवैरिणा ।
āvṛtaṁ jñānametena jñānino nityavairiṇā
कामरूपेण कौन्तेय दुष्पूरेणानलेन च ॥ ३-३९॥
kāmarūpeṇa kaunteya duṣpūreṇānalena ca (3-39)

इन्द्रियाणि मनो बुद्धिरस्याधिष्ठानमुच्यते ।
indriyāṇi mano buddhirasyādhiṣṭhānamucyate
एतैर्विमोहयत्येष ज्ञानमावृत्य देहिनम् ॥ ३-४०॥
etairvimohayatyeṣa jñānamāvṛtya dehinam (3-40)

तस्मात्त्वमिन्द्रियाण्यादौ नियम्य भरतर्षभ ।
tasmāttvamindriyāṇyādau niyamya bharatarṣabha
पाप्मानं प्रजहि ह्येनं ज्ञानविज्ञाननाशनम् ॥ ३-४१॥
pāpmānaṁ prajahi hyenaṁ jñānavijñānanāśanam (3-41)

इन्द्रियाणि पराण्याहुरिन्द्रियेभ्यः परं मनः ।
indriyāṇi parāṇyāhurindriyebhyaḥ paraṁ manaḥ
मनसस्तु परा बुद्धिर्यो बुद्धेः परतस्तु सः ॥ ३-४२॥
manasastu parā buddhiryo buddheḥ paratastu saḥ (3-42)

एवं बुद्धेः परं बुद्ध्वा संस्तभ्यात्मानमात्मना ।
evaṁ buddheḥ paraṁ buddhvā saṁstabhyātmānamātmanā
जहि शत्रुं महाबाहो कामरूपं दुरासदम् ॥ ३-४३॥
jahi śatruṁ mahābāho kāmarūpaṁ durāsadam (3-43)

ॐ तत्सदिति श्रीमद्भगवद्गीतासूपनिषत्सु
om tatsaditi śrīmadbhagavadgītāsūpaniṣatsu
ब्रह्मविद्यायां योगशास्त्रे श्रीकृष्णार्जुनसंवादे
brahmavidyāyāṁ yogaśāstre śrīkṛṣṇārjunasaṁvāde
कर्मयोगो नाम तृतीयोऽध्यायः ॥
karmayogo nāma tṛtīyo'dhyāyaḥ .

~ॐ~ॐ~ॐ~ॐ~ॐ~ॐ~ ॐ~ ॐ~ ॐ~

चतुर्थोऽध्यायः - ज्ञानकर्मसंन्यासयोगः

caturtho'dhyāyaḥ - jñānakarmasaṁnyāsayogaḥ

श्रीभगवानुवाच --
śrībhagavānuvāca --

इमं विवस्वते योगं प्रोक्तवानहमव्ययम् ।
imaṁ vivasvate yogaṁ proktavānahamavyayam
विवस्वान्मनवे प्राह मनुरिक्ष्वाकवेऽब्रवीत् ॥४-१॥
vivasvānmanave prāha manurikṣvākave'bravīt (4-1)

एवं परम्पराप्राप्तमिमं राजर्षयो विदुः ।
evaṁ paramparāprāptamimaṁ rājarṣayo viduḥ
स कालेनेह महता योगो नष्टः परन्तप ॥४-२॥
sa kāleneha mahatā yogo naṣṭaḥ parantapa (4-2)

स एवायं मया तेऽद्य योगः प्रोक्तः पुरातनः ।
sa evāyaṁ mayā te'dya yogaḥ proktaḥ purātanaḥ
भक्तोऽसि मे सखा चेति रहस्यं ह्येतदुत्तमम् ॥४-३॥
bhakto'si me sakhā ceti rahasyaṁ hyetaduttamam (4-3)

अर्जुन उवाच --
arjuna uvāca --

अपरं भवतो जन्म परं जन्म विवस्वतः ।
aparaṁ bhavato janma paraṁ janma vivasvataḥ
कथमेतद्विजानीयां त्वमादौ प्रोक्तवानिति ॥४-४॥
kathametadvijānīyāṁ tvamādau proktavāniti (4-4)

श्रीभगवानुवाच --
śrībhagavānuvāca --

बहूनि मे व्यतीतानि जन्मानि तव चार्जुन ।
bahūni me vyatītāni janmāni tava cārjuna
तान्यहं वेद सर्वाणि न त्वं वेत्थ परन्तप ॥४-५॥
tānyahaṁ veda sarvāṇi na tvaṁ vettha parantapa (4-5)

अजोऽपि सन्नव्ययात्मा भूतानामीश्वरोऽपि सन् ।
ajo'pi sannavyayātmā bhūtānāmīśvaro'pi san
प्रकृतिं स्वामधिष्ठाय सम्भवाम्यात्ममायया ॥४-६॥
prakṛtiṁ svāmadhiṣṭhāya sambhavāmyātmamāyayā (4-6)

यदा यदा हि धर्मस्य ग्लानिर्भवति भारत ।
yadā yadā hi dharmasya glānirbhavati bhārata
अभ्युत्थानमधर्मस्य तदात्मानं सृजाम्यहम् ॥४-७॥
abhyutthānamadharmasya tadātmānaṁ sṛjāmyaham (4-7)

परित्राणाय साधूनां विनाशाय च दुष्कृताम् ।
paritrāṇāya sādhūnāṁ vināśāya ca duṣkṛtām
धर्मसंस्थापनार्थाय सम्भवामि युगे युगे ॥४-८॥
dharmasaṁsthāpanārthāya sambhavāmi yuge yuge (4-8)

जन्म कर्म च मे दिव्यमेवं यो वेत्ति तत्त्वतः ।
janma karma ca me divyamevaṁ yo vetti tattvataḥ
त्यक्त्वा देहं पुनर्जन्म नैति मामेति सोऽर्जुन ॥४-९॥
tyaktvā dehaṁ punarjanma naiti māmeti so'rjuna (4-9)

वीतरागभयक्रोधा मन्मया मामुपाश्रिताः ।
vītarāgabhayakrodhā manmayā māmupāśritāḥ
बहवो ज्ञानतपसा पूता मद्भावमागताः ॥४-१०॥
bahavo jñānatapasā pūtā madbhāvamāgatāḥ (4-10)

ये यथा मां प्रपद्यन्ते तांस्तथैव भजाम्यहम् ।
ye yathā māṁ prapadyante tāṁstathaiva bhajāmyaham
मम वर्त्मानुवर्तन्ते मनुष्याः पार्थ सर्वशः ॥४-११॥
mama vartmānuvartante manuṣyāḥ pārtha sarvaśaḥ (4-11)

काङ्क्षन्तः कर्मणां सिद्धिं यजन्त इह देवताः ।
kāṅkṣantaḥ karmaṇāṁ siddhiṁ yajanta iha devatāḥ
क्षिप्रं हि मानुषे लोके सिद्धिर्भवति कर्मजा ॥४-१२॥
kṣipraṁ hi mānuṣe loke siddhirbhavati karmajā (4-12)

चातुर्वर्ण्यं मया सृष्टं गुणकर्मविभागशः ।
cāturvarṇyaṁ mayā sṛṣṭaṁ guṇakarmavibhāgaśaḥ
तस्य कर्तारमपि मां विद्ध्यकर्तारमव्ययम् ॥४-१३॥
tasya kartāramapi māṁ viddhyakartāramavyayam (4-13)

न मां कर्माणि लिम्पन्ति न मे कर्मफले स्पृहा ।
na māṁ karmāṇi limpanti na me karmaphale spṛhā
इति मां योऽभिजानाति कर्मभिर्न स बध्यते ॥४-१४॥
iti māṁ yo'bhijānāti karmabhirna sa badhyate (4-14)

एवं ज्ञात्वा कृतं कर्म पूर्वैरपि मुमुक्षुभिः ।
evaṁ jñātvā kṛtaṁ karma pūrvairapi mumukṣubhiḥ
कुरु कर्मैव तस्मात्त्वं पूर्वैः पूर्वतरं कृतम् ॥४-१५॥
kuru karmaiva tasmāttvaṁ pūrvaiḥ pūrvataraṁ kṛtam (4-15)

किं कर्म किमकर्मेति कवयोऽप्यत्र मोहिताः ।
kiṁ karma kimakarmeti kavayo'pyatra mohitāḥ
तत्ते कर्म प्रवक्ष्यामि यज्ज्ञात्वा मोक्ष्यसेऽशुभात् ॥४-१६॥
tatte karma pravakṣyāmi yajjñātvā mokṣyase'śubhāt (4-16)

कर्मणो ह्यपि बोद्धव्यं बोद्धव्यं च विकर्मणः ।
karmaṇo hyapi boddhavyaṁ boddhavyaṁ ca vikarmaṇaḥ
अकर्मणश्च बोद्धव्यं गहना कर्मणो गतिः ॥४-१७॥
akarmaṇaśca boddhavyaṁ gahanā karmaṇo gatiḥ (4-17)

कर्मण्यकर्म यः पश्येदकर्मणि च कर्म यः ।
karmaṇyakarma yaḥ paśyedakarmaṇi ca karma yaḥ
स बुद्धिमान्मनुष्येषु स युक्तः कृत्स्नकर्मकृत् ॥४-१८॥
sa buddhimānmanuṣyeṣu sa yuktaḥ kṛtsnakarmakṛt (4-18)

यस्य सर्वे समारम्भाः कामसङ्कल्पवर्जिताः ।
yasya sarve samārambhāḥ kāmasaṅkalpavarjitāḥ
ज्ञानाग्निदग्धकर्माणं तमाहुः पण्डितं बुधाः ॥४-१९॥
jñānāgnidagdhakarmāṇaṁ tamāhuḥ paṇḍitaṁ budhāḥ (4-19)

त्यक्त्वा कर्मफलासङ्गं नित्यतृप्तो निराश्रयः ।
tyaktvā karmaphalāsaṅgaṁ nityatṛpto nirāśrayaḥ
कर्मण्यभिप्रवृत्तोऽपि नैव किञ्चित्करोति सः ॥४-२०॥
karmaṇyabhipravṛtto'pi naiva kiñcitkaroti saḥ (4-20)

निराशीर्यतचित्तात्मा त्यक्तसर्वपरिग्रहः ।
nirāśīryatacittātmā tyaktasarvaparigrahaḥ
शारीरं केवलं कर्म कुर्वन्नाप्नोति किल्बिषम् ॥४-२१॥
śārīraṁ kevalaṁ karma kurvannāpnoti kilbiṣam (4-21)

यदृच्छालाभसन्तुष्टो द्वन्द्वातीतो विमत्सरः ।
yadṛcchālābhasantuṣṭo dvandvātīto vimatsaraḥ

समः सिद्धावसिद्धौ च कृत्वापि न निबध्यते ॥४-२२॥
samaḥ siddhāvasiddhau ca kṛtvāpi na nibadhyate (4-22)

गतसङ्गस्य मुक्तस्य ज्ञानावस्थितचेतसः ।
gatasaṅgasya muktasya jñānāvasthitacetasaḥ
यज्ञायाचरतः कर्म समग्रं प्रविलीयते ॥४-२३॥
yajñāyācarataḥ karma samagraṁ pravilīyate (4-23)

ब्रह्मार्पणं ब्रह्म हविर्ब्रह्माग्नौ ब्रह्मणा हुतम् ।
brahmārpaṇaṁ brahma havirbrahmāgnau brahmaṇā hutam
ब्रह्मैव तेन गन्तव्यं ब्रह्मकर्मसमाधिना ॥४-२४॥
brahmaiva tena gantavyaṁ brahmakarmasamādhinā (4-24)

दैवमेवापरे यज्ञं योगिनः पर्युपासते ।
daivamevāpare yajñaṁ yoginaḥ paryupāsate
ब्रह्माग्नावपरे यज्ञं यज्ञेनैवोपजुह्वति ॥४-२५॥
brahmāgnāvapare yajñaṁ yajñenaivopajuhvati (4-25)

श्रोत्रादीनीन्द्रियाण्यन्ये संयमाग्निषु जुह्वति ।
śrotrādīnīndriyāṇyanye saṁyamāgniṣu juhvati
शब्दादीन्विषयानन्य इन्द्रियाग्निषु जुह्वति ॥४-२६॥
śabdādīnviṣayānanya indriyāgniṣu juhvati (4-26)

सर्वाणीन्द्रियकर्माणि प्राणकर्माणि चापरे ।
sarvāṇīndriyakarmāṇi prāṇakarmāṇi cāpare
आत्मसंयमयोगाग्नौ जुह्वति ज्ञानदीपिते ॥४-२७॥
ātmasaṁyamayogāgnau juhvati jñānadīpite (4-27)

द्रव्ययज्ञास्तपोयज्ञा योगयज्ञास्तथापरे ।
dravyayajñāstapoyajñā yogayajñāstathāpare
स्वाध्यायज्ञानयज्ञाश्च यतयः संशितव्रताः ॥४-२८॥
svādhyāyajñānayajñāśca yatayaḥ saṁśitavratāḥ (4-28)

अपाने जुह्वति प्राणं प्राणेऽपानं तथापरे ।
apāne juhvati prāṇaṁ prāṇe'pānaṁ tathāpare
प्राणापानगती रुद्ध्वा प्राणायामपरायणाः ॥४-२९॥
prāṇāpānagatī ruddhvā prāṇāyāmaparāyaṇāḥ (4-29)

अपरे नियताहाराः प्राणान्प्राणेषु जुह्वति ।
apare niyatāhārāḥ prāṇānprāṇeṣu juhvati
सर्वेऽप्येते यज्ञविदो यज्ञक्षपितकल्मषाः ॥४-३०॥
sarve'pyete yajñavido yajñakṣapitakalmaṣāḥ (4-30)

यज्ञशिष्टामृतभुजो यान्ति ब्रह्म सनातनम् ।
yajñaśiṣṭāmṛtabhujo yānti brahma sanātanam
नायं लोकोऽस्त्ययज्ञस्य कुतोऽन्यः कुरुसत्तम ॥४-३१॥
nāyaṁ loko'styayajñasya kuto'nyaḥ kurusattama (4-31)

एवं बहुविधा यज्ञा वितता ब्रह्मणो मुखे ।
evaṁ bahuvidhā yajñā vitatā brahmaṇo mukhe
कर्मजान्विद्धि तान्सर्वानेवं ज्ञात्वा विमोक्ष्यसे ॥४-३२॥
karmajānviddhi tānsarvānevaṁ jñātvā vimokṣyase (4-32)

श्रेयान्द्रव्यमयाद्यज्ञाज्ज्ञानयज्ञः परन्तप ।
śreyāndravyamayādyajñājjñānayajñaḥ parantapa
सर्वं कर्माखिलं पार्थ ज्ञाने परिसमाप्यते ॥४-३३॥
sarvaṁ karmākhilaṁ pārtha jñāne parisamāpyate (4-33)

तद्विद्धि प्रणिपातेन परिप्रश्नेन सेवया ।
tadviddhi praṇipātena paripraśnena sevayā
उपदेक्ष्यन्ति ते ज्ञानं ज्ञानिनस्तत्त्वदर्शिनः ॥४-३४॥
upadekṣyanti te jñānaṁ jñāninastattvadarśinaḥ (4-34)

यज्ज्ञात्वा न पुनर्मोहमेवं यास्यसि पाण्डव ।
yajjñātvā na punarmohamevaṁ yāsyasi pāṇḍava
येन भूतान्यशेषेण द्रक्ष्यस्यात्मन्यथो मयि ॥४-३५॥
yena bhūtānyaśeṣeṇa drakṣyasyātmanyatho mayi (4-35)

— ॐ —

अपि चेदसि पापेभ्यः सर्वेभ्यः पापकृत्तमः ।
api cedasi pāpebhyaḥ sarvebhyaḥ pāpakṛttamaḥ
सर्वं ज्ञानप्लवेनैव वृजिनं सन्तरिष्यसि ॥४-३६॥
sarvaṁ jñānaplavenaiva vṛjinaṁ santariṣyasi (4-36)

यथैधांसि समिद्धोऽग्निर्भस्मसात्कुरुतेऽर्जुन ।
yathaidhāṁsi samiddho'gnirbhasmasātkurute'rjuna

ज्ञानाग्निः सर्वकर्माणि भस्मसात्कुरुते तथा ॥४-३७॥
jñānāgniḥ sarvakarmāṇi bhasmasātkurute tathā (4-37)

न हि ज्ञानेन सदृशं पवित्रमिह विद्यते ।
na hi jñānena sadṛśaṁ pavitramiha vidyate
तत्स्वयं योगसंसिद्धः कालेनात्मनि विन्दति ॥४-३८॥
tatsvayaṁ yogasaṁsiddhaḥ kālenātmani vindati (4-38)

श्रद्धावाँल्लभते ज्ञानं तत्परः संयतेन्द्रियः ।
śraddhāvām̐llabhate jñānaṁ tatparaḥ saṁyatendriyaḥ
ज्ञानं लब्ध्वा परां शान्तिमचिरेणाधिगच्छति ॥४-३९॥
jñānaṁ labdhvā parāṁ śāntimacireṇādhigacchati (4-39)

अज्ञश्चाश्रद्दधानश्च संशयात्मा विनश्यति ।
ajñaścāśraddadhānaśca saṁśayātmā vinaśyati
नायं लोकोऽस्ति न परो न सुखं संशयात्मनः ॥४-४०॥
nāyaṁ loko'sti na paro na sukhaṁ saṁśayātmanaḥ (4-40)

योगसंन्यस्तकर्माणं ज्ञानसञ्छिन्नसंशयम् ।
yogasaṁnyastakarmāṇaṁ jñānasañchinnasaṁśayam
आत्मवन्तं न कर्माणि निबध्नन्ति धनञ्जय ॥४-४१॥
ātmavantaṁ na karmāṇi nibadhnanti dhanañjaya (4-41)

तस्मादज्ञानसम्भूतं हृत्स्थं ज्ञानासिनात्मनः ।
tasmādajñānasambhūtaṁ hṛtsthaṁ jñānāsinātmanaḥ
छित्त्वैनं संशयं योगमातिष्ठोत्तिष्ठ भारत ॥४-४२॥
chittvainaṁ saṁśayaṁ yogamātiṣṭhottiṣṭha bhārata (4-42)

ॐ तत्सदिति श्रीमद्भगवद्गीतासूपनिषत्सु
om tatsaditi śrīmadbhagavadgītāsūpaniṣatsu
ब्रह्मविद्यायां योगशास्त्रे श्रीकृष्णार्जुनसंवादे
brahmavidyāyāṁ yogaśāstre śrīkṛṣṇārjunasaṁvāde
ज्ञानकर्मसंन्यासयोगो नाम चतुर्थोऽध्यायः ॥
jñānakarmasaṁnyāsayogo nāma caturtho'dhyāyaḥ .

~ॐ~ॐ~ॐ~ॐ~ॐ~ॐ~ ॐ~ ॐ~ ॐ~

पञ्चमोऽध्यायः - संन्यासयोगः

pañcamo'dhyāyaḥ - saṁnyāsayogaḥ

अर्जुन उवाच --
arjuna uvāca --

संन्यासं कर्मणां कृष्ण पुनर्योगं च शंससि ।
saṁnyāsaṁ karmaṇāṁ kṛṣṇa punaryogaṁ ca śaṁsasi
यच्छ्रेय एतयोरेकं तन्मे ब्रूहि सुनिश्चितम् ॥५-१॥
yacchreya etayorekaṁ tanme brūhi suniścitam (5-1)

श्रीभगवानुवाच --
śrībhagavānuvāca --

संन्यासः कर्मयोगश्च निःश्रेयसकरावुभौ ।
saṁnyāsaḥ karmayogaśca niḥśreyasakarāvubhau
तयोस्तु कर्मसंन्यासात्कर्मयोगो विशिष्यते ॥५-२॥
tayostu karmasaṁnyāsātkarmayogo viśiṣyate (5-2)

ज्ञेयः स नित्यसंन्यासी यो न द्वेष्टि न काङ्क्षति ।
jñeyaḥ sa nityasaṁnyāsī yo na dveṣṭi na kāṅkṣati
निर्द्वन्द्वो हि महाबाहो सुखं बन्धात्प्रमुच्यते ॥५-३॥
nirdvandvo hi mahābāho sukhaṁ bandhātpramucyate (5-3)

साङ्ख्ययोगौ पृथग्बालाः प्रवदन्ति न पण्डिताः ।
sāṅkhyayogau pṛthagbālāḥ pravadanti na paṇḍitāḥ
एकमप्यास्थितः सम्यगुभयोर्विन्दते फलम् ॥५-४॥
ekamapyāsthitaḥ samyagubhayorvindate phalam (5-4)

यत्साङ्ख्यैः प्राप्यते स्थानं तद्योगैरपि गम्यते ।
yatsāṅkhyaiḥ prāpyate sthānaṁ tadyogairapi gamyate
एकं साङ्ख्यं च योगं च यः पश्यति स पश्यति ॥५-५॥
ekaṁ sāṅkhyaṁ ca yogaṁ ca yaḥ paśyati sa paśyati (5-5)

संन्यासस्तु महाबाहो दुःखमाप्तुमयोगतः ।
saṁnyāsastu mahābāho duḥkhamāptumayogataḥ
योगयुक्तो मुनिर्ब्रह्म नचिरेणाधिगच्छति ॥५-६॥
yogayukto munirbrahma nacireṇādhigacchati (5-6)

योगयुक्तो विशुद्धात्मा विजितात्मा जितेन्द्रियः ।
yogayukto viśuddhātmā vijitātmā jitendriyaḥ

सर्वभूतात्मभूतात्मा कुर्वन्नपि न लिप्यते ॥५-७॥
sarvabhūtātmabhūtātmā kurvannapi na lipyate (5-7)

नैव किञ्चित्करोमीति युक्तो मन्येत तत्त्ववित् ।
naiva kiñcitkaromīti yukto manyeta tattvavit
पश्यञ्शृण्वन्स्पृशञ्जिघ्रन्नश्नन्गच्छन्स्वपञ्श्वसन् ॥५-८॥
paśyañśṛṇvanspṛśañjighrannaśnangacchansvapañśvasan (5-8)
प्रलपन्विसृजन्गृह्णन्नुन्मिषन्निमिषन्नपि ।
pralapanvisṛjangṛhṇannunmiṣannimiṣannapi
इन्द्रियाणीन्द्रियार्थेषु वर्तन्त इति धारयन् ॥५-९॥
indriyāṇīndriyārtheṣu vartanta iti dhārayan (5-9)

ब्रह्मण्याधाय कर्माणि सङ्गं त्यक्त्वा करोति यः ।
brahmaṇyādhāya karmāṇi saṅgaṁ tyaktvā karoti yaḥ
लिप्यते न स पापेन पद्मपत्रमिवाम्भसा ॥५-१०॥
lipyate na sa pāpena padmapatramivāmbhasā (5-10)

कायेन मनसा बुद्ध्या केवलैरिन्द्रियैरपि ।
kāyena manasā buddhyā kevalairindriyairapi
योगिनः कर्म कुर्वन्ति सङ्गं त्यक्त्वात्मशुद्धये ॥५-११॥
yoginaḥ karma kurvanti saṅgaṁ tyaktvātmaśuddhaye (5-11)

युक्तः कर्मफलं त्यक्त्वा शान्तिमाप्नोति नैष्ठिकीम् ।
yuktaḥ karmaphalaṁ tyaktvā śāntimāpnoti naiṣṭhikīm
अयुक्तः कामकारेण फले सक्तो निबध्यते ॥५-१२॥
ayuktaḥ kāmakāreṇa phale sakto nibadhyate (5-12)

सर्वकर्माणि मनसा संन्यस्यास्ते सुखं वशी ।
sarvakarmāṇi manasā saṁnyasyāste sukhaṁ vaśī
नवद्वारे पुरे देही नैव कुर्वन्न कारयन् ॥५-१३॥
navadvāre pure dehī naiva kurvanna kārayan (5-13)

न कर्तृत्वं न कर्माणि लोकस्य सृजति प्रभुः ।
na kartṛtvaṁ na karmāṇi lokasya sṛjati prabhuḥ
न कर्मफलसंयोगं स्वभावस्तु प्रवर्तते ॥५-१४॥
na karmaphalasaṁyogaṁ svabhāvastu pravartate (5-14)

नादत्ते कस्यचित्पापं न चैव सुकृतं विभुः ।
nādatte kasyacitpāpaṁ na caiva sukṛtaṁ vibhuḥ

अज्ञानेनावृतं ज्ञानं तेन मुह्यन्ति जन्तवः ॥५-१५॥
ajñānenāvṛtaṁ jñānaṁ tena muhyanti jantavaḥ (5-15)

ज्ञानेन तु तदज्ञानं येषां नाशितमात्मनः ।
jñānena tu tadajñānaṁ yeṣāṁ nāśitamātmanaḥ
तेषामादित्यवज्ज्ञानं प्रकाशयति तत्परम् ॥५-१६॥
teṣāmādityavajjñānaṁ prakāśayati tatparam (5-16)

तद्बुद्धयस्तदात्मानस्तन्निष्ठास्तत्परायणाः ।
tadbuddhayastadātmānastanniṣṭhāstatparāyaṇāḥ
गच्छन्त्यपुनरावृत्तिं ज्ञाननिर्धूतकल्मषाः ॥५-१७॥
gacchantyapunarāvṛttiṁ jñānanirdhūtakalmaṣāḥ (5-17)

विद्याविनयसम्पन्ने ब्राह्मणे गवि हस्तिनि ।
vidyāvinayasampanne brāhmaṇe gavi hastini
शुनि चैव श्वपाके च पण्डिताः समदर्शिनः ॥५-१८॥
śuni caiva śvapāke ca paṇḍitāḥ samadarśinaḥ (5-18)

इहैव तैर्जितः सर्गो येषां साम्ये स्थितं मनः ।
ihaiva tairjitaḥ sargo yeṣāṁ sāmye sthitaṁ manaḥ
निर्दोषं हि समं ब्रह्म तस्माद् ब्रह्मणि ते स्थिताः ॥५-१९॥
nirdoṣaṁ hi samaṁ brahma tasmād brahmaṇi te sthitāḥ (5-19)

न प्रहृष्येत्प्रियं प्राप्य नोद्विजेत्प्राप्य चाप्रियम् ।
na prahṛṣyetpriyaṁ prāpya nodvijetprāpya cāpriyam
स्थिरबुद्धिरसम्मूढो ब्रह्मविद् ब्रह्मणि स्थितः ॥५-२०॥
sthirabuddhirasammūḍho brahmavid brahmaṇi sthitaḥ (5-20)

बाह्यस्पर्शेष्वसक्तात्मा विन्दत्यात्मनि यत्सुखम् ।
bāhyasparśeṣvasaktātmā vindatyātmani yatsukham
स ब्रह्मयोगयुक्तात्मा सुखमक्षयमश्नुते ॥५-२१॥
sa brahmayogayuktātmā sukhamakṣayamaśnute (5-21)

ये हि संस्पर्शजा भोगा दुःखयोनय एव ते ।
ye hi saṁsparśajā bhogā duḥkhayonaya eva te
आद्यन्तवन्तः कौन्तेय न तेषु रमते बुधः ॥५-२२॥
ādyantavantaḥ kaunteya na teṣu ramate budhaḥ (5-22)

शक्नोतीहैव यः सोढुं प्राक्शरीरविमोक्षणात् ।
śaknotīhaiva yaḥ soḍhuṁ prākśarīravimokṣaṇāt
कामक्रोधोद्भवं वेगं स युक्तः स सुखी नरः ॥५-२३॥
kāmakrodhodbhavaṁ vegaṁ sa yuktaḥ sa sukhī naraḥ (5-23)

योऽन्तःसुखोऽन्तरारामस्तथान्तर्ज्योतिरेव यः ।
yo'ntaḥsukho'ntarārāmastathāntarjyotireva yaḥ
स योगी ब्रह्मनिर्वाणं ब्रह्मभूतोऽधिगच्छति ॥५-२४॥
sa yogī brahmanirvāṇaṁ brahmabhūto'dhigacchati (5-24)

लभन्ते ब्रह्मनिर्वाणमृषयः क्षीणकल्मषाः ।
labhante brahmanirvāṇamṛṣayaḥ kṣīṇakalmaṣāḥ
छिन्नद्वैधा यतात्मानः सर्वभूतहिते रताः ॥५-२५॥
chinnadvaidhā yatātmānaḥ sarvabhūtahite ratāḥ (5-25)

कामक्रोधवियुक्तानां यतीनां यतचेतसाम् ।
kāmakrodhaviyuktānāṁ yatīnāṁ yatacetasām
अभितो ब्रह्मनिर्वाणं वर्तते विदितात्मनाम् ॥५-२६॥
abhito brahmanirvāṇaṁ vartate viditātmanām (5-26)

स्पर्शान्कृत्वा बहिर्बाह्यांश्चक्षुश्चैवान्तरे भ्रुवोः ।
sparśānkṛtvā bahirbāhyāṁścakṣuścaivāntare bhruvoḥ
प्राणापानौ समौ कृत्वा नासाभ्यन्तरचारिणौ ॥५-२७॥
prāṇāpānau samau kṛtvā nāsābhyantaracāriṇau (5-27)

यतेन्द्रियमनोबुद्धिर्मुनिर्मोक्षपरायणः ।
yatendriyamanobuddhirmunirmokṣaparāyaṇaḥ
विगतेच्छाभयक्रोधो यः सदा मुक्त एव सः ॥५-२८॥
vigatecchābhayakrodho yaḥ sadā mukta eva saḥ (5-28)

भोक्तारं यज्ञतपसां सर्वलोकमहेश्वरम् ।
bhoktāraṁ yajñatapasāṁ sarvalokamaheśvaram
सुहृदं सर्वभूतानां ज्ञात्वा मां शान्तिमृच्छति ॥५-२९॥
suhṛdaṁ sarvabhūtānāṁ jñātvā māṁ śāntimṛcchati (5-29)

ॐ तत्सदिति श्रीमद्भगवद्गीतासूपनिषत्सु
om tatsaditi śrīmadbhagavadgītāsūpaniṣatsu
ब्रह्मविद्यायां योगशास्त्रे श्रीकृष्णार्जुनसंवादे
brahmavidyāyāṁ yogaśāstre śrīkṛṣṇārjunasaṁvāde
संन्यासयोगो नाम पञ्चमोऽध्यायः ॥
saṁnyāsayogo nāma pañcamo'dhyāyaḥ .

षष्ठोऽध्यायः - ध्यानयोगः

ṣaṣṭho'dhyāyaḥ - dhyānayogaḥ

श्रीभगवानुवाच --
śrībhagavānuvāca --

अनाश्रितः कर्मफलं कार्यं कर्म करोति यः ।
anāśritaḥ karmaphalaṁ kāryaṁ karma karoti yaḥ
स संन्यासी च योगी च न निरग्निर्न चाक्रियः ॥६-१॥
sa saṁnyāsī ca yogī ca na niragnirna cākriyaḥ (6-1)

यं संन्यासमिति प्राहुर्योगं तं विद्धि पाण्डव ।
yaṁ saṁnyāsamiti prāhuryogaṁ taṁ viddhi pāṇḍava
न ह्यसंन्यस्तसङ्कल्पो योगी भवति कश्चन ॥६-२॥
na hyasaṁnyastasaṅkalpo yogī bhavati kaścana (6-2)

आरुरुक्षोर्मुनेर्योगं कर्म कारणमुच्यते ।
āruruksormuneryogaṁ karma kāraṇamucyate
योगारूढस्य तस्यैव शमः कारणमुच्यते ॥६-३॥
yogārūḍhasya tasyaiva śamaḥ kāraṇamucyate (6-3)

यदा हि नेन्द्रियार्थेषु न कर्मस्वनुषज्जते ।
yadā hi nendriyārtheṣu na karmasvanuṣajjate
सर्वसङ्कल्पसंन्यासी योगारूढस्तदोच्यते ॥६-४॥
sarvasaṅkalpasaṁnyāsī yogārūḍhastadocyate (6-4)

उद्धरेदात्मनात्मानं नात्मानमवसादयेत् ।
uddharedātmanātmānaṁ nātmānamavasādayet
आत्मैव ह्यात्मनो बन्धुरात्मैव रिपुरात्मनः ॥६-५॥
ātmaiva hyātmano bandhurātmaiva ripurātmanaḥ (6-5)

बन्धुरात्मात्मनस्तस्य येनात्मैवात्मना जितः ।
bandhurātmātmanastasya yenātmaivātmanā jitaḥ
अनात्मनस्तु शत्रुत्वे वर्तेतात्मैव शत्रुवत् ॥६-६॥
anātmanastu śatrutve vartetātmaiva śatruvat (6-6)

जितात्मनः प्रशान्तस्य परमात्मा समाहितः ।
jitātmanaḥ praśāntasya paramātmā samāhitaḥ
शीतोष्णसुखदुःखेषु तथा मानापमानयोः ॥६-७॥
śītoṣṇasukhaduḥkheṣu tathā mānāpamānayoḥ (6-7)

ज्ञानविज्ञानतृप्तात्मा कूटस्थो विजितेन्द्रियः ।
jñānavijñānatṛptātmā kūṭastho vijitendriyaḥ
युक्त इत्युच्यते योगी समलोष्टाश्मकाञ्चनः ॥६-८॥
yukta ityucyate yogī samaloṣṭāśmakāñcanaḥ (6-8)

सुहृन्मित्रार्युदासीनमध्यस्थद्वेष्यबन्धुषु ।
suhṛnmitrāryudāsīnamadhyasthadveṣyabandhuṣu
साधुष्वपि च पापेषु समबुद्धिर्विशिष्यते ॥६-९॥
sādhuṣvapi ca pāpeṣu samabuddhirviśiṣyate (6-9)

योगी युञ्जीत सततमात्मानं रहसि स्थितः ।
yogī yuñjīta satatamātmānaṁ rahasi sthitaḥ
एकाकी यतचित्तात्मा निराशीरपरिग्रहः ॥६-१०॥
ekākī yatacittātmā nirāśīraparigrahaḥ (6-10)

शुचौ देशे प्रतिष्ठाप्य स्थिरमासनमात्मनः ।
śucau deśe pratiṣṭhāpya sthiramāsanamātmanaḥ
नात्युच्छ्रितं नातिनीचं चैलाजिनकुशोत्तरम् ॥६-११॥
nātyucchritaṁ nātinīcaṁ cailājinakuśottaram (6-11)
तत्रैकाग्रं मनः कृत्वा यतचित्तेन्द्रियक्रियः ।
tatraikāgraṁ manaḥ kṛtvā yatacittendriyakriyaḥ
उपविश्यासने युञ्ज्याद्योगमात्मविशुद्धये ॥६-१२॥
upaviśyāsane yuñjyādyogamātmaviśuddhaye (6-12)

समं कायशिरोग्रीवं धारयन्नचलं स्थिरः ।
samaṁ kāyaśirogrīvaṁ dhārayannacalaṁ sthiraḥ
सम्प्रेक्ष्य नासिकाग्रं स्वं दिशश्चानवलोकयन् ॥६-१३॥
samprekṣya nāsikāgraṁ svaṁ diśaścānavalokayan (6-13)
प्रशान्तात्मा विगतभीर्ब्रह्मचारिव्रते स्थितः ।
praśāntātmā vigatabhīrbrahmacārivrate sthitaḥ
मनः संयम्य मच्चित्तो युक्त आसीत मत्परः ॥६-१४॥
manaḥ saṁyamya maccitto yukta āsīta matparaḥ (6-14)

युञ्जन्नेवं सदात्मानं योगी नियतमानसः ।
yuñjannevaṁ sadātmānaṁ yogī niyatamānasaḥ
शान्तिं निर्वाणपरमां मत्संस्थामधिगच्छति ॥६-१५॥
śāntiṁ nirvāṇaparamāṁ matsaṁsthāmadhigacchati (6-15)

नात्यश्नतस्तु योगोऽस्ति न चैकान्तमनश्नतः ।
nātyaśnatastu yogo'sti na caikāntamanaśnataḥ
न चातिस्वप्नशीलस्य जाग्रतो नैव चार्जुन ॥६-१६॥
na cātisvapnaśīlasya jāgrato naiva cārjuna (6-16)

युक्ताहारविहारस्य युक्तचेष्टस्य कर्मसु ।
yuktāhāravihārasya yuktaceṣṭasya karmasu
युक्तस्वप्नावबोधस्य योगो भवति दुःखहा ॥६-१७॥
yuktasvapnāvabodhasya yogo bhavati duḥkhahā (6-17)

यदा विनियतं चित्तमात्मन्येवावतिष्ठते ।
yadā viniyataṁ cittamātmanyevāvatiṣṭhate
निःस्पृहः सर्वकामेभ्यो युक्त इत्युच्यते तदा ॥६-१८॥
niḥspṛhaḥ sarvakāmebhyo yukta ityucyate tadā (6-18)

यथा दीपो निवातस्थो नेङ्गते सोपमा स्मृता ।
yathā dīpo nivātastho neṅgate sopamā smṛtā
योगिनो यतचित्तस्य युञ्जतो योगमात्मनः ॥६-१९॥
yogino yatacittasya yuñjato yogamātmanaḥ (6-19)

यत्रोपरमते चित्तं निरुद्धं योगसेवया ।
yatroparamate cittaṁ niruddhaṁ yogasevayā
यत्र चैवात्मनात्मानं पश्यन्नात्मनि तुष्यति ॥६-२०॥
yatra caivātmanātmānaṁ paśyannātmani tuṣyati (6-20)

सुखमात्यन्तिकं यत्तद् बुद्धिग्राह्यमतीन्द्रियम् ।
sukhamātyantikaṁ yattad buddhigrāhyamatīndriyam
वेत्ति यत्र न चैवायं स्थितश्चलति तत्त्वतः ॥६-२१॥
vetti yatra na caivāyaṁ sthitaścalati tattvataḥ (6-21)

यं लब्ध्वा चापरं लाभं मन्यते नाधिकं ततः ।
yaṁ labdhvā cāparaṁ lābhaṁ manyate nādhikaṁ tataḥ
यस्मिन्स्थितो न दुःखेन गुरुणापि विचाल्यते ॥६-२२॥
yasminsthito na duḥkhena guruṇāpi vicālyate (6-22)

तं विद्याद् दुःखसंयोगवियोगं योगसंज्ञितम् ।
taṁ vidyād duḥkhasaṁyogaviyogaṁ yogasaṁjñitam
स निश्चयेन योक्तव्यो योगोऽनिर्विण्णचेतसा ॥६-२३॥
sa niścayena yoktavyo yogo'nirviṇṇacetasā (6-23)

सङ्कल्पप्रभवान्कामांस्त्यक्त्वा सर्वानशेषतः ।
saṅkalpaprabhavānkāmāṁstyaktvā sarvānaśeṣataḥ
मनसैवेन्द्रियग्रामं विनियम्य समन्ततः ॥६-२४॥
manasaivendriyagrāmaṁ viniyamya samantataḥ (6-24)

शनैः शनैरुपरमेद् बुद्ध्या धृतिगृहीतया ।
śanaiḥ śanairuparamed buddhyā dhṛtigṛhītayā
आत्मसंस्थं मनः कृत्वा न किञ्चिदपि चिन्तयेत् ॥६-२५॥
ātmasaṁsthaṁ manaḥ kṛtvā na kiñcidapi cintayet (6-25)

— ॐ —

यतो यतो निश्चरति मनश्चञ्चलमस्थिरम् ।
yato yato niścarati manaścañcalamasthiram
ततस्ततो नियम्यैतदात्मन्येव वशं नयेत् ॥६-२६॥
tatastato niyamyaitadātmanyeva vaśaṁ nayet (6-26)

प्रशान्तमनसं ह्येनं योगिनं सुखमुत्तमम् ।
praśāntamanasaṁ hyenaṁ yoginaṁ sukhamuttamam
उपैति शान्तरजसं ब्रह्मभूतमकल्मषम् ॥६-२७॥
upaiti śāntarajasaṁ brahmabhūtamakalmaṣam (6-27)

युञ्जन्नेवं सदात्मानं योगी विगतकल्मषः ।
yuñjannevaṁ sadātmānaṁ yogī vigatakalmaṣaḥ
सुखेन ब्रह्मसंस्पर्शमत्यन्तं सुखमश्नुते ॥६-२८॥
sukhena brahmasaṁsparśamatyantaṁ sukhamaśnute (6-28)

सर्वभूतस्थमात्मानं सर्वभूतानि चात्मनि ।
sarvabhūtasthamātmānaṁ sarvabhūtāni cātmani
ईक्षते योगयुक्तात्मा सर्वत्र समदर्शनः ॥६-२९॥
īkṣate yogayuktātmā sarvatra samadarśanaḥ (6-29)

योमां पश्यति सर्वत्र सर्वं च मयि पश्यति ।
yo māṁ paśyati sarvatra sarvaṁ ca mayi paśyati
तस्याहं न प्रणश्यामि स च मे न प्रणश्यति ॥६-३०॥
tasyāhaṁ na praṇaśyāmi sa ca me na praṇaśyati (6-30)

सर्वभूतस्थितं यो मां भजत्येकत्वमास्थितः ।
sarvabhūtasthitaṁ yo māṁ bhajatyekatvamāsthitaḥ
सर्वथा वर्तमानोऽपि स योगी मयि वर्तते ॥६-३१॥
sarvathā vartamāno'pi sa yogī mayi vartate (6-31)

आत्मौपम्येन सर्वत्र समं पश्यति योऽर्जुन ।
ātmaupamyena sarvatra samaṁ paśyati yo'rjuna
सुखं वा यदि वा दुःखं स योगी परमो मतः ॥६-३२॥
sukhaṁ vā yadi vā duḥkhaṁ sa yogī paramo mataḥ (6-32)

अर्जुन उवाच --
arjuna uvāca --

योऽयं योगस्त्वया प्रोक्तः साम्येन मधुसूदन ।
yo'yaṁ yogastvayā proktaḥ sāmyena madhusūdana
एतस्याहं न पश्यामि चञ्चलत्वात्स्थितिं स्थिराम् ॥६-३३॥
etasyāhaṁ na paśyāmi cañcalatvātsthitiṁ sthirām (6-33)

चञ्चलं हि मनः कृष्ण प्रमाथि बलवद् दृढम् ।
cañcalaṁ hi manaḥ kṛṣṇa pramāthi balavad dṛḍham
तस्याहं निग्रहं मन्ये वायोरिव सुदुष्करम् ॥६-३४॥
tasyāhaṁ nigrahaṁ manye vāyoriva suduṣkaram (6-34)

श्रीभगवानुवाच --
śrībhagavānuvāca --

असंशयं महाबाहो मनो दुर्निग्रहं चलम् ।
asaṁśayaṁ mahābāho mano durnigrahaṁ calam
अभ्यासेन तु कौन्तेय वैराग्येण च गृह्यते ॥६-३५॥
abhyāsena tu kaunteya vairāgyeṇa ca gṛhyate (6-35)

असंयतात्मना योगो दुष्प्राप इति मे मतिः ।
asaṁyatātmanā yogo duṣprāpa iti me matiḥ
वश्यात्मना तु यतता शक्योऽवाप्तुमुपायतः ॥६-३६॥
vaśyātmanā tu yatatā śakyo'vāptumupāyataḥ (6-36)

अर्जुन उवाच --
arjuna uvāca --

अयतिः श्रद्धयोपेतो योगाच्चलितमानसः ।
ayatiḥ śraddhayopeto yogāccalitamānasaḥ
अप्राप्य योगसंसिद्धिं कां गतिं कृष्ण गच्छति ॥६-३७॥
aprāpya yogasaṁsiddhiṁ kāṁ gatiṁ kṛṣṇa gacchati (6-37)

कच्चिन्नोभयविभ्रष्टश्छिन्नाभ्रमिव नश्यति ।
kaccinnobhayavibhraṣṭaśchinnābhramiva naśyati
अप्रतिष्ठो महाबाहो विमूढो ब्रह्मणः पथि ॥६-३८॥
apratiṣṭho mahābāho vimūḍho brahmaṇaḥ pathi (6-38)

एतन्मे संशयं कृष्ण छेत्तुमर्हस्यशेषतः ।
etanme saṁśayaṁ kṛṣṇa chettumarhasyaśeṣataḥ
त्वदन्यः संशयस्यास्य छेत्ता न ह्युपपद्यते ॥६-३९॥
tvadanyaḥ saṁśayasyāsya chettā na hyupapadyate (6-39)

श्रीभगवानुवाच --
śrībhagavānuvāca --

पार्थ नैवेह नामुत्र विनाशस्तस्य विद्यते ।
pārtha naiveha nāmutra vināśastasya vidyate
न हि कल्याणकृत्कश्चिद् दुर्गतिं तात गच्छति ॥६-४०॥
na hi kalyāṇakṛtkaścid durgatiṁ tāta gacchati (6-40)

प्राप्य पुण्यकृतां लोकानुषित्वा शाश्वतीः समाः ।
prāpya puṇyakṛtāṁ lokānuṣitvā śāśvatīḥ samāḥ
शुचीनां श्रीमतां गेहे योगभ्रष्टोऽभिजायते ॥६-४१॥
śucīnāṁ śrīmatāṁ gehe yogabhraṣṭo'bhijāyate (6-41)

अथवा योगिनामेव कुले भवति धीमताम् ।
athavā yogināmeva kule bhavati dhīmatām
एतद्धि दुर्लभतरं लोके जन्म यदीदृशम् ॥६-४२॥
etaddhi durlabhataraṁ loke janma yadīdṛśam (6-42)

तत्र तं बुद्धिसंयोगं लभते पौर्वदेहिकम् ।
tatra taṁ buddhisaṁyogaṁ labhate paurvadehikam
यतते च ततो भूयः संसिद्धौ कुरुनन्दन ॥६-४३॥
yatate ca tato bhūyaḥ saṁsiddhau kurunandana (6-43)

पूर्वाभ्यासेन तेनैव ह्रियते ह्यवशोऽपि सः ।
pūrvābhyāsena tenaiva hriyate hyavaśo'pi saḥ
जिज्ञासुरपि योगस्य शब्दब्रह्मातिवर्तते ॥६-४४॥
jijñāsurapi yogasya śabdabrahmātivartate (6-44)

प्रयत्नाद्यतमानस्तु योगी संशुद्धकिल्बिषः ।
prayatnādyatamānastu yogī saṁśuddhakilbiṣaḥ
अनेकजन्मसंसिद्धस्ततो याति परां गतिम् ॥६-४५॥
anekajanmasaṁsiddhastato yāti parāṁ gatim (6-45)

तपस्विभ्योऽधिको योगी ज्ञानिभ्योऽपि मतोऽधिकः ।
tapasvibhyo'dhiko yogī jñānibhyo'pi mato'dhikaḥ
कर्मिभ्यश्चाधिको योगी तस्माद्योगी भवार्जुन ॥६-४६॥
karmibhyaścādhiko yogī tasmādyogī bhavārjuna (6-46)

योगिनामपि सर्वेषां मद्गतेनान्तरात्मना ।
yogināmapi sarveṣāṁ madgatenāntarātmanā
श्रद्धावान्भजते यो मां स मे युक्ततमो मतः ॥६-४७॥
śraddhāvānbhajate yo māṁ sa me yuktatamo mataḥ (6-47)

ॐ तत्सदिति श्रीमद्भगवद्गीतासूपनिषत्सु
om tatsaditi śrīmadbhagavadgītāsūpaniṣatsu
ब्रह्मविद्यायां योगशास्त्रे श्रीकृष्णार्जुनसंवादे
brahmavidyāyāṁ yogaśāstre śrīkṛṣṇārjunasaṁvāde
ध्यानयोगो नाम षष्ठोऽध्यायः ॥
dhyānayogo nāma ṣaṣṭho'dhyāyaḥ .

~ॐ~ॐ~ॐ~ॐ~ॐ~ॐ~ ॐ~ ॐ~ ॐ~

सप्तमोऽध्यायः - ज्ञानविज्ञानयोगः

saptamo'dhyāyaḥ - jñānavijñānayogaḥ

श्रीभगवानुवाच --
śrībhagavānuvāca --

मय्यासक्तमनाः पार्थ योगं युञ्जन्मदाश्रयः ।
mayyāsaktamanāḥ pārtha yogaṁ yuñjanmadāśrayaḥ
असंशयं समग्रं मां यथा ज्ञास्यसि तच्छृणु ॥७-१॥
asaṁśayaṁ samagraṁ māṁ yathā jñāsyasi tacchṛṇu (7-1)

ज्ञानं तेऽहं सविज्ञानमिदं वक्ष्याम्यशेषतः ।
jñānaṁ te'haṁ savijñānamidaṁ vakṣyāmyaśeṣataḥ
यज्ज्ञात्वा नेह भूयोऽन्यज्ज्ञातव्यमवशिष्यते ॥७-२॥
yajjñātvā neha bhūyo'nyajjñātavyamavaśiṣyate (7-2)

मनुष्याणां सहस्रेषु कश्चिद्यतति सिद्धये ।
manuṣyāṇāṁ sahasreṣu kaścidyatati siddhaye
यततामपि सिद्धानां कश्चिन्मां वेत्ति तत्त्वतः ॥७-३॥
yatatāmapi siddhānāṁ kaścinmāṁ vetti tattvataḥ (7-3)

भूमिरापोऽनलो वायुः खं मनो बुद्धिरेव च ।
bhūmirāpo'nalo vāyuḥ khaṁ mano buddhireva ca
अहङ्कार इतीयं मे भिन्ना प्रकृतिरष्टधा ॥७-४॥
ahaṅkāra itīyaṁ me bhinnā prakṛtiraṣṭadhā (7-4)

अपरेयमितस्त्वन्यां प्रकृतिं विद्धि मे पराम् ।
apareyamitastvanyāṁ prakṛtiṁ viddhi me parām
जीवभूतां महाबाहो ययेदं धार्यते जगत् ॥७-५॥
jīvabhūtāṁ mahābāho yayedaṁ dhāryate jagat (7-5)

एतद्योनीनि भूतानि सर्वाणीत्युपधारय ।
etadyonīni bhūtāni sarvāṇītyupadhāraya
अहं कृत्स्नस्य जगतः प्रभवः प्रलयस्तथा ॥७-६॥
ahaṁ kṛtsnasya jagataḥ prabhavaḥ pralayastathā (7-6)

मत्तः परतरं नान्यत्किञ्चिदस्ति धनञ्जय ।
mattaḥ parataraṁ nānyatkiñcidasti dhanañjaya
मयि सर्वमिदं प्रोतं सूत्रे मणिगणा इव ॥७-७॥
mayi sarvamidaṁ protaṁ sūtre maṇigaṇā iva (7-7)

रसोऽहमप्सु कौन्तेय प्रभास्मि शशिसूर्ययोः ।
raso'hamapsu kaunteya prabhāsmi śaśisūryayoḥ
प्रणवः सर्ववेदेषु शब्दः खे पौरुषं नृषु ॥७-८॥
praṇavaḥ sarvavedeṣu śabdaḥ khe pauruṣaṁ nṛṣu (7-8)

पुण्यो गन्धः पृथिव्यां च तेजश्चास्मि विभावसौ ।
puṇyo gandhaḥ pṛthivyāṁ ca tejaścāsmi vibhāvasau
जीवनं सर्वभूतेषु तपश्चास्मि तपस्विषु ॥७-९॥
jīvanaṁ sarvabhūteṣu tapaścāsmi tapasviṣu (7-9)

बीजं मां सर्वभूतानां विद्धि पार्थ सनातनम् ।
bījaṁ māṁ sarvabhūtānāṁ viddhi pārtha sanātanam
बुद्धिर्बुद्धिमतामस्मि तेजस्तेजस्विनामहम् ॥७-१०॥
buddhirbuddhimatāmasmi tejastejasvināmaham (7-10)

बलं बलवतां चाहं कामरागविवर्जितम् ।
balaṁ balavatāṁ cāhaṁ kāmarāgavivarjitam
धर्माविरुद्धो भूतेषु कामोऽस्मि भरतर्षभ ॥७-११॥
dharmāviruddho bhūteṣu kāmo'smi bharatarṣabha (7-11)

ये चैव सात्त्विका भावा राजसास्तामसाश्च ये ।
ye caiva sāttvikā bhāvā rājasāstāmasāśca ye
मत्त एवेति तान्विद्धि न त्वहं तेषु ते मयि ॥७-१२॥
matta eveti tānviddhi na tvahaṁ teṣu te mayi (7-12)

त्रिभिर्गुणमयैर्भावैरेभिः सर्वमिदं जगत् ।
tribhirguṇamayairbhāvairebhiḥ sarvamidaṁ jagat
मोहितं नाभिजानाति मामेभ्यः परमव्ययम् ॥७-१३॥
mohitaṁ nābhijānāti māmebhyaḥ paramavyayam (7-13)

दैवी ह्येषा गुणमयी मम माया दुरत्यया ।
daivī hyeṣā guṇamayī mama māyā duratyayā
मामेव ये प्रपद्यन्ते मायामेतां तरन्ति ते ॥७-१४॥
māmeva ye prapadyante māyāmetāṁ taranti te (7-14)

न मां दुष्कृतिनो मूढाः प्रपद्यन्ते नराधमाः ।
na māṁ duṣkṛtino mūḍhāḥ prapadyante narādhamāḥ
माययापहृतज्ञाना आसुरं भावमाश्रिताः ॥७-१५॥
māyayāpahṛtajñānā āsuraṁ bhāvamāśritāḥ (7-15)

चतुर्विधा भजन्ते मां जनाः सुकृतिनोऽर्जुन ।
caturvidhā bhajante māṁ janāḥ sukṛtino'rjuna
आर्तो जिज्ञासुरर्थार्थी ज्ञानी च भरतर्षभ ॥७-१६॥
ārto jijñāsurarthārthī jñānī ca bharatarṣabha (7-16)

तेषां ज्ञानी नित्ययुक्त एकभक्तिर्विशिष्यते ।
teṣāṁ jñānī nityayukta ekabhaktirviśiṣyate
प्रियो हि ज्ञानिनोऽत्यर्थमहं स च मम प्रियः ॥७-१७॥
priyo hi jñānino'tyarthamahaṁ sa ca mama priyaḥ (7-17)

उदाराः सर्व एवैते ज्ञानी त्वात्मैव मे मतम् ।
udārāḥ sarva evaite jñānī tvātmaiva me matam
आस्थितः स हि युक्तात्मा मामेवानुत्तमां गतिम् ॥७-१८॥
āsthitaḥ sa hi yuktātmā māmevānuttamāṁ gatim (7-18)

बहूनां जन्मनामन्ते ज्ञानवान्मां प्रपद्यते ।
bahūnāṁ janmanāmante jñānavānmāṁ prapadyate
वासुदेवः सर्वमिति स महात्मा सुदुर्लभः ॥७-१९॥
vāsudevaḥ sarvamiti sa mahātmā sudurlabhaḥ (7-19)

कामैस्तैस्तैर्हृतज्ञानाः प्रपद्यन्तेऽन्यदेवताः ।
kāmaistaistairhṛtajñānāḥ prapadyante'nyadevatāḥ
तं तं नियममास्थाय प्रकृत्या नियताः स्वया ॥७-२०॥
taṁ taṁ niyamamāsthāya prakṛtyā niyatāḥ svayā (7-20)

यो यो यां यां तनुं भक्तः श्रद्धयार्चितुमिच्छति ।
yo yo yāṁ yāṁ tanuṁ bhaktaḥ śraddhayārcitumicchati
तस्य तस्याचलां श्रद्धां तामेव विदधाम्यहम् ॥७-२१॥
tasya tasyācalāṁ śraddhāṁ tāmeva vidadhāmyaham (7-21)

स तया श्रद्धया युक्तस्तस्याराधनमीहते ।
sa tayā śraddhayā yuktastasyārādhanamīhate
लभते च ततः कामान्मयैव विहितान्हि तान् ॥७-२२॥
labhate ca tataḥ kāmānmayaiva vihitānhi tān (7-22)

अन्तवत्तु फलं तेषां तद्भवत्यल्पमेधसाम् ।
antavattu phalaṁ teṣāṁ tadbhavatyalpamedhasām
देवान्देवयजो यान्ति मद्भक्ता यान्ति मामपि ॥७-२३॥
devāndevayajo yānti madbhaktā yānti māmapi (7-23)

अव्यक्तं व्यक्तिमापन्नं मन्यन्ते मामबुद्धयः ।
avyaktaṁ vyaktimāpannaṁ manyante māmabuddhayaḥ
परं भावमजानन्तो ममाव्ययमनुत्तमम् ॥७-२४॥
paraṁ bhāvamajānanto mamāvyayamanuttamam (7-24)

नाहं प्रकाशः सर्वस्य योगमायासमावृतः ।
nāhaṁ prakāśaḥ sarvasya yogamāyāsamāvṛtaḥ
मूढोऽयं नाभिजानाति लोको मामजमव्ययम् ॥७-२५॥
mūḍho'yaṁ nābhijānāti loko māmajamavyayam (7-25)

वेदाहं समतीतानि वर्तमानानि चार्जुन ।
vedāhaṁ samatītāni vartamānāni cārjuna
भविष्याणि च भूतानि मां तु वेद न कश्चन ॥७-२६॥
bhaviṣyāṇi ca bhūtāni māṁ tu veda na kaścana (7-26)

इच्छाद्वेषसमुत्थेन द्वन्द्वमोहेन भारत ।
icchādveṣasamutthena dvandvamohena bhārata
सर्वभूतानि सम्मोहं सर्गे यान्ति परन्तप ॥७-२७॥
sarvabhūtāni sammohaṁ sarge yānti parantapa (7-27)

येषां त्वन्तगतं पापं जनानां पुण्यकर्मणाम् ।
yeṣāṁ tvantagataṁ pāpaṁ janānāṁ puṇyakarmaṇām
ते द्वन्द्वमोहनिर्मुक्ता भजन्ते मां दृढव्रताः ॥७-२८॥
te dvandvamohanirmuktā bhajante māṁ dṛḍhavratāḥ (7-28) .

जरामरणमोक्षाय मामाश्रित्य यतन्ति ये ।
jarāmaraṇamokṣāya māmāśritya yatanti ye
ते ब्रह्म तद्विदुः कृत्स्नमध्यात्मं कर्म चाखिलम् ॥७-२९॥
te brahma tadviduḥ kṛtsnamadhyātmaṁ karma cākhilam (7-29)

साधिभूताधिदैवं मां साधियज्ञं च ये विदुः ।
sādhibhūtādhidaivaṁ māṁ sādhiyajñaṁ ca ye viduḥ
प्रयाणकालेऽपि च मां ते विदुर्युक्तचेतसः ॥७-३०॥
prayāṇakāle'pi ca māṁ te viduryuktacetasaḥ (7-30)

ॐ तत्सदिति श्रीमद्भगवद्गीतासूपनिषत्सु
om tatsaditi śrīmadbhagavadgītāsūpaniṣatsu
ब्रह्मविद्यायां योगशास्त्रे श्रीकृष्णार्जुनसंवादे
brahmavidyāyāṁ yogaśāstre śrīkṛṣṇārjunasaṁvāde
ज्ञानविज्ञानयोगो नाम सप्तमोऽध्यायः ॥
jñānavijñānayogo nāma saptamo'dhyāyaḥ .

~ॐ~ॐ~ॐ~ॐ~ॐ~ॐ~ ॐ~ ॐ~ ॐ~

अष्टमोऽध्यायः - अक्षरब्रह्मयोगः
aṣṭamo'dhyāyaḥ - akṣarabrahmayogaḥ

अर्जुन उवाच --
arjuna uvāca --

किं तद् ब्रह्म किमध्यात्मं किं कर्म पुरुषोत्तम ।
kiṁ tad brahma kimadhyātmaṁ kiṁ karma puruṣottama
अधिभूतं च किं प्रोक्तमधिदैवं किमुच्यते ॥८-१॥
adhibhūtaṁ ca kiṁ proktamadhidaivaṁ kimucyate (8-1)

अधियज्ञः कथं कोऽत्र देहेऽस्मिन्मधुसूदन ।
adhiyajñaḥ kathaṁ ko'tra dehe'sminmadhusūdana
प्रयाणकाले च कथं ज्ञेयोऽसि नियतात्मभिः ॥८-२॥
prayāṇakāle ca kathaṁ jñeyo'si niyatātmabhiḥ (8-2)

श्रीभगवानुवाच --
śrībhagavānuvāca --

अक्षरं ब्रह्म परमं स्वभावोऽध्यात्ममुच्यते ।
akṣaraṁ brahma paramaṁ svabhāvo'dhyātmamucyate
भूतभावोद्भवकरो विसर्गः कर्मसंज्ञितः ॥८-३॥
bhūtabhāvodbhavakaro visargaḥ karmasaṁjñitaḥ (8-3)

अधिभूतं क्षरो भावः पुरुषश्चाधिदैवतम् ।
adhibhūtaṁ kṣaro bhāvaḥ puruṣaścādhidaivatam
अधियज्ञोऽहमेवात्र देहे देहभृतां वर ॥८-४॥
adhiyajño'hamevātra dehe dehabhṛtāṁ vara (8-4)

अन्तकाले च मामेव स्मरन्मुक्त्वा कलेवरम् ।
antakāle ca māmeva smaranmuktvā kalevaram
यः प्रयाति स मद्भावं याति नास्त्यत्र संशयः ॥८-५॥
yaḥ prayāti sa madbhāvaṁ yāti nāstyatra saṁśayaḥ (8-5)

यं यं वापि स्मरन्भावं त्यजत्यन्ते कलेवरम् ।
yaṁ yaṁ vāpi smaranbhāvaṁ tyajatyante kalevaram
तं तमेवैति कौन्तेय सदा तद्भावभावितः ॥८-६॥
taṁ tamevaiti kaunteya sadā tadbhāvabhāvitaḥ (8-6)

तस्मात्सर्वेषु कालेषु मामनुस्मर युध्य च ।
tasmātsarveṣu kāleṣu māmanusmara yudhya ca

मय्यर्पितमनोबुद्धिर्मामेवैष्यस्यसंशयः ॥८-७॥
mayyarpitamanobuddhirmāmevaiṣyasyasaṁśayaḥ (8-7)

अभ्यासयोगयुक्तेन चेतसा नान्यगामिना ।
abhyāsayogayuktena cetasā nānyagāminā
परमं पुरुषं दिव्यं याति पार्थानुचिन्तयन् ॥८-८॥
paramaṁ puruṣaṁ divyaṁ yāti pārthānucintayan (8-8)

कविं पुराणमनुशासितार मणोरणीयंसमनुस्मरेद्यः ।
kaviṁ purāṇamanuśāsitāra maṇoraṇīyaṁsamanusmaredyaḥ
सर्वस्य धातारमचिन्त्यरूपमादित्यवर्णं तमसः परस्तात् ॥८-९॥
sarvasya dhātāramacintyarūpamādityavarṇaṁ tamasaḥ parastāt (8-9)
प्रयाणकाले मनसाऽचलेन भक्त्या युक्तो योगबलेन चैव ।
prayāṇakāle manasā'calena bhaktyā yukto yogabalena caiva
भ्रुवोर्मध्ये प्राणमावेश्य सम्यक् स तं परं पुरुषमुपैति दिव्यम् ॥८-१०॥
bhruvormadhye prāṇamāveśya samyak
sa taṁ paraṁ puruṣamupaiti divyam (8-10)

यदक्षरं वेदविदो वदन्ति विशन्ति यद्यतयो वीतरागाः ।
yadakṣaraṁ vedavido vadanti viśanti yadyatayo vītarāgāḥ
यदिच्छन्तो ब्रह्मचर्यं चरन्ति तत्ते पदं सङ्ग्रहेण प्रवक्ष्ये ॥८-११॥
yadicchanto brahmacaryaṁ caranti
tatte padaṁ saṅgraheṇa pravakṣye (8-11)

सर्वद्वाराणि संयम्य मनो हृदि निरुध्य च ।
sarvadvārāṇi saṁyamya mano hṛdi nirudhya ca
मूर्ध्न्याधायात्मनः प्राणमास्थितो योगधारणाम् ॥८-१२॥
mūrdhnyādhāyātmanaḥ prāṇamāsthito yogadhāraṇām (8-12)
ओमित्येकाक्षरं ब्रह्म व्याहरन्मामनुस्मरन् ।
omityekākṣaraṁ brahma vyāharanmāmanusmaran
यः प्रयाति त्यजन्देहं स याति परमां गतिम् ॥८-१३॥
yaḥ prayāti tyajandehaṁ sa yāti paramāṁ gatim (8-13)

अनन्यचेताः सततं यो मां स्मरति नित्यशः ।
ananyacetāḥ satataṁ yo māṁ smarati nityaśaḥ
तस्याहं सुलभः पार्थ नित्ययुक्तस्य योगिनः ॥८-१४॥
tasyāhaṁ sulabhaḥ pārtha nityayuktasya yoginaḥ (8-14)

मामुपेत्य पुनर्जन्म दुःखालयमशाश्वतम् ।
māmupetya punarjanma duḥkhālayamaśāśvatam
नाप्नुवन्ति महात्मानः संसिद्धिं परमां गताः ॥८-१५॥
nāpnuvanti mahātmānaḥ saṁsiddhiṁ paramāṁ gatāḥ (8-15)

आब्रह्मभुवनाल्लोकाः पुनरावर्तिनोऽर्जुन ।
ābrahmabhuvanāllokāḥ punarāvartino'rjuna
मामुपेत्य तु कौन्तेय पुनर्जन्म न विद्यते ॥८-१६॥
māmupetya tu kaunteya punarjanma na vidyate (8-16)

सहस्रयुगपर्यन्तमहर्यद् ब्रह्मणो विदुः ।
sahasrayugaparyantamaharyad brahmaṇo viduḥ
रात्रिं युगसहस्रान्तां तेऽहोरात्रविदो जनाः ॥८-१७॥
rātriṁ yugasahasrāntāṁ te'horātravido janāḥ (8-17)

अव्यक्ताद् व्यक्तयः सर्वाः प्रभवन्त्यहरागमे ।
avyaktād vyaktayaḥ sarvāḥ prabhavantyaharāgame
रात्र्यागमे प्रलीयन्ते तत्रैवाव्यक्तसंज्ञके ॥८-१८॥
rātryāgame pralīyante tatraivāvyaktasaṁjñake (8-18)

भूतग्रामः स एवायं भूत्वा भूत्वा प्रलीयते ।
bhūtagrāmaḥ sa evāyaṁ bhūtvā bhūtvā pralīyate
रात्र्यागमेऽवशः पार्थ प्रभवत्यहरागमे ॥८-१९॥
rātryāgame'vaśaḥ pārtha prabhavatyaharāgame (8-19)

परस्तस्मात्तु भावोऽन्योऽव्यक्तोऽव्यक्तात्सनातनः ।
parastasmāttu bhāvo'nyo'vyakto'vyaktātsanātanaḥ
यः स सर्वेषु भूतेषु नश्यत्सु न विनश्यति ॥८-२०॥
yaḥ sa sarveṣu bhūteṣu naśyatsu na vinaśyati (8-20)

अव्यक्तोऽक्षर इत्युक्तस्तमाहुः परमां गतिम् ।
avyakto'kṣara ityuktastamāhuḥ paramāṁ gatim
यं प्राप्य न निवर्तन्ते तद्धाम परमं मम ॥८-२१॥
yaṁ prāpya na nivartante taddhāma paramaṁ mama (8-21)

पुरुषः स परः पार्थ भक्त्या लभ्यस्त्वनन्यया ।
puruṣaḥ sa paraḥ pārtha bhaktyā labhyastvananyayā

यस्यान्तःस्थानि भूतानि येन सर्वमिदं ततम् ॥८-२२॥
yasyāntaḥsthāni bhūtāni yena sarvamidaṁ tatam (8-22)

यत्र काले त्वनावृत्तिमावृत्तिं चैव योगिनः ।
yatra kāle tvanāvṛttimāvṛttiṁ caiva yoginaḥ
प्रयाता यान्ति तं कालं वक्ष्यामि भरतर्षभ ॥८-२३॥
prayātā yānti taṁ kālaṁ vakṣyāmi bharatarṣabha (8-23)

अग्निर्ज्योतिरहः शुक्लः षण्मासा उत्तरायणम् ।
agnirjyotirahaḥ śuklaḥ ṣaṇmāsā uttarāyaṇam
तत्र प्रयाता गच्छन्ति ब्रह्म ब्रह्मविदो जनाः ॥८-२४॥
tatra prayātā gacchanti brahma brahmavido janāḥ (8-24)

धूमो रात्रिस्तथा कृष्णः षण्मासा दक्षिणायनम् ।
dhūmo rātristathā kṛṣṇaḥ ṣaṇmāsā dakṣiṇāyanam
तत्र चान्द्रमसं ज्योतिर्योगी प्राप्य निवर्तते ॥८-२५॥
tatra cāndramasaṁ jyotiryogī prāpya nivartate (8-25)

शुक्लकृष्णे गती ह्येते जगतः शाश्वते मते ।
śuklakṛṣṇe gatī hyete jagataḥ śāśvate mate
एकया यात्यनावृत्तिमन्ययावर्तते पुनः ॥८-२६॥
ekayā yātyanāvṛttimanyayāvartate punaḥ (8-26)

नैते सृती पार्थ जानन्योगी मुह्यति कश्चन ।
naite sṛtī pārtha jānanyogī muhyati kaścana
तस्मात्सर्वेषु कालेषु योगयुक्तो भवार्जुन ॥८-२७॥
tasmātsarveṣu kāleṣu yogayukto bhavārjuna (8-27)

वेदेषु यज्ञेषु तपःसु चैव दानेषु यत्पुण्यफलं प्रदिष्टम् ।
vedeṣu yajñeṣu tapaḥsu caiva dāneṣu yatpuṇyaphalaṁ pradiṣṭam
अत्येति तत्सर्वमिदं विदित्वा योगी परं स्थानमुपैति चाद्यम् ॥८-२८॥
atyeti tatsarvamidaṁ viditvā yogī paraṁ sthānamupaiti cādyam (8-28)

ॐ तत्सदिति श्रीमद्भगवद्गीतासूपनिषत्सु
om tatsaditi śrīmadbhagavadgītāsūpaniṣatsu
ब्रह्मविद्यायां योगशास्त्रे श्रीकृष्णार्जुनसंवादे
brahmavidyāyāṁ yogaśāstre śrīkṛṣṇārjunasaṁvāde
अक्षरब्रह्मयोगो नामाष्टमोऽध्यायः ॥
akṣarabrahmayogo nāmāṣṭamo'dhyāyaḥ .

~ॐ~ॐ~ॐ~ॐ~ॐ~ॐ~ ॐ~ ॐ~ ॐ~

नवमोऽध्यायः - राजविद्याराजगुह्ययोगः

navamo'dhyāyaḥ - rājavidyārājaguhyayogaḥ

श्रीभगवानुवाच --
śrībhagavānuvāca –

इदं तु ते गुह्यतमं प्रवक्ष्याम्यनसूयवे ।
idaṁ tu te guhyatamaṁ pravakṣyāmyanasūyave
ज्ञानं विज्ञानसहितं यज्ज्ञात्वा मोक्ष्यसेऽशुभात् ॥९-१॥
jñānaṁ vijñānasahitaṁ yajjñātvā mokṣyase'śubhāt (9-1)

राजविद्या राजगुह्यं पवित्रमिदमुत्तमम् ।
rājavidyā rājaguhyaṁ pavitramidamuttamam
प्रत्यक्षावगमं धर्म्यं सुसुखं कर्तुमव्ययम् ॥९-२॥
pratyakṣāvagamaṁ dharmyaṁ susukhaṁ kartumavyayam (9-2)

अश्रद्दधानाः पुरुषा धर्मस्यास्य परन्तप ।
aśraddadhānāḥ puruṣā dharmasyāsya parantapa
अप्राप्य मां निवर्तन्ते मृत्युसंसारवर्त्मनि ॥९-३॥
aprāpya māṁ nivartante mṛtyusaṁsāravartmani (9-3)

मया ततमिदं सर्वं जगदव्यक्तमूर्तिना ।
mayā tatamidaṁ sarvaṁ jagadavyaktamūrtinā
मत्स्थानि सर्वभूतानि न चाहं तेष्ववस्थितः ॥९-४॥
matsthāni sarvabhūtāni na cāhaṁ teṣvavasthitaḥ (9-4)

न च मत्स्थानि भूतानि पश्य मे योगमैश्वरम् ।
na ca matsthāni bhūtāni paśya me yogamaiśvaram
भूतभृन्न च भूतस्थो ममात्मा भूतभावनः ॥९-५॥
bhūtabhṛnna ca bhūtastho mamātmā bhūtabhāvanaḥ (9-5)

यथाकाशस्थितो नित्यं वायुः सर्वत्रगो महान् ।
yathākāśasthito nityaṁ vāyuḥ sarvatrago mahān
तथा सर्वाणि भूतानि मत्स्थानीत्युपधारय ॥९-६॥
tathā sarvāṇi bhūtāni matsthānītyupadhāraya (9-6)

सर्वभूतानि कौन्तेय प्रकृतिं यान्ति मामिकाम् ।
sarvabhūtāni kaunteya prakṛtiṁ yānti māmikām
कल्पक्षये पुनस्तानि कल्पादौ विसृजाम्यहम् ॥९-७॥
kalpakṣaye punastāni kalpādau visṛjāmyaham (9-7)

प्रकृतिं स्वामवष्टभ्य विसृजामि पुनः पुनः ।
prakṛtiṁ svāmavaṣṭabhya visṛjāmi punaḥ punaḥ
भूतग्राममिमं कृत्स्नमवशं प्रकृतेर्वशात् ॥९-८॥
bhūtagrāmamimaṁ kṛtsnamavaśaṁ prakṛtervaśāt (9-8)

न च मां तानि कर्माणि निबध्नन्ति धनञ्जय ।
na ca māṁ tāni karmāṇi nibadhnanti dhanañjaya
उदासीनवदासीनमसक्तं तेषु कर्मसु ॥९-९॥
udāsīnavadāsīnamasaktaṁ teṣu karmasu (9-9)

मयाध्यक्षेण प्रकृतिः सूयते सचराचरम् ।
mayādhyakṣeṇa prakṛtiḥ sūyate sacarācaram
हेतुनानेन कौन्तेय जगद्विपरिवर्तते ॥९-१०॥
hetunānena kaunteya jagadviparivartate (9-10)

अवजानन्ति मां मूढा मानुषीं तनुमाश्रितम् ।
avajānanti māṁ mūḍhā mānuṣīṁ tanumāśritam
परं भावमजानन्तो मम भूतमहेश्वरम् ॥९-११॥
paraṁ bhāvamajānanto mama bhūtamaheśvaram (9-11)

मोघाशा मोघकर्माणो मोघज्ञाना विचेतसः ।
moghāśā moghakarmāṇo moghajñānā vicetasaḥ
राक्षसीमासुरीं चैव प्रकृतिं मोहिनीं श्रिताः ॥९-१२॥
rākṣasīmāsurīṁ caiva prakṛtiṁ mohinīṁ śritāḥ (9-12)

महात्मानस्तु मां पार्थ दैवीं प्रकृतिमाश्रिताः ।
mahātmānastu māṁ pārtha daivīṁ prakṛtimāśritāḥ
भजन्त्यनन्यमनसो ज्ञात्वा भूतादिमव्ययम् ॥९-१३॥
bhajantyananyamanaso jñātvā bhūtādimavyayam (9-13)

सततं कीर्तयन्तो मां यतन्तश्च दृढव्रताः ।
satataṁ kīrtayanto māṁ yatantaśca dṛḍhavratāḥ
नमस्यन्तश्च मां भक्त्या नित्ययुक्ता उपासते ॥९-१४॥
namasyantaśca māṁ bhaktyā nityayuktā upāsate (9-14)

ज्ञानयज्ञेन चाप्यन्ये यजन्तो मामुपासते ।
jñānayajñena cāpyanye yajanto māmupāsate
एकत्वेन पृथक्त्वेन बहुधा विश्वतोमुखम् ॥९-१५॥
ekatvena pṛthaktvena bahudhā viśvatomukham (9-15)

अहं क्रतुरहं यज्ञः स्वधाहमहमौषधम् ।
ahaṁ kraturahaṁ yajñaḥ svadhāhamahamauṣadham
मन्त्रोऽहमहमेवाज्यमहमग्निरहं हुतम् ॥९-१६॥
mantro'hamahamevājyamahamagniraham hutam (9-16)

पिताहमस्य जगतो माता धाता पितामहः ।
pitāhamasya jagato mātā dhātā pitāmahaḥ
वेद्यं पवित्रमोङ्कार ऋक्साम यजुरेव च ॥९-१७॥
vedyaṁ pavitramoṅkāra ṛksāma yajureva ca (9-17)

गतिर्भर्ता प्रभुः साक्षी निवासः शरणं सुहृत् ।
gatirbhartā prabhuḥ sākṣī nivāsaḥ śaraṇaṁ suhṛt
प्रभवः प्रलयः स्थानं निधानं बीजमव्ययम् ॥९-१८॥
prabhavaḥ pralayaḥ sthānaṁ nidhānaṁ bījamavyayam (9-18)

तपाम्यहमहं वर्षं निगृह्णाम्युत्सृजामि च ।
tapāmyahamahaṁ varṣaṁ nigṛhṇāmyutsṛjāmi ca
अमृतं चैव मृत्युश्च सदसच्चाहमर्जुन ॥९-१९॥
amṛtaṁ caiva mṛtyuśca sadasaccāhamarjuna (9-19)

त्रैविद्या मां सोमपाः पूतपापा
traividyā māṁ somapāḥ pūtapāpā
यज्ञैरिष्ट्वा स्वर्गतिं प्रार्थयन्ते ।
yajñairiṣṭvā svargatiṁ prārthayante
ते पुण्यमासाद्य सुरेन्द्रलोक-
te puṇyamāsādya surendraloka-
मश्नन्ति दिव्यान्दिवि देवभोगान् ॥९-२०॥
maśnanti divyāndivi devabhogān (9-20)

ते तं भुक्त्वा स्वर्गलोकं विशालं
te taṁ bhuktvā svargalokaṁ viśālaṁ
क्षीणे पुण्ये मर्त्यलोकं विशन्ति ।
kṣīṇe puṇye martyalokaṁ viśanti

एवं त्रयीधर्ममनुप्रपन्ना
evaṁ trayīdharmamanuprapannā
गतागतं कामकामा लभन्ते ॥९-२१॥
gatāgataṁ kāmakāmā labhante (9-21)

अनन्याश्चिन्तयन्तो मां ये जनाः पर्युपासते ।
ananyāścintayanto māṁ ye janāḥ paryupāsate
तेषां नित्याभियुक्तानां योगक्षेमं वहाम्यहम् ॥९-२२॥
teṣāṁ nityābhiyuktānāṁ yogakṣemaṁ vahāmyaham (9-22)

येऽप्यन्यदेवता भक्ता यजन्ते श्रद्धयान्विताः ।
ye'pyanyadevatā bhaktā yajante śraddhayānvitāḥ
तेऽपि मामेव कौन्तेय यजन्त्यविधिपूर्वकम् ॥९-२३॥
te'pi māmeva kaunteya yajantyavidhipūrvakam (9-23)

अहं हि सर्वयज्ञानां भोक्ता च प्रभुरेव च ।
ahaṁ hi sarvayajñānāṁ bhoktā ca prabhureva ca
न तु मामभिजानन्ति तत्त्वेनातश्च्यवन्ति ते ॥९-२४॥
na tu māmabhijānanti tattvenātaścyavanti te (9-24)

यान्ति देवव्रता देवान्पितॄन्यान्ति पितृव्रताः ।
yānti devavratā devānpitṝnyānti pitṛvratāḥ
भूतानि यान्ति भूतेज्या यान्ति मद्याजिनोऽपि माम् ॥९-२५॥
bhūtāni yānti bhūtejyā yānti madyājino'pi mām (9-25)

पत्रं पुष्पं फलं तोयं यो मे भक्त्या प्रयच्छति ।
patraṁ puṣpaṁ phalaṁ toyaṁ yo me bhaktyā prayacchati
तदहं भक्त्युपहृतमश्नामि प्रयतात्मनः ॥९-२६॥
tadahaṁ bhaktyupahṛtamaśnāmi prayatātmanaḥ (9-26)

यत्करोषि यदश्नासि यज्जुहोषि ददासि यत् ।
yatkaroṣi yadaśnāsi yajjuhoṣi dadāsi yat
यत्तपस्यसि कौन्तेय तत्कुरुष्व मदर्पणम् ॥९-२७॥
yattapasyasi kaunteya tatkuruṣva madarpaṇam (9-27)

शुभाशुभफलैरेवं मोक्ष्यसे कर्मबन्धनैः ।
śubhāśubhaphalairevaṁ mokṣyase karmabandhanaiḥ
संन्यासयोगयुक्तात्मा विमुक्तो मामुपैष्यसि ॥९-२८॥
saṁnyāsayogayuktātmā vimukto māmupaiṣyasi (9-28)

समोऽहं सर्वभूतेषु न मे द्वेष्योऽस्ति न प्रियः ।
samo'haṁ sarvabhūteṣu na me dveṣyo'sti na priyaḥ
ये भजन्ति तु मां भक्त्या मयि ते तेषु चाप्यहम् ॥९-२९॥
ye bhajanti tu māṁ bhaktyā mayi te teṣu cāpyaham (9-29)

अपि चेत्सुदुराचारो भजते मामनन्यभाक् ।
api cetsudurācāro bhajate māmananyabhāk
साधुरेव स मन्तव्यः सम्यग्व्यवसितो हि सः ॥९-३०॥
sādhureva sa mantavyaḥ samyagvyavasito hi saḥ (9-30)

क्षिप्रं भवति धर्मात्मा शश्वच्छान्तिं निगच्छति ।
kṣipraṁ bhavati dharmātmā śaśvacchāntiṁ nigacchati
कौन्तेय प्रतिजानीहि न मे भक्तः प्रणश्यति ॥९-३१॥
kaunteya pratijānīhi na me bhaktaḥ praṇaśyati (9-31)

मां हि पार्थ व्यपाश्रित्य येऽपि स्युः पापयोनयः ।
māṁ hi pārtha vyapāśritya ye'pi syuḥ pāpayonayaḥ
स्त्रियो वैश्यास्तथा शूद्रास्तेऽपि यान्ति परां गतिम् ॥९-३२॥
striyo vaiśyāstathā śūdrāste'pi yānti parāṁ gatim (9-32)
किं पुनर्ब्राह्मणाः पुण्या भक्ता राजर्षयस्तथा ।
kiṁ punarbrāhmaṇāḥ puṇyā bhaktā rājarṣayastathā
अनित्यमसुखं लोकमिमं प्राप्य भजस्व माम् ॥९-३३॥
anityamasukhaṁ lokamimaṁ prāpya bhajasva mām (9-33)

मन्मना भव मद्भक्तो मद्याजी मां नमस्कुरु ।
manmanā bhava madbhakto madyājī māṁ namaskuru
मामेवैष्यसि युक्त्वैवमात्मानं मत्परायणः ॥९-३४॥
māmevaiṣyasi yuktvaivamātmānaṁ matparāyaṇaḥ (9-34)

ॐ तत्सदिति श्रीमद्भगवद्गीतासूपनिषत्सु
om tatsaditi śrīmadbhagavadgītāsūpaniṣatsu
ब्रह्मविद्यायां योगशास्त्रे श्रीकृष्णार्जुनसंवादे
brahmavidyāyāṁ yogaśāstre śrīkṛṣṇārjunasaṁvāde
राजविद्याराजगुह्ययोगो नाम नवमोऽध्यायः ॥
rājavidyārājaguhyayogo nāma navamo'dhyāyaḥ .

~ॐ~ॐ~ॐ~ॐ~ॐ~ॐ~ ॐ~ ॐ~ ॐ~

दशमोऽध्यायः - विभूतियोगः

daśamo'dhyāyaḥ - vibhūtiyogaḥ

श्रीभगवानुवाच --
śrībhagavānuvāca --

भूय एव महाबाहो शृणु मे परमं वचः ।
bhūya eva mahābāho śṛṇu me paramaṁ vacaḥ
यत्तेऽहं प्रीयमाणाय वक्ष्यामि हितकाम्यया ॥ १०-१ ॥
yatte'haṁ prīyamāṇāya vakṣyāmi hitakāmyayā (10-1)

न मे विदुः सुरगणाः प्रभवं न महर्षयः ।
na me viduḥ suragaṇāḥ prabhavaṁ na maharṣayaḥ
अहमादिर्हि देवानां महर्षीणां च सर्वशः ॥ १०-२ ॥
ahamādirhi devānāṁ maharṣīṇāṁ ca sarvaśaḥ (10-2)

यो मामजमनादिं च वेत्ति लोकमहेश्वरम् ।
yo māmajamanādiṁ ca vetti lokamaheśvaram
असम्मूढः स मर्त्येषु सर्वपापैः प्रमुच्यते ॥ १०-३ ॥
asammūḍhaḥ sa martyeṣu sarvapāpaiḥ pramucyate (10-3)

बुद्धिर्ज्ञानमसम्मोहः क्षमा सत्यं दमः शमः ।
buddhirjñānamasammohaḥ kṣamā satyaṁ damaḥ śamaḥ
सुखं दुःखं भवोऽभावो भयं चाभयमेव च ॥ १०-४ ॥
sukhaṁ duḥkhaṁ bhavo'bhāvo bhayaṁ cābhayameva ca (10-4)
अहिंसा समता तुष्टिस्तपो दानं यशोऽयशः ।
ahiṁsā samatā tuṣṭistapo dānaṁ yaśo'yaśaḥ
भवन्ति भावा भूतानां मत्त एव पृथग्विधाः ॥ १०-५ ॥
bhavanti bhāvā bhūtānāṁ matta eva pṛthagvidhāḥ (10-5)

महर्षयः सप्त पूर्वे चत्वारो मनवस्तथा ।
maharṣayaḥ sapta pūrve catvāro manavastathā
मद्भावा मानसा जाता येषां लोक इमाः प्रजाः ॥ १०-६ ॥
madbhāvā mānasā jātā yeṣāṁ loka imāḥ prajāḥ (10-6)

एतां विभूतिं योगं च मम यो वेत्ति तत्त्वतः ।
etāṁ vibhūtiṁ yogaṁ ca mama yo vetti tattvataḥ
सोऽविकम्पेन योगेन युज्यते नात्र संशयः ॥ १०-७ ॥
so'vikampena yogena yujyate nātra saṁśayaḥ (10-7)

अहं सर्वस्य प्रभवो मत्तः सर्वं प्रवर्तते ।
aham sarvasya prabhavo mattaḥ sarvaṁ pravartate
इति मत्वा भजन्ते मां बुधा भावसमन्विताः ॥ १०-८॥
iti matvā bhajante māṁ budhā bhāvasamanvitāḥ (10-8)

मच्चित्ता मद्गतप्राणा बोधयन्तः परस्परम् ।
maccittā madgataprāṇā bodhayantaḥ parasparam
कथयन्तश्च मां नित्यं तुष्यन्ति च रमन्ति च ॥ १०-९॥
kathayantaśca māṁ nityaṁ tuṣyanti ca ramanti ca (10-9)

तेषां सततयुक्तानां भजतां प्रीतिपूर्वकम् ।
teṣāṁ satatayuktānāṁ bhajatāṁ prītipūrvakam
ददामि बुद्धियोगं तं येन मामुपयान्ति ते ॥ १०-१०॥
dadāmi buddhiyogaṁ taṁ yena māmupayānti te (10-10)

तेषामेवानुकम्पार्थमहमज्ञानजं तमः ।
teṣāmevānukampārthamahamajñānajaṁ tamaḥ
नाशयाम्यात्मभावस्थो ज्ञानदीपेन भास्वता ॥ १०-११॥
nāśayāmyātmabhāvastho jñānadīpena bhāsvatā (10-11)

अर्जुन उवाच --
arjuna uvāca --

परं ब्रह्म परं धाम पवित्रं परमं भवान् ।
paraṁ brahma paraṁ dhāma pavitraṁ paramaṁ bhavān
पुरुषं शाश्वतं दिव्यमादिदेवमजं विभुम् ॥ १०-१२॥
puruṣaṁ śāśvataṁ divyamādidevamajaṁ vibhum (10-12)
आहुस्त्वामृषयः सर्वे देवर्षिर्नारदस्तथा ।
āhustvāmṛṣayaḥ sarve devarṣirnāradastathā
असितो देवलो व्यासः स्वयं चैव ब्रवीषि मे ॥ १०-१३॥
asito devalo vyāsaḥ svayaṁ caiva bravīṣi me (10-13)

सर्वमेतदृतं मन्ये यन्मां वदसि केशव ।
sarvametadṛtaṁ manye yanmāṁ vadasi keśava
न हि ते भगवन्व्यक्तिं विदुर्देवा न दानवाः ॥ १०-१४॥
na hi te bhagavanvyaktiṁ vidurdevā na dānavāḥ (10-14)

स्वयमेवात्मनात्मानं वेत्थ त्वं पुरुषोत्तम ।
svayamevātmanātmānaṁ vettha tvaṁ puruṣottama
भूतभावन भूतेश देवदेव जगत्पते ॥ १०-१५ ॥
bhūtabhāvana bhūteśa devadeva jagatpate (10-15)

वक्तुमर्हस्यशेषेण दिव्या ह्यात्मविभूतयः ।
vaktumarhasyaśeṣeṇa divyā hyātmavibhūtayaḥ
याभिर्विभूतिभिर्लोकानिमांस्त्वं व्याप्य तिष्ठसि ॥ १०-१६ ॥
yābhirvibhūtibhirlokānimāṁstvaṁ vyāpya tiṣṭhasi (10-16)

कथं विद्यामहं योगिंस्त्वां सदा परिचिन्तयन् ।
kathaṁ vidyāmahaṁ yogiṁstvāṁ sadā paricintayan
केषु केषु च भावेषु चिन्त्योऽसि भगवन्मया ॥ १०-१७ ॥
keṣu keṣu ca bhāveṣu cintyo'si bhagavanmayā (10-17)

विस्तरेणात्मनो योगं विभूतिं च जनार्दन ।
vistareṇātmano yogaṁ vibhūtiṁ ca janārdana
भूयः कथय तृप्तिर्हि शृण्वतो नास्ति मेऽमृतम् ॥ १०-१८ ॥
bhūyaḥ kathaya tṛptirhi śṛṇvato nāsti me'mṛtam (10-18)

श्रीभगवानुवाच --
śrībhagavānuvāca --

हन्त ते कथयिष्यामि दिव्या ह्यात्मविभूतयः ।
hanta te kathayiṣyāmi divyā hyātmavibhūtayaḥ
प्राधान्यतः कुरुश्रेष्ठ नास्त्यन्तो विस्तरस्य मे ॥ १०-१९ ॥
prādhānyataḥ kuruśreṣṭha nāstyanto vistarasya me (10-19)

अहमात्मा गुडाकेश सर्वभूताशयस्थितः ।
ahamātmā guḍākeśa sarvabhūtāśayasthitaḥ
अहमादिश्च मध्यं च भूतानामन्त एव च ॥ १०-२० ॥
ahamādiśca madhyaṁ ca bhūtānāmanta eva ca (10-20)

आदित्यानामहं विष्णुर्ज्योतिषां रविरंशुमान् ।
ādityānāmahaṁ viṣṇurjyotiṣāṁ raviraṁśumān
मरीचिर्मरुतामस्मि नक्षत्राणामहं शशी ॥ १०-२१ ॥
marīcirmarutāmasmi nakṣatrāṇāmahaṁ śaśī (10-21)

वेदानां सामवेदोऽस्मि देवानामस्मि वासवः ।
vedānāṁ sāmavedo'smi devānāmasmi vāsavaḥ
इन्द्रियाणां मनश्चास्मि भूतानामस्मि चेतना ॥ १०-२२ ॥
indriyāṇāṁ manaścāsmi bhūtānāmasmi cetanā (10-22)

रुद्राणां शङ्करश्चास्मि वित्तेशो यक्षरक्षसाम् ।
rudrāṇāṁ śaṅkaraścāsmi vitteśo yakṣarakṣasām
वसूनां पावकश्चास्मि मेरुः शिखरिणामहम् ॥ १०-२३ ॥
vasūnāṁ pāvakaścāsmi meruḥ śikhariṇāmaham (10-23)

पुरोधसां च मुख्यं मां विद्धि पार्थ बृहस्पतिम् ।
purodhasāṁ ca mukhyaṁ māṁ viddhi pārtha bṛhaspatim
सेनानीनामहं स्कन्दः सरसामस्मि सागरः ॥ १०-२४ ॥
senānīnāmahaṁ skandaḥ sarasāmasmi sāgaraḥ (10-24)

महर्षीणां भृगुरहं गिरामस्म्येकमक्षरम् ।
maharṣīṇāṁ bhṛgurahaṁ girāmasmyekamakṣaram
यज्ञानां जपयज्ञोऽस्मि स्थावराणां हिमालयः ॥ १०-२५ ॥
yajñānāṁ japayajño'smi sthāvarāṇāṁ himālayaḥ (10-25)

अश्वत्थः सर्ववृक्षाणां देवर्षीणां च नारदः ।
aśvatthaḥ sarvavṛkṣāṇāṁ devarṣīṇāṁ ca nāradaḥ
गन्धर्वाणां चित्ररथः सिद्धानां कपिलो मुनिः ॥ १०-२६ ॥
gandharvāṇāṁ citrarathaḥ siddhānāṁ kapilo muniḥ (10-26)

उच्चैःश्रवसमश्वानां विद्धि माममृतोद्भवम् ।
uccaiḥśravasamaśvānāṁ viddhi māmamṛtodbhavam
ऐरावतं गजेन्द्राणां नराणां च नराधिपम् ॥ १०-२७ ॥
airāvataṁ gajendrāṇāṁ narāṇāṁ ca narādhipam (10-27)

आयुधानामहं वज्रं धेनूनामस्मि कामधुक् ।
āyudhānāmahaṁ vajraṁ dhenūnāmasmi kāmadhuk
प्रजनश्चास्मि कन्दर्पः सर्पाणामस्मि वासुकिः ॥ १०-२८ ॥
prajanaścāsmi kandarpaḥ sarpāṇāmasmi vāsukiḥ (10-28)

अनन्तश्चास्मि नागानां वरुणो यादसामहम् ।
anantaścāsmi nāgānāṁ varuṇo yādasāmaham

पितॄणामर्यमा चास्मि यमः संयमतामहम् ॥१०-२९॥
pitṝṇāmaryamā cāsmi yamaḥ saṁyamatāmaham (10-29)

प्रह्लादश्चास्मि दैत्यानां कालः कलयतामहम् ।
prahlādaścāsmi daityānāṁ kālaḥ kalayatāmaham
मृगाणां च मृगेन्द्रोऽहं वैनतेयश्च पक्षिणाम् ॥१०-३०॥
mṛgāṇāṁ ca mṛgendro'haṁ vainateyaśca pakṣiṇām (10-30)

पवनः पवतामस्मि रामः शस्त्रभृतामहम् ।
pavanaḥ pavatāmasmi rāmaḥ śastrabhṛtāmaham
झषाणां मकरश्चास्मि स्रोतसामस्मि जाह्नवी ॥१०-३१॥
jhaṣāṇāṁ makaraścāsmi srotasāmasmi jāhnavī (10-31)

सर्गाणामादिरन्तश्च मध्यं चैवाहमर्जुन ।
sargāṇāmādirantaśca madhyaṁ caivāhamarjuna
अध्यात्मविद्या विद्यानां वादः प्रवदतामहम् ॥१०-३२॥
adhyātmavidyā vidyānāṁ vādaḥ pravadatāmaham (10-32)

अक्षराणामकारोऽस्मि द्वन्द्वः सामासिकस्य च ।
akṣarāṇāmakāro'smi dvandvaḥ sāmāsikasya ca
अहमेवाक्षयः कालो धाताहं विश्वतोमुखः ॥१०-३३॥
ahamevākṣayaḥ kālo dhātāhaṁ viśvatomukhaḥ (10-33)

मृत्युः सर्वहरश्चाहमुद्भवश्च भविष्यताम् ।
mṛtyuḥ sarvaharaścāhamudbhavaśca bhaviṣyatām
कीर्तिः श्रीर्वाक्च नारीणां स्मृतिर्मेधा धृतिः क्षमा ॥१०-३४॥
kīrtiḥ śrīrvākca nārīṇāṁ smṛtirmedhā dhṛtiḥ kṣamā (10-34)

बृहत्साम तथा साम्नां गायत्री छन्दसामहम् ।
bṛhatsāma tathā sāmnāṁ gāyatrī chandasāmaham
मासानां मार्गशीर्षोऽहमृतूनां कुसुमाकरः ॥१०-३५॥
māsānāṁ mārgaśīrṣo'hamṛtūnāṁ kusumākaraḥ (10-35)

द्यूतं छलयतामस्मि तेजस्तेजस्विनामहम् ।
dyūtaṁ chalayatāmasmi tejastejasvināmaham
जयोऽस्मि व्यवसायोऽस्मि सत्त्वं सत्त्ववतामहम् ॥१०-३६॥
jayo'smi vyavasāyo'smi sattvaṁ sattvavatāmaham (10-36)

वृष्णीनां वासुदेवोऽस्मि पाण्डवानां धनञ्जयः ।
vṛṣṇīnāṁ vāsudevo'smi pāṇḍavānāṁ dhanañjayaḥ
मुनीनामप्यहं व्यासः कवीनामुशना कविः ॥ १०-३७ ॥
munīnāmapyahaṁ vyāsaḥ kavīnāmuśanā kaviḥ (10-37)

दण्डो दमयतामस्मि नीतिरस्मि जिगीषताम् ।
daṇḍo damayatāmasmi nītirasmi jigīṣatām
मौनं चैवास्मि गुह्यानां ज्ञानं ज्ञानवतामहम् ॥ १०-३८ ॥
maunaṁ caivāsmi guhyānāṁ jñānaṁ jñānavatāmaham (10-38)

यच्चापि सर्वभूतानां बीजं तदहमर्जुन ।
yaccāpi sarvabhūtānāṁ bījaṁ tadahamarjuna
न तदस्ति विना यत्स्यान्मया भूतं चराचरम् ॥ १०-३९ ॥
na tadasti vinā yatsyānmayā bhūtaṁ carācaram (10-39)

नान्तोऽस्ति मम दिव्यानां विभूतीनां परन्तप ।
nānto'sti mama divyānāṁ vibhūtīnāṁ parantapa
एष तूद्देशतः प्रोक्तो विभूतेर्विस्तरो मया ॥ १०-४० ॥
eṣa tūddeśataḥ prokto vibhūtervistaro mayā (10-40)

यद्यद्विभूतिमत्सत्त्वं श्रीमदूर्जितमेव वा ।
yadyadvibhūtimatsattvaṁ śrīmadūrjitameva vā
तत्तदेवावगच्छ त्वं मम तेजोंऽशसम्भवम् ॥ १०-४१ ॥
tattadevāvagaccha tvaṁ mama tejoṁ'śasambhavam (10-41)

अथवा बहुनैतेन किं ज्ञातेन तवार्जुन ।
athavā bahunaitena kiṁ jñātena tavārjuna
विष्टभ्याहमिदं कृत्स्नमेकांशेन स्थितो जगत् ॥ १०-४२ ॥
viṣṭabhyāhamidaṁ kṛtsnamekāṁśena sthito jagat (10-42)

ॐ तत्सदिति श्रीमद्भगवद्गीतासूपनिषत्सु
om tatsaditi śrīmadbhagavadgītāsūpaniṣatsu
ब्रह्मविद्यायां योगशास्त्रे श्रीकृष्णार्जुनसंवादे
brahmavidyāyāṁ yogaśāstre śrīkṛṣṇārjunasaṁvāde
विभूतियोगो नाम दशमोऽध्यायः ॥
vibhūtiyogo nāma daśamo'dhyāyaḥ .

~ॐ~ॐ~ॐ~ॐ~ॐ~ॐ~ ॐ~ ॐ~ ॐ~

एकादशोऽध्यायः - विश्वरूपदर्शनयोगः

ekādaśo'dhyāyaḥ - viśvarūpadarśanayogaḥ

अर्जुन उवाच --
arjuna uvāca --

मदनुग्रहाय परमं गुह्यमध्यात्मसंज्ञितम् ।
madanugrahāya paramaṁ guhyamadhyātmasaṁjñitam
यत्त्वयोक्तं वचस्तेन मोहोऽयं विगतो मम ॥११-१॥
yattvayoktaṁ vacastena moho'yaṁ vigato mama (11-1)

भवाप्ययौ हि भूतानां श्रुतौ विस्तरशो मया ।
bhavāpyayau hi bhūtānāṁ śrutau vistaraśo mayā
त्वत्तः कमलपत्राक्ष माहात्म्यमपि चाव्ययम् ॥११-२॥
tvattaḥ kamalapatrākṣa māhātmyamapi cāvyayam (11-2)

एवमेतद्यथात्थ त्वमात्मानं परमेश्वर ।
evametadyathāttha tvamātmānaṁ parameśvara
द्रष्टुमिच्छामि ते रूपमैश्वरं पुरुषोत्तम ॥११-३॥
draṣṭumicchāmi te rūpamaiśvaraṁ puruṣottama (11-3)

मन्यसे यदि तच्छक्यं मया द्रष्टुमिति प्रभो ।
manyase yadi tacchakyaṁ mayā draṣṭumiti prabho
योगेश्वर ततो मे त्वं दर्शयात्मानमव्ययम् ॥११-४॥
yogeśvara tato me tvaṁ darśayātmānamavyayam (11-4)

श्रीभगवानुवाच --
śrībhagavānuvāca --

पश्य मे पार्थ रूपाणि शतशोऽथ सहस्रशः ।
paśya me pārtha rūpāṇi śataśo'tha sahasraśaḥ
नानाविधानि दिव्यानि नानावर्णाकृतीनि च ॥११-५॥
nānāvidhāni divyāni nānāvarṇākṛtīni ca (11-5)

पश्यादित्यान्वसून्रुद्रानश्विनौ मरुतस्तथा ।
paśyādityānvasūnrudrānaśvinau marutastathā
बहून्यदृष्टपूर्वाणि पश्याश्चर्याणि भारत ॥११-६॥
bahūnyadṛṣṭapūrvāṇi paśyāścaryāṇi bhārata (11-6)

इहैकस्थं जगत्कृत्स्नं पश्याद्य सचराचरम् ।
ihaikastham̐ jagatkṛtsnam̐ paśyādya sacarācaram
मम देहे गुडाकेश यच्चान्यद् द्रष्टुमिच्छसि ॥ ११-७ ॥
mama dehe guḍākeśa yaccānyad draṣṭumicchasi (11-7)

न तु मां शक्यसे द्रष्टुमनेनैव स्वचक्षुषा ।
na tu mām̐ śakyase draṣṭumanenaiva svacakṣuṣā
दिव्यं ददामि ते चक्षुः पश्य मे योगमैश्वरम् ॥ ११-८ ॥
divyam̐ dadāmi te cakṣuḥ paśya me yogamaiśvaram (11-8)

सञ्जय उवाच --
sañjaya uvāca --

एवमुक्त्वा ततो राजन्महायोगेश्वरो हरिः ।
evamuktvā tato rājanmahāyogeśvaro hariḥ
दर्शयामास पार्थाय परमं रूपमैश्वरम् ॥ ११-९ ॥
darśayāmāsa pārthāya paramam̐ rūpamaiśvaram (11-9)
अनेकवक्त्रनयनमनेकाद्भुतदर्शनम् ।
anekavaktranayanamanekādbhutadarśanam
अनेकदिव्याभरणं दिव्यानेकोद्यतायुधम् ॥ ११-१० ॥
anekadivyābharaṇam̐ divyānekodyatāyudham (11-10)
दिव्यमाल्याम्बरधरं दिव्यगन्धानुलेपनम् ।
divyamālyāmbaradharam̐ divyagandhānulepanam
सर्वाश्चर्यमयं देवमनन्तं विश्वतोमुखम् ॥ ११-११ ॥
sarvāścaryamayam̐ devamanantam̐ viśvatomukham (11-11)

दिवि सूर्यसहस्रस्य भवेद्युगपदुत्थिता ।
divi sūryasahasrasya bhavedyugapadutthitā
यदि भाः सदृशी सा स्याद्भासस्तस्य महात्मनः ॥ ११-१२ ॥
yadi bhāḥ sadṛśī sā syādbhāsastasya mahātmanaḥ (11-12)

तत्रैकस्थं जगत्कृत्स्नं प्रविभक्तमनेकधा ।
tatraikastham̐ jagatkṛtsnam̐ pravibhaktamanekadhā
अपश्यद्देवदेवस्य शरीरे पाण्डवस्तदा ॥ ११-१३ ॥
apaśyaddevadevasya śarīre pāṇḍavastadā (11-13)

ततः स विस्मयाविष्टो हृष्टरोमा धनञ्जयः ।
tataḥ sa vismayāviṣṭo hṛṣṭaromā dhanañjayaḥ

प्रणम्य शिरसा देवं कृताञ्जलिरभाषत ॥११-१४॥
praṇamya śirasā devaṁ kṛtāñjalirabhāṣata (11-14)

अर्जुन उवाच --
arjuna uvāca --

पश्यामि देवांस्तव देव देहे सर्वांस्तथा भूतविशेषसङ्घान् ।
paśyāmi devāṁstava deva dehe sarvāṁstathā bhūtaviśeṣasaṅghān
ब्रह्माणमीशं कमलासनस्थमृषींश्च सर्वानुरगांश्च दिव्यान् ॥११-१५॥
brahmāṇamīśaṁ kamalāsanastha-
mṛṣīṁśca sarvānuragāṁśca divyān (11-15)

अनेकबाहूदरवक्त्रनेत्रं पश्यामि त्वां सर्वतोऽनन्तरूपम् ।
anekabāhūdaravaktranetraṁ paśyāmi tvāṁ sarvato'nantarūpam
नान्तं न मध्यं न पुनस्तवादिं पश्यामि विश्वेश्वर विश्वरूप ॥११-१६॥
nāntaṁ na madhyaṁ na punastavādiṁ
paśyāmi viśveśvara viśvarūpa (11-16)

किरीटिनं गदिनं चक्रिणं च तेजोराशिं सर्वतो दीप्तिमन्तम् ।
kirīṭinaṁ gadinaṁ cakriṇaṁ ca tejorāśiṁ sarvato dīptimantam
पश्यामि त्वां दुर्निरीक्ष्यं समन्ताद् दीप्तानलार्कद्युतिमप्रमेयम् ॥११-१७॥
paśyāmi tvāṁ durnirīkṣyaṁ samantād
dīptānalārkadyutimaprameyam (11-17)

त्वमक्षरं परमं वेदितव्यं त्वमस्य विश्वस्य परं निधानम् ।
tvamakṣaraṁ paramaṁ veditavyaṁ
tvamasya viśvasya paraṁ nidhānam
त्वमव्ययः शाश्वतधर्मगोप्ता सनातनस्त्वं पुरुषो मतो मे ॥११-१८॥
tvamavyayaḥ śāśvatadharmagoptā
sanātanastvaṁ puruṣo mato me (11-18)

अनादिमध्यान्तमनन्तवीर्यमनन्तबाहुं शशिसूर्यनेत्रम् ।
anādimadhyāntamanantavīrya-
manantabāhuṁ śaśisūryanetram
पश्यामि त्वां दीप्तहुताशवक्त्रं स्वतेजसा विश्वमिदं तपन्तम् ॥११-१९॥
paśyāmi tvāṁ dīptahutāśavaktraṁ
svatejasā viśvamidaṁ tapantam (11-19)

द्यावापृथिव्योरिदमन्तरं हि व्याप्तं त्वयैकेन दिशश्च सर्वाः ।
dyāvāpṛthivyoridamantaraṁ hi vyāptaṁ tvayaikena diśaśca sarvāḥ
दृष्ट्वाद्भुतं रूपमुग्रं तवेदं लोकत्रयं प्रव्यथितं महात्मन् ॥११-२०॥
dṛṣṭvādbhutaṁ rūpamugraṁ tavedaṁ
lokatrayaṁ pravyathitaṁ mahātman (11-20)

अमी हि त्वां सुरसङ्घा विशन्ति केचिद्भीताः प्राञ्जलयो गृणन्ति ।

amī hi tvāṁ surasaṅghā viśanti
kecidbhītāḥ prāñjalayo gṛṇanti

स्वस्तीत्युक्त्वा महर्षिसिद्धसङ्घाः

svastītyuktvā maharṣisiddhasaṅghāḥ

स्तुवन्ति त्वां स्तुतिभिः पुष्कलाभिः ॥ ११-२१ ॥

stuvanti tvāṁ stutibhiḥ puṣkalābhiḥ (11-21)

रुद्रादित्या वसवो ये च साध्या विश्वेऽश्विनौ मरुतश्चोष्मपाश्च ।

rudrādityā vasavo ye ca sādhyā
viśve'śvinau marutaścoṣmapāśca

गन्धर्वयक्षासुरसिद्धसङ्घा वीक्षन्ते त्वां विस्मिताश्चैव सर्वे ॥ ११-२२ ॥

gandharvayakṣāsurasiddhasaṅghā
vīkṣante tvāṁ vismitāścaiva sarve (11-22)

रूपं महत्ते बहुवक्त्रनेत्रं महाबाहो बहुबाहूरुपादम् ।

rūpaṁ mahatte bahuvaktranetraṁ
mahābāho bahubāhūrupādam

बहूदरं बहुदंष्ट्राकरालं दृष्ट्वा लोकाः प्रव्यथितास्तथाहम् ॥ ११-२३ ॥

bahūdaraṁ bahudaṁṣṭrākarālaṁ
dṛṣṭvā lokāḥ pravyathitāstathāham (11-23)

नभःस्पृशं दीप्तमनेकवर्णं व्यात्ताननं दीप्तविशालनेत्रम् ।

nabhaḥspṛśaṁ dīptamanekavarṇaṁ
vyāttānanaṁ dīptaviśālanetram

दृष्ट्वा हि त्वां प्रव्यथितान्तरात्मा

dṛṣṭvā hi tvāṁ pravyathitāntarātmā

धृतिं न विन्दामि शमं च विष्णो ॥ ११-२४ ॥

dhṛtiṁ na vindāmi śamaṁ ca viṣṇo (11-24)

दंष्ट्राकरालानि च ते मुखानि दृष्ट्वैव कालानलसन्निभानि ।

daṁṣṭrākarālāni ca te mukhāni dṛṣṭvaiva kālānalasannibhāni

दिशो न जाने न लभे च शर्म प्रसीद देवेश जगन्निवास ॥ ११-२५ ॥

diśo na jāne na labhe ca śarma prasīda deveśa jagannivāsa (11-25)

अमी च त्वां धृतराष्ट्रस्य पुत्राः सर्वे सहैवावनिपालसङ्घैः ।

amī ca tvāṁ dhṛtarāṣṭrasya putrāḥ sarve sahaivāvanipālasaṅghaiḥ

भीष्मो द्रोणः सूतपुत्रस्तथासौ सहास्मदीयैरपि योधमुख्यैः ॥ ११-२६ ॥

bhīṣmo droṇaḥ sūtaputrastathāsau
sahāsmadīyairapi yodhamukhyaiḥ (11-26)

वक्त्राणि ते त्वरमाणा विशन्ति दंष्ट्राकरालानि भयानकानि ।
vaktrāṇi te tvaramāṇā viśanti daṁṣṭrākarālāni bhayānakāni
केचिद्विलग्ना दशनान्तरेषु सन्दृश्यन्ते चूर्णितैरुत्तमाङ्गैः ॥११-२७॥
kecidvilagnā daśanāntareṣu sandṛśyante cūrṇitairuttamāṅgaiḥ (11-27)

यथा नदीनां बहवोऽम्बुवेगाः समुद्रमेवाभिमुखा द्रवन्ति ।
yathā nadīnām bahavo'mbuvegāḥ samudramevābhimukhā dravanti
तथा तवामी नरलोकवीरा विशन्ति वक्त्राण्यभिविज्वलन्ति ॥११-२८॥
tathā tavāmī naralokavīrā viśanti vaktrāṇyabhivijvalanti (11-28)

यथा प्रदीप्तं ज्वलनं पतङ्गा विशन्ति नाशाय समृद्धवेगाः ।
yathā pradīptaṁ jvalanaṁ pataṅgā viśanti nāśāya samṛddhavegāḥ
तथैव नाशाय विशन्ति लोकास् तवापि वक्त्राणि समृद्धवेगाः ॥११-२९॥
tathaiva nāśāya viśanti lokāstavāpi vaktrāṇi samṛddhavegāḥ (11-29)

लेलिह्यसे ग्रसमानः समन्ताल्लोकान्समग्रान्वदनैर्ज्वलद्भिः ।
lelihyase grasamānaḥ samantāllokānsamagrānvadanairjvaladbhiḥ
तेजोभिरापूर्य जगत्समग्रं भासस्तवोग्राः प्रतपन्ति विष्णो ॥११-३०॥
tejobhirāpūrya jagatsamagraṁ bhāsastavogrāḥ pratapanti viṣṇo (11-30)

आख्याहि मे को भवानुग्ररूपो नमोऽस्तु ते देववर प्रसीद ।
ākhyāhi me ko bhavānugrarūpo namo'stu te devavara prasīda
विज्ञातुमिच्छामि भवन्तमाद्यं न हि प्रजानामि तव प्रवृत्तिम् ॥११-३१॥
vijñātumicchāmi bhavantamādyaṁ
na hi prajānāmi tava pravṛttim (11-31)

श्रीभगवानुवाच --
śrībhagavānuvāca --

कालोऽस्मि लोकक्षयकृत्प्रवृद्धो लोकान्समाहर्तुमिह प्रवृत्तः ।
kālo'smi lokakṣayakṛtpravṛddho lokānsamāhartumiha pravṛttaḥ
ऋतेऽपि त्वां न भविष्यन्ति सर्वे
ṛte'pi tvāṁ na bhaviṣyanti sarve
येऽवस्थिताः प्रत्यनीकेषु योधाः ॥११-३२॥
ye'vasthitāḥ pratyanīkeṣu yodhāḥ (11-32)

तस्मात्त्वमुत्तिष्ठ यशो लभस्व जित्वा शत्रून् भुङ्क्ष्व राज्यं समृद्धम् ।
tasmāttvamuttiṣṭha yaśo labhasva
jitvā śatrūn bhuṅkṣva rājyaṁ samṛddham
मयैवैते निहताः पूर्वमेव निमित्तमात्रं भव सव्यसाचिन् ॥ ११-३३ ॥
mayaivaite nihatāḥ pūrvameva
nimittamātraṁ bhava savyasācin (11-33)

द्रोणं च भीष्मं च जयद्रथं च कर्णं तथान्यानपि योधवीरान् ।
droṇaṁ ca bhīṣmaṁ ca jayadrathaṁ ca
karṇaṁ tathānyānapi yodhavīrān
मया हतांस्त्वं जहि मा व्यथिष्ठा युध्यस्व जेतासि रणे सपत्नान् ॥ ११-३४ ॥
mayā hatāṁstvaṁ jahi mā vyathiṣṭhā
yudhyasva jetāsi raṇe sapatnān (11-34)

सञ्जय उवाच --
sañjaya uvāca --

एतच्छ्रुत्वा वचनं केशवस्य कृताञ्जलिर्वेपमानः किरीटी ।
etacchrutvā vacanaṁ keśavasya kṛtāñjalirvepamānaḥ kirīṭī
नमस्कृत्वा भूय एवाह कृष्णं सगद्गदं भीतभीतः प्रणम्य ॥ ११-३५ ॥
namaskṛtvā bhūya evāha kṛṣṇaṁ
sagadgadaṁ bhītabhītaḥ praṇamya (11-35)

अर्जुन उवाच --
arjuna uvāca --

स्थाने हृषीकेश तव प्रकीर्त्या जगत्प्रहृष्यत्यनुरज्यते च ।
sthāne hṛṣīkeśa tava prakīrtyā jagatprahṛṣyatyanurajyate ca
रक्षांसि भीतानि दिशो द्रवन्ति सर्वे नमस्यन्ति च सिद्धसङ्घाः ॥ ११-३६ ॥
rakṣāṁsi bhītāni diśo dravanti
sarve namasyanti ca siddhasaṅghāḥ (11-36)

कस्माच्च ते न नमेरन्महात्मन् गरीयसे ब्रह्मणोऽप्यादिकर्त्रे ।
kasmācca te na nameranmahātman garīyase brahmaṇo'pyādikartre
अनन्त देवेश जगन्निवास त्वमक्षरं सदसत्तत्परं यत् ॥ ११-३७ ॥
ananta deveśa jagannivāsa tvamakṣaraṁ sadasattatparaṁ yat (11-37)

त्वमादिदेवः पुरुषः पुराणस्त्वमस्य विश्वस्य परं निधानम् ।
tvamādidevaḥ puruṣaḥ purāṇastvamasya viśvasya paraṁ nidhānam
वेत्तासि वेद्यं च परं च धाम त्वया ततं विश्वमनन्तरूप ॥ ११-३८ ॥
vettāsi vedyaṁ ca paraṁ ca dhāma
tvayā tataṁ viśvamanantarūpa (11-38)

वायुर्यमोऽग्निर्वरुणः शशाङ्कः प्रजापतिस्त्वं प्रपितामहश्च ।
vāyuryamo'gnirvaruṇaḥ śaśāṅkaḥ prajāpatistvaṁ prapitāmahaśca

नमो नमस्तेऽस्तु सहस्रकृत्वः पुनश्च भूयोऽपि नमो नमस्ते ॥११-३९॥
namo namaste'stu sahasrakṛtvaḥ
punaśca bhūyo'pi namo namaste (11-39)

नमः पुरस्तादथ पृष्ठतस्ते नमोऽस्तु ते सर्वत एव सर्व ।
namaḥ purastādatha pṛṣṭhataste namo'stu te sarvata eva sarva

अनन्तवीर्यामितविक्रमस्त्वं सर्वं समाप्नोषि ततोऽसि सर्वः ॥११-४०॥
anantavīryāmitavikramastvaṁ sarvaṁ samāpnoṣi tato'si sarvaḥ (11-40)

सखेति मत्वा प्रसभं यदुक्तं हे कृष्ण हे यादव हे सखेति ।
sakheti matvā prasabhaṁ yaduktaṁ he kṛṣṇa he yādava he sakheti

अजानता महिमानं तवेदं मया प्रमादात्प्रणयेन वापि ॥११-४१॥
ajānatā mahimānaṁ tavedaṁ mayā pramādātpraṇayena vāpi (11-41)

यच्चावहासार्थमसत्कृतोऽसि विहारशय्यासनभोजनेषु ।
yaccāvahāsārthamasatkṛto'si vihāraśayyāsanabhojaneṣu

एकोऽथवाप्यच्युत तत्समक्षं तत्क्षामये त्वामहमप्रमेयम् ॥११-४२॥
eko'thavāpyacyuta tatsamakṣaṁ tatkṣāmaye tvāmahamaprameyam (11-42)

पितासि लोकस्य चराचरस्य त्वमस्य पूज्यश्च गुरुर्गरीयान् ।
pitāsi lokasya carācarasya tvamasya pūjyaśca gururgarīyān

न त्वत्समोऽस्त्यभ्यधिकः कुतोऽन्यो
na tvatsamo'styabhyadhikaḥ kuto'nyo

लोकत्रयेऽप्यप्रतिमप्रभाव ॥११-४३॥
lokatraye'pyapratimaprabhāva (11-43)

तस्मात्प्रणम्य प्रणिधाय कायं प्रसादये त्वामहमीशमीड्यम् ।
tasmātpraṇamya praṇidhāya kāyaṁ prasādaye tvāmahamīśamīḍyam

पितेव पुत्रस्य सखेव सख्युः प्रियः प्रियायार्हसि देव सोढुम् ॥११-४४॥
piteva putrasya sakheva sakhyuḥ
priyaḥ priyāyārhasi deva soḍhum (11-44)

अदृष्टपूर्वं हृषितोऽस्मि दृष्ट्वा भयेन च प्रव्यथितं मनो मे ।
adṛṣṭapūrvaṁ hṛṣito'smi dṛṣṭvā bhayena ca pravyathitaṁ mano me

तदेव मे दर्शय देव रूपं प्रसीद देवेश जगन्निवास ॥११-४५॥
tadeva me darśaya deva rūpaṁ prasīda deveśa jagannivāsa (11-45)

किरीटिनं गदिनं चक्रहस्तं इच्छामि त्वां द्रष्टुमहं तथैव ।
kirīṭinaṁ gadinaṁ cakrahastaṁ icchāmi tvāṁ draṣṭumahaṁ tathaiva
तेनैव रूपेण चतुर्भुजेन सहस्रबाहो भव विश्वमूर्ते ॥ ११-४६ ॥
tenaiva rūpeṇa caturbhujena sahasrabāho bhava viśvamūrte (11-46)

श्रीभगवानुवाच --
śrībhagavānuvāca --

मया प्रसन्नेन तवार्जुनेदं रूपं परं दर्शितमात्मयोगात् ।
mayā prasannena tavārjunedaṁ rūpaṁ paraṁ darśitamātmayogāt
तेजोमयं विश्वमनन्तमाद्यं यन्मे त्वदन्येन न दृष्टपूर्वम् ॥ ११-४७ ॥
tejomayaṁ viśvamanantamādyaṁ
yanme tvadanyena na dṛṣṭapūrvam (11-47)

न वेदयज्ञाध्ययनैर्न दानैर्न च क्रियाभिर्न तपोभिरुग्रैः ।
na vedayajñādhyayanairna dānairna ca kriyābhirna tapobhirugraiḥ
एवंरूपः शक्य अहं नृलोके द्रष्टुं त्वदन्येन कुरुप्रवीर ॥ ११-४८ ॥
evaṁrūpaḥ śakya ahaṁ nṛloke draṣṭuṁ tvadanyena kurupravīra (11-48)

मा ते व्यथा मा च विमूढभावो दृष्ट्वा रूपं घोरमीदृङ्ममेदम् ।
mā te vyathā mā ca vimūḍhabhāvo
dṛṣṭvā rūpaṁ ghoramīdṛṅmamedam
व्यपेतभीः प्रीतमनाः पुनस्त्वं तदेव मे रूपमिदं प्रपश्य ॥ ११-४९ ॥
vyapetabhīḥ prītamanāḥ punastvaṁ
tadeva me rūpamidaṁ prapaśya (11-49)

सञ्जय उवाच --
sañjaya uvāca --

इत्यर्जुनं वासुदेवस्तथोक्त्वा स्वकं रूपं दर्शयामास भूयः ।
ityarjunaṁ vāsudevastathoktvā svakaṁ rūpaṁ darśayāmāsa bhūyaḥ
आश्वासयामास च भीतमेनं भूत्वा पुनः सौम्यवपुर्महात्मा ॥ ११-५० ॥
āśvāsayāmāsa ca bhītamenaṁ
bhūtvā punaḥ saumyavapurmahātmā (11-50)

अर्जुन उवाच --
arjuna uvāca --

दृष्ट्वेदं मानुषं रूपं तव सौम्यं जनार्दन ।
dṛṣṭvedaṁ mānuṣaṁ rūpaṁ tava saumyaṁ janārdana
इदानीमस्मि संवृत्तः सचेताः प्रकृतिं गतः ॥ ११-५१ ॥
idānīmasmi saṁvṛttaḥ sacetāḥ prakṛtiṁ gataḥ (11-51)

श्रीभगवानुवाच --
śrībhagavānuvāca --

सुदुर्दर्शमिदं रूपं दृष्टवानसि यन्मम ।
sudurdarśamidaṁ rūpaṁ dṛṣṭavānasi yanmama
देवा अप्यस्य रूपस्य नित्यं दर्शनकाङ्क्षिणः ॥११-५२॥
devā apyasya rūpasya nityaṁ darśanakāṅkṣiṇaḥ (11-52)

नाहं वेदैर्न तपसा न दानेन न चेज्यया ।
nāhaṁ vedairna tapasā na dānena na cejyayā
शक्य एवंविधो द्रष्टुं दृष्टवानसि मां यथा ॥११-५३॥
śakya evaṁvidho draṣṭuṁ dṛṣṭavānasi māṁ yathā (11-53)

भक्त्या त्वनन्यया शक्य अहमेवंविधोऽर्जुन ।
bhaktyā tvananyayā śakya ahamevaṁvidho'rjuna
ज्ञातुं द्रष्टुं च तत्त्वेन प्रवेष्टुं च परन्तप ॥११-५४॥
jñātuṁ draṣṭuṁ ca tattvena praveṣṭuṁ ca parantapa (11-54)

मत्कर्मकृन्मत्परमो मद्भक्तः सङ्गवर्जितः ।
matkarmakṛnmatparamo madbhaktaḥ saṅgavarjitaḥ
निर्वैरः सर्वभूतेषु यः स मामेति पाण्डव ॥११-५५॥
nirvairaḥ sarvabhūteṣu yaḥ sa māmeti pāṇḍava (11-55)

ॐ तत्सदिति श्रीमद्भगवद्गीतासूपनिषत्सु
om tatsaditi śrīmadbhagavadgītāsūpaniṣatsu
ब्रह्मविद्यायां योगशास्त्रे श्रीकृष्णार्जुनसंवादे
brahmavidyāyāṁ yogaśāstre śrīkṛṣṇārjunasaṁvāde
विश्वरूपदर्शनयोगो नामैकादशोऽध्यायः ॥
viśvarūpadarśanayogo nāmaikādaśo'dhyāyaḥ .

~ॐ~ॐ~ॐ~ॐ~ॐ~ॐ~ ॐ~ ॐ~ ॐ~

द्वादशोऽध्यायः - भक्तियोगः

dvādaśo'dhyāyaḥ - bhaktiyogaḥ

अर्जुन उवाच --
arjuna uvāca --

एवं सततयुक्ता ये भक्तास्त्वां पर्युपासते ।
evaṁ satatayuktā ye bhaktāstvāṁ paryupāsate
ये चाप्यक्षरमव्यक्तं तेषां के योगवित्तमाः ॥१२-१॥
ye cāpyakṣaramavyaktaṁ teṣāṁ ke yogavittamāḥ (12-1)

श्रीभगवानुवाच --
śrībhagavānuvāca --

मय्यावेश्य मनो ये मां नित्ययुक्ता उपासते ।
mayyāveśya mano ye māṁ nityayuktā upāsate
श्रद्धया परयोपेताः ते मे युक्ततमा मताः ॥१२-२॥
śraddhayā parayopetāḥ te me yuktatamā matāḥ (12-2)

ये त्वक्षरमनिर्देश्यमव्यक्तं पर्युपासते ।
ye tvakṣaramanirdeśyamavyaktaṁ paryupāsate
सर्वत्रगमचिन्त्यञ्च कूटस्थमचलन्ध्रुवम् ॥१२-३॥
sarvatragamacintyañca kūṭasthamacalandhruvam (12-3)
सन्नियम्येन्द्रियग्रामं सर्वत्र समबुद्धयः ।
sanniyamyendriyagrāmaṁ sarvatra samabuddhayaḥ
ते प्राप्नुवन्ति मामेव सर्वभूतहिते रताः ॥१२-४॥
te prāpnuvanti māmeva sarvabhūtahite ratāḥ (12-4)

क्लेशोऽधिकतरस्तेषामव्यक्तासक्तचेतसाम् ।
kleśo'dhikatarasteṣāmavyaktāsaktacetasām
अव्यक्ता हि गतिर्दुःखं देहवद्भिरवाप्यते ॥१२-५॥
avyaktā hi gatirduḥkhaṁ dehavadbhiravāpyate (12-5)

ये तु सर्वाणि कर्माणि मयि संन्यस्य मत्पराः ।
ye tu sarvāṇi karmāṇi mayi saṁnyasya matparāḥ
अनन्येनैव योगेन मां ध्यायन्त उपासते ॥१२-६॥
ananyenaiva yogena māṁ dhyāyanta upāsate (12-6)

तेषामहं समुद्धर्ता मृत्युसंसारसागरात् ।
teṣāmahaṁ samuddhartā mṛtyusaṁsārasāgarāt
भवामि नचिरात्पार्थ मय्यावेशितचेतसाम् ॥ १२-७ ॥
bhavāmi nacirātpārtha mayyāveśitacetasām (12-7)

मय्येव मन आधत्स्व मयि बुद्धिं निवेशय ।
mayyeva mana ādhatsva mayi buddhiṁ niveśaya
निवसिष्यसि मय्येव अत ऊर्ध्वं न संशयः ॥ १२-८ ॥
nivasiṣyasi mayyeva ata ūrdhvaṁ na saṁśayaḥ (12-8)

अथ चित्तं समाधातुं न शक्नोषि मयि स्थिरम् ।
atha cittaṁ samādhātuṁ na śaknoṣi mayi sthiram
अभ्यासयोगेन ततो मामिच्छाप्तुं धनञ्जय ॥ १२-९ ॥
abhyāsayogena tato māmicchāptuṁ dhanañjaya (12-9)

अभ्यासेऽप्यसमर्थोऽसि मत्कर्मपरमो भव ।
abhyāse'pyasamartho'si matkarmaparamo bhava
मदर्थमपि कर्माणि कुर्वन्सिद्धिमवाप्स्यसि ॥ १२-१० ॥
madarthamapi karmāṇi kurvansiddhimavāpsyasi (12-10)

अथैतदप्यशक्तोऽसि कर्तुं मद्योगमाश्रितः ।
athaitadapyaśakto'si kartuṁ madyogamāśritaḥ
सर्वकर्मफलत्यागं ततः कुरु यतात्मवान् ॥ १२-११ ॥
sarvakarmaphalatyāgaṁ tataḥ kuru yatātmavān (12-11)

श्रेयो हि ज्ञानमभ्यासाज्ज्ञानाद्ध्यानं विशिष्यते ।
śreyo hi jñānamabhyāsājjñānāddhyānaṁ viśiṣyate
ध्यानात्कर्मफलत्यागस्त्यागाच्छान्तिरनन्तरम् ॥ १२-१२ ॥
dhyānātkarmaphalatyāgastyāgācchāntiranantaram (12-12)

अद्वेष्टा सर्वभूतानां मैत्रः करुण एव च ।
adveṣṭā sarvabhūtānāṁ maitraḥ karuṇa eva ca
निर्ममो निरहङ्कारः समदुःखसुखः क्षमी ॥ १२-१३ ॥
nirmamo nirahaṅkāraḥ samaduḥkhasukhaḥ kṣamī (12-13)
सन्तुष्टः सततं योगी यतात्मा दृढनिश्चयः ।
santuṣṭaḥ satataṁ yogī yatātmā dṛḍhaniścayaḥ
मय्यर्पितमनोबुद्धिर्यो मद्भक्तः स मे प्रियः ॥ १२-१४ ॥
mayyarpitamanobuddhiryo madbhaktaḥ sa me priyaḥ (12-14)

यस्मान्नोद्विजते लोको लोकान्नोद्विजते च यः ।
yasmānnodvijate loko lokānnodvijate ca yaḥ
हर्षामर्षभयोद्वेगैर्मुक्तो यः स च मे प्रियः ॥१२-१५॥
harṣāmarṣabhayodvegairmukto yaḥ sa ca me priyaḥ (12-15)

अनपेक्षः शुचिर्दक्ष उदासीनो गतव्यथः ।
anapekṣaḥ śucirdakṣa udāsīno gatavyathaḥ
सर्वारम्भपरित्यागी यो मद्भक्तः स मे प्रियः ॥१२-१६॥
sarvārambhaparityāgī yo madbhaktaḥ sa me priyaḥ (12-16)

यो न हृष्यति न द्वेष्टि न शोचति न काङ्क्षति ।
yo na hṛṣyati na dveṣṭi na śocati na kāṅkṣati
शुभाशुभपरित्यागी भक्तिमान्यः स मे प्रियः ॥१२-१७॥
śubhāśubhaparityāgī bhaktimānyaḥ sa me priyaḥ (12-17)

समः शत्रौ च मित्रे च तथा मानापमानयोः ।
samaḥ śatrau ca mitre ca tathā mānāpamānayoḥ
शीतोष्णसुखदुःखेषु समः सङ्गविवर्जितः ॥१२-१८॥
śītoṣṇasukhaduḥkheṣu samaḥ saṅgavivarjitaḥ (12-18)
तुल्यनिन्दास्तुतिर्मौनी सन्तुष्टो येन केनचित् ।
tulyanindāstutirmaunī santuṣṭo yena kenacit
अनिकेतः स्थिरमतिर्भक्तिमान्मे प्रियो नरः ॥१२-१९॥
aniketaḥ sthiramatirbhaktimānme priyo naraḥ (12-19)

ये तु धर्म्यामृतमिदं यथोक्तं पर्युपासते ।
ye tu dharmyāmṛtamidaṁ yathoktaṁ paryupāsate
श्रद्दधाना मत्परमा भक्तास्तेऽतीव मे प्रियाः ॥१२-२०॥
śraddadhānā matparamā bhaktāste'tīva me priyāḥ (12-20)

ॐ तत्सदिति श्रीमद्भगवद्गीतासूपनिषत्सु
om tatsaditi śrīmadbhagavadgītāsūpaniṣatsu
ब्रह्मविद्यायां योगशास्त्रे श्रीकृष्णार्जुनसंवादे
brahmavidyāyāṁ yogaśāstre śrīkṛṣṇārjunasaṁvāde
भक्तियोगो नाम द्वादशोऽध्यायः ॥
bhaktiyogo nāma dvādaśo'dhyāyaḥ .

त्रयोदशोऽध्यायः - क्षेत्रक्षेत्रज्ञविभागयोगः

trayodaśo'dhyāyaḥ - kṣetrakṣetrajñavibhāgayogaḥ

श्रीभगवानुवाच --
śrībhagavānuvāca --

इदं शरीरं कौन्तेय क्षेत्रमित्यभिधीयते ।
idaṁ śarīraṁ kaunteya kṣetramityabhidhīyate
एतद्यो वेत्ति तं प्राहुः क्षेत्रज्ञ इति तद्विदः ॥ १३-१ ॥
etadyo vetti taṁ prāhuḥ kṣetrajña iti tadvidaḥ (13-1)

क्षेत्रज्ञं चापि मां विद्धि सर्वक्षेत्रेषु भारत ।
kṣetrajñaṁ cāpi māṁ viddhi sarvakṣetreṣu bhārata
क्षेत्रक्षेत्रज्ञयोर्ज्ञानं यत्तज्ज्ञानं मतं मम ॥ १३-२ ॥
kṣetrakṣetrajñayorjñānaṁ yattajjñānaṁ mataṁ mama (13-2)

तत्क्षेत्रं यच्च यादृक्च यद्विकारि यतश्च यत् ।
tatkṣetraṁ yacca yādṛkca yadvikāri yataśca yat
स च यो यत्प्रभावश्च तत्समासेन मे शृणु ॥ १३-३ ॥
sa ca yo yatprabhāvaśca tatsamāsena me śṛṇu (13-3)

ऋषिभिर्बहुधा गीतं छन्दोभिर्विविधैः पृथक् ।
ṛṣibhirbahudhā gītaṁ chandobhirvividhaiḥ pṛthak
ब्रह्मसूत्रपदैश्चैव हेतुमद्भिर्विनिश्चितैः ॥ १३-४ ॥
brahmasūtrapadaiścaiva hetumadbhirviniścitaiḥ (13-4)

महाभूतान्यहङ्कारो बुद्धिरव्यक्तमेव च ।
mahābhūtānyahaṅkāro buddhiravyaktameva ca
इन्द्रियाणि दशैकं च पञ्च चेन्द्रियगोचराः ॥ १३-५ ॥
indriyāṇi daśaikaṁ ca pañca cendriyagocarāḥ (13-5)
इच्छा द्वेषः सुखं दुःखं सङ्घातश्चेतना धृतिः ।
icchā dveṣaḥ sukhaṁ duḥkhaṁ saṅghātaścetanā dhṛtiḥ
एतत्क्षेत्रं समासेन सविकारमुदाहृतम् ॥ १३-६ ॥
etatkṣetraṁ samāsena savikāramudāhṛtam (13-6)

अमानित्वमदम्भित्वमहिंसा क्षान्तिरार्जवम् ।
amānitvamadambhitvamahiṁsā kṣāntirārjavam

आचार्योपासनं शौचं स्थैर्यमात्मविनिग्रहः ॥१३-७॥
ācāryopāsanaṁ śaucaṁ sthairyamātmavinigrahaḥ (13-7)

इन्द्रियार्थेषु वैराग्यमनहङ्कार एव च ।
indriyārtheṣu vairāgyamanahaṅkāra eva ca

जन्ममृत्युजराव्याधिदुःखदोषानुदर्शनम् ॥१३-८॥
janmamṛtyujarāvyādhiduḥkhadoṣānudarśanam (13-8)

असक्तिरनभिष्वङ्गः पुत्रदारगृहादिषु ।
asaktiranabhiṣvaṅgaḥ putradāragṛhādiṣu

नित्यं च समचित्तत्वमिष्टानिष्टोपपत्तिषु ॥१३-९॥
nityaṁ ca samacittatvamiṣṭāniṣṭopapattiṣu (13-9)

मयि चानन्ययोगेन भक्तिरव्यभिचारिणी ।
mayi cānanyayogena bhaktiravyabhicāriṇī

विविक्तदेशसेवित्वमरतिर्जनसंसदि ॥१३-१०॥
viviktadeśasevitvamaratirjanasaṁsadi (13-10)

अध्यात्मज्ञाननित्यत्वं तत्त्वज्ञानार्थदर्शनम् ।
adhyātmajñānanityatvaṁ tattvajñānārthadarśanam

एतज्ज्ञानमिति प्रोक्तमज्ञानं यदतोऽन्यथा ॥१३-११॥
etajjñānamiti proktamajñānaṁ yadato'nyathā (13-11)

ज्ञेयं यत्तत्प्रवक्ष्यामि यज्ज्ञात्वामृतमश्नुते ।
jñeyaṁ yattatpravakṣyāmi yajjñātvāmṛtamaśnute

अनादिमत्परं ब्रह्म न सत्तन्नासदुच्यते ॥१३-१२॥
anādimatparaṁ brahma na sattannāsaducyate (13-12)

सर्वतः पाणिपादं तत्सर्वतोऽक्षिशिरोमुखम् ।
sarvataḥ pāṇipādaṁ tatsarvato'kṣiśiromukham

सर्वतः श्रुतिमल्लोके सर्वमावृत्य तिष्ठति ॥१३-१३॥
sarvataḥ śrutimalloke sarvamāvṛtya tiṣṭhati (13-13)

सर्वेन्द्रियगुणाभासं सर्वेन्द्रियविवर्जितम् ।
sarvendriyaguṇābhāsaṁ sarvendriyavivarjitam

असक्तं सर्वभृच्चैव निर्गुणं गुणभोक्तृ च ॥१३-१४॥
asaktaṁ sarvabhṛccaiva nirguṇaṁ guṇabhoktṛ ca (13-14)

बहिरन्तश्च भूतानामचरं चरमेव च ।
bahirantaśca bhūtānāmacaraṁ carameva ca

सूक्ष्मत्वात्तदविज्ञेयं दूरस्थं चान्तिके च तत् ॥ १३-१५ ॥
sūkṣmatvāttadavijñeyaṁ dūrasthaṁ cāntike ca tat (13-15)

अविभक्तं च भूतेषु विभक्तमिव च स्थितम् ।
avibhaktaṁ ca bhūteṣu vibhaktamiva ca sthitam
भूतभर्तृ च तज्ज्ञेयं ग्रसिष्णु प्रभविष्णु च ॥ १३-१६ ॥
bhūtabhartṛ ca tajjñeyaṁ grasiṣṇu prabhaviṣṇu ca (13-16)

ज्योतिषामपि तज्ज्योतिस्तमसः परमुच्यते ।
jyotiṣāmapi tajjyotistamasaḥ paramucyate
ज्ञानं ज्ञेयं ज्ञानगम्यं हृदि सर्वस्य विष्ठितम् ॥ १३-१७ ॥
jñānaṁ jñeyaṁ jñānagamyaṁ hṛdi sarvasya viṣṭhitam (13-17)

इति क्षेत्रं तथा ज्ञानं ज्ञेयं चोक्तं समासतः ।
iti kṣetraṁ tathā jñānaṁ jñeyaṁ coktaṁ samāsataḥ
मद्भक्त एतद्विज्ञाय मद्भावायोपपद्यते ॥ १३-१८ ॥
madbhakta etadvijñāya madbhāvāyopapadyate (13-18)

प्रकृतिं पुरुषं चैव विद्ध्यनादी उभावपि ।
prakṛtiṁ puruṣaṁ caiva viddhyanādī ubhāvapi
विकारांश्च गुणांश्चैव विद्धि प्रकृतिसम्भवान् ॥ १३-१९ ॥
vikārāṁśca guṇāṁścaiva viddhi prakṛtisambhavān (13-19)

कार्यकारणकर्तृत्वे हेतुः प्रकृतिरुच्यते ।
kāryakāraṇakartṛtve hetuḥ prakṛtirucyate
पुरुषः सुखदुःखानां भोक्तृत्वे हेतुरुच्यते ॥ १३-२० ॥
puruṣaḥ sukhaduḥkhānāṁ bhoktṛtve heturucyate (13-20)

पुरुषः प्रकृतिस्थो हि भुङ्क्ते प्रकृतिजान्गुणान् ।
puruṣaḥ prakṛtistho hi bhuṅkte prakṛtijānguṇān
कारणं गुणसङ्गोऽस्य सदसद्योनिजन्मसु ॥ १३-२१ ॥
kāraṇaṁ guṇasaṅgo'sya sadasadyonijanmasu (13-21)

उपद्रष्टानुमन्ता च भर्ता भोक्ता महेश्वरः ।
upadraṣṭānumantā ca bhartā bhoktā maheśvaraḥ
परमात्मेति चाप्युक्तो देहेऽस्मिन्पुरुषः परः ॥ १३-२२ ॥
paramātmeti cāpyukto dehe'sminpuruṣaḥ paraḥ (13-22)

य एवं वेत्ति पुरुषं प्रकृतिं च गुणैः सह ।
ya evaṁ vetti puruṣaṁ prakṛtiṁ ca guṇaiḥ saha
सर्वथा वर्तमानोऽपि न स भूयोऽभिजायते ॥ १३-२३ ॥
sarvathā vartamāno'pi na sa bhūyo'bhijāyate (13-23)

ध्यानेनात्मनि पश्यन्ति केचिदात्मानमात्मना ।
dhyānenātmani paśyanti kecidātmānamātmanā
अन्ये साङ्ख्येन योगेन कर्मयोगेन चापरे ॥ १३-२४ ॥
anye sāṅkhyena yogena karmayogena cāpare (13-24)

अन्ये त्वेवमजानन्तः श्रुत्वान्येभ्य उपासते ।
anye tvevamajānantaḥ śrutvānyebhya upāsate
तेऽपि चातितरन्त्येव मृत्युं श्रुतिपरायणाः ॥ १३-२५ ॥
te'pi cātitarantyeva mṛtyuṁ śrutiparāyaṇāḥ (13-25)

यावत्सञ्जायते किञ्चित्सत्त्वं स्थावरजङ्गमम् ।
yāvatsañjāyate kiñcitsattvaṁ sthāvarajaṅgamam
क्षेत्रक्षेत्रज्ञसंयोगात्तद्विद्धि भरतर्षभ ॥ १३-२६ ॥
kṣetrakṣetrajñasaṁyogāttadviddhi bharatarṣabha (13-26)

समं सर्वेषु भूतेषु तिष्ठन्तं परमेश्वरम् ।
samaṁ sarveṣu bhūteṣu tiṣṭhantaṁ parameśvaram
विनश्यत्स्वविनश्यन्तं यः पश्यति स पश्यति ॥ १३-२७ ॥
vinaśyatsvavinaśyantaṁ yaḥ paśyati sa paśyati (13-27)

समं पश्यन्हि सर्वत्र समवस्थितमीश्वरम् ।
samaṁ paśyanhi sarvatra samavasthitamīśvaram
न हिनस्त्यात्मनात्मानं ततो याति परां गतिम् ॥ १३-२८ ॥
na hinastyātmanātmānaṁ tato yāti parāṁ gatim (13-28)

प्रकृत्यैव च कर्माणि क्रियमाणानि सर्वशः ।
prakṛtyaiva ca karmāṇi kriyamāṇāni sarvaśaḥ
यः पश्यति तथात्मानमकर्तारं स पश्यति ॥ १३-२९ ॥
yaḥ paśyati tathātmānamakartāraṁ sa paśyati (13-29)

यदा भूतपृथग्भावमेकस्थमनुपश्यति ।
yadā bhūtapṛthagbhāvamekasthamanupaśyati
तत एव च विस्तारं ब्रह्म सम्पद्यते तदा ॥ १३-३० ॥
tata eva ca vistāraṁ brahma sampadyate tadā (13-30)

अनादित्वान्निर्गुणत्वात्परमात्मायमव्ययः ।
anāditvānnirguṇatvātparamātmāyamavyayaḥ
शरीरस्थोऽपि कौन्तेय न करोति न लिप्यते ॥ १३-३१ ॥
śarīrastho'pi kaunteya na karoti na lipyate (13-31)

यथा सर्वगतं सौक्ष्म्यादाकाशं नोपलिप्यते ।
yathā sarvagataṁ saukṣmyādākāśaṁ nopalipyate
सर्वत्रावस्थितो देहे तथात्मा नोपलिप्यते ॥ १३-३२ ॥
sarvatrāvasthito dehe tathātmā nopalipyate (13-32)

यथा प्रकाशयत्येकः कृत्स्नं लोकमिमं रविः ।
yathā prakāśayatyekaḥ kṛtsnaṁ lokamimaṁ raviḥ
क्षेत्रं क्षेत्री तथा कृत्स्नं प्रकाशयति भारत ॥ १३-३३ ॥
kṣetraṁ kṣetrī tathā kṛtsnaṁ prakāśayati bhārata (13-33)

क्षेत्रक्षेत्रज्ञयोरेवमन्तरं ज्ञानचक्षुषा ।
kṣetrakṣetrajñayorevamantaraṁ jñānacakṣuṣā
भूतप्रकृतिमोक्षं च ये विदुर्यान्ति ते परम् ॥ १३-३४ ॥
bhūtaprakṛtimokṣaṁ ca ye viduryānti te param (13-34)

ॐ तत्सदिति श्रीमद्भगवद्गीतासूपनिषत्सु
om tatsaditi śrīmadbhagavadgītāsūpaniṣatsu
ब्रह्मविद्यायां योगशास्त्रे श्रीकृष्णार्जुनसंवादे
brahmavidyāyāṁ yogaśāstre śrīkṛṣṇārjunasaṁvāde
क्षेत्रक्षेत्रज्ञविभागयोगो नाम त्रयोदशोऽध्यायः ॥
kṣetrakṣetrajñavibhāgayogo nāma trayodaśo'dhyāyaḥ .

~ॐ~ॐ~ॐ~ॐ~ॐ~ॐ~ ॐ~ ॐ~ ॐ~

चतुर्दशोऽध्यायः - गुणत्रयविभागयोगः
caturdaśo'dhyāyaḥ - guṇatrayavibhāgayogaḥ

श्रीभगवानुवाच --
śrībhagavānuvāca --

परं भूयः प्रवक्ष्यामि ज्ञानानां ज्ञानमुत्तमम् ।
paraṁ bhūyaḥ pravakṣyāmi jñānānāṁ jñānamuttamam
यज्ज्ञात्वा मुनयः सर्वे परां सिद्धिमितो गताः ॥ १४-१ ॥
yajjñātvā munayaḥ sarve parāṁ siddhimito gatāḥ (14-1)

इदं ज्ञानमुपाश्रित्य मम साधर्म्यमागताः ।
idaṁ jñānamupāśritya mama sādharmyamāgatāḥ
सर्गेऽपि नोपजायन्ते प्रलये न व्यथन्ति च ॥ १४-२ ॥
sarge'pi nopajāyante pralaye na vyathanti ca (14-2)

मम योनिर्महद् ब्रह्म तस्मिन्गर्भं दधाम्यहम् ।
mama yonirmahad brahma tasmingarbhaṁ dadhāmyaham
सम्भवः सर्वभूतानां ततो भवति भारत ॥ १४-३ ॥
sambhavaḥ sarvabhūtānāṁ tato bhavati bhārata (14-3)

सर्वयोनिषु कौन्तेय मूर्तयः सम्भवन्ति याः ।
sarvayoniṣu kaunteya mūrtayaḥ sambhavanti yāḥ
तासां ब्रह्म महद्योनिरहं बीजप्रदः पिता ॥ १४-४ ॥
tāsāṁ brahma mahadyoniraham bījapradaḥ pitā (14-4)

सत्त्वं रजस्तम इति गुणाः प्रकृतिसम्भवाः ।
sattvaṁ rajastama iti guṇāḥ prakṛtisambhavāḥ
निबध्नन्ति महाबाहो देहे देहिनमव्ययम् ॥ १४-५ ॥
nibadhnanti mahābāho dehe dehinamavyayam (14-5)

तत्र सत्त्वं निर्मलत्वात्प्रकाशकमनामयम् ।
tatra sattvaṁ nirmalatvātprakāśakamanāmayam
सुखसङ्गेन बध्नाति ज्ञानसङ्गेन चानघ ॥ १४-६ ॥
sukhasaṅgena badhnāti jñānasaṅgena cānagha (14-6)

रजो रागात्मकं विद्धि तृष्णासङ्गसमुद्भवम् ।
rajo rāgātmakaṁ viddhi tṛṣṇāsaṅgasamudbhavam
तन्निबध्नाति कौन्तेय कर्मसङ्गेन देहिनम् ॥ १४-७ ॥
tannibadhnāti kaunteya karmasaṅgena dehinam (14-7)

तमस्त्वज्ञानजं विद्धि मोहनं सर्वदेहिनाम् ।
tamastvajñānajaṁ viddhi mohanaṁ sarvadehinām
प्रमादालस्यनिद्राभिस्तन्निबध्नाति भारत ॥ १४-८ ॥
pramādālasyanidrābhistannibadhnāti bhārata (14-8)

सत्त्वं सुखे सञ्जयति रजः कर्मणि भारत ।
sattvaṁ sukhe sañjayati rajaḥ karmaṇi bhārata
ज्ञानमावृत्य तु तमः प्रमादे सञ्जयत्युत ॥ १४-९ ॥
jñānamāvṛtya tu tamaḥ pramāde sañjayatyuta (14-9)

रजस्तमश्चाभिभूय सत्त्वं भवति भारत ।
rajastamaścābhibhūya sattvaṁ bhavati bhārata
रजः सत्त्वं तमश्चैव तमः सत्त्वं रजस्तथा ॥ १४-१० ॥
rajaḥ sattvaṁ tamaścaiva tamaḥ sattvaṁ rajastathā (14-10)

सर्वद्वारेषु देहेऽस्मिन्प्रकाश उपजायते ।
sarvadvāreṣu dehe'sminprakāśa upajāyate
ज्ञानं यदा तदा विद्याद्विवृद्धं सत्त्वमित्युत ॥ १४-११ ॥
jñānaṁ yadā tadā vidyādvivṛddhaṁ sattvamityuta (14-11)

लोभः प्रवृत्तिरारम्भः कर्मणामशमः स्पृहा ।
lobhaḥ pravṛttirārambhaḥ karmaṇāmaśamaḥ spṛhā
रजस्येतानि जायन्ते विवृद्धे भरतर्षभ ॥ १४-१२ ॥
rajasyetāni jāyante vivṛddhe bharatarṣabha (14-12)

अप्रकाशोऽप्रवृत्तिश्च प्रमादो मोह एव च ।
aprakāśo'pravṛttiśca pramādo moha eva ca
तमस्येतानि जायन्ते विवृद्धे कुरुनन्दन ॥ १४-१३ ॥
tamasyetāni jāyante vivṛddhe kurunandana (14-13)

यदा सत्त्वे प्रवृद्धे तु प्रलयं याति देहभृत् ।
yadā sattve pravṛddhe tu pralayaṁ yāti dehabhṛt
तदोत्तमविदां लोकानमलान्प्रतिपद्यते ॥ १४-१४ ॥
tadottamavidāṁ lokānamalānpratipadyate (14-14)

रजसि प्रलयं गत्वा कर्मसङ्गिषु जायते ।
rajasi pralayaṁ gatvā karmasaṅgiṣu jāyate
तथा प्रलीनस्तमसि मूढयोनिषु जायते ॥१४-१५॥
tathā pralīnastamasi mūḍhayoniṣu jāyate (14-15)

कर्मणः सुकृतस्याहुः सात्त्विकं निर्मलं फलम् ।
karmaṇaḥ sukṛtasyāhuḥ sāttvikaṁ nirmalaṁ phalam
रजसस्तु फलं दुःखमज्ञानं तमसः फलम् ॥१४-१६॥
rajasastu phalaṁ duḥkhamajñānaṁ tamasaḥ phalam (14-16)

सत्त्वात्सञ्जायते ज्ञानं रजसो लोभ एव च ।
sattvātsañjāyate jñānaṁ rajaso lobha eva ca
प्रमादमोहौ तमसो भवतोऽज्ञानमेव च ॥१४-१७॥
pramādamohau tamaso bhavato'jñānameva ca (14-17)

ऊर्ध्वं गच्छन्ति सत्त्वस्था मध्ये तिष्ठन्ति राजसाः ।
ūrdhvaṁ gacchanti sattvasthā madhye tiṣṭhanti rājasāḥ
जघन्यगुणवृत्तिस्था अधो गच्छन्ति तामसाः ॥१४-१८॥
jaghanyaguṇavṛttisthā adho gacchanti tāmasāḥ (14-18)

नान्यं गुणेभ्यः कर्तारं यदा द्रष्टानुपश्यति ।
nānyaṁ guṇebhyaḥ kartāraṁ yadā draṣṭānupaśyati
गुणेभ्यश्च परं वेत्ति मद्भावं सोऽधिगच्छति ॥१४-१९॥
guṇebhyaśca paraṁ vetti madbhāvaṁ so'dhigacchati (14-19)

गुणानेतानतीत्य त्रीन्देही देहसमुद्भवान् ।
guṇānetānatītya trīndehī dehasamudbhavān
जन्ममृत्युजरादुःखैर्विमुक्तोऽमृतमश्नुते ॥१४-२०॥
janmamṛtyujarāduḥkhairvimukto'mṛtamaśnute (14-20)

अर्जुन उवाच --
arjuna uvāca --

कैर्लिङ्गैस्त्रीन्गुणानेतानतीतो भवति प्रभो ।
kairliṅgaistrīnguṇānetānatīto bhavati prabho
किमाचारः कथं चैतांस्त्रीन्गुणानतिवर्तते ॥१४-२१॥
kimācāraḥ kathaṁ caitāṁstrīnguṇānativartate (14-21)

श्रीभगवानुवाच --
śrībhagavānuvāca --

प्रकाशं च प्रवृत्तिं च मोहमेव च पाण्डव ।
prakāśaṁ ca pravṛttiṁ ca mohameva ca pāṇḍava
न द्वेष्टि सम्प्रवृत्तानि न निवृत्तानि काङ्क्षति ॥ १४-२२ ॥
na dveṣṭi sampravṛttāni na nivṛttāni kāṅkṣati (14-22)

उदासीनवदासीनो गुणैर्यो न विचाल्यते ।
udāsīnavadāsīno guṇairyo na vicālyate
गुणा वर्तन्त इत्येवं योऽवतिष्ठति नेङ्गते ॥ १४-२३ ॥
guṇā vartanta ityevaṁ yo'vatiṣṭhati neṅgate (14-23)

समदुःखसुखः स्वस्थः समलोष्टाश्मकाञ्चनः ।
samaduḥkhasukhaḥ svasthaḥ samaloṣṭāśmakāñcanaḥ
तुल्यप्रियाप्रियो धीरस्तुल्यनिन्दात्मसंस्तुतिः ॥ १४-२४ ॥
tulyapriyāpriyo dhīrastulyanindātmasaṁstutiḥ (14-24)

मानापमानयोस्तुल्यस्तुल्यो मित्रारिपक्षयोः ।
mānāpamānayostulyastulyo mitrāripakṣayoḥ
सर्वारम्भपरित्यागी गुणातीतः स उच्यते ॥ १४-२५ ॥
sarvārambhaparityāgī guṇātītaḥ sa ucyate (14-25)

मां च योऽव्यभिचारेण भक्तियोगेन सेवते ।
māṁ ca yo'vyabhicāreṇa bhaktiyogena sevate
स गुणान्समतीत्यैतान्ब्रह्मभूयाय कल्पते ॥ १४-२६ ॥
sa guṇānsamatītyaitānbrahmabhūyāya kalpate (14-26)

ब्रह्मणो हि प्रतिष्ठाहममृतस्याव्ययस्य च ।
brahmaṇo hi pratiṣṭhāhamamṛtasyāvyayasya ca
शाश्वतस्य च धर्मस्य सुखस्यैकान्तिकस्य च ॥ १४-२७ ॥
śāśvatasya ca dharmasya sukhasyaikāntikasya ca (14-27)

ॐ तत्सदिति श्रीमद्भगवद्गीतासूपनिषत्सु
om tatsaditi śrīmadbhagavadgītāsūpaniṣatsu
ब्रह्मविद्यायां योगशास्त्रे श्रीकृष्णार्जुनसंवादे
brahmavidyāyāṁ yogaśāstre śrīkṛṣṇārjunasaṁvāde
गुणत्रयविभागयोगो नाम चतुर्दशोऽध्यायः ॥
guṇatrayavibhāgayogo nāma caturdaśo'dhyāyaḥ .

पञ्चदशोऽध्यायः - पुरुषोत्तमयोगः

pañcadaśo'dhyāyaḥ - puruṣottamayogaḥ

श्रीभगवानुवाच --
śrībhagavānuvāca --

ऊर्ध्वमूलमधःशाखमश्वत्थं प्राहुरव्ययम् ।
ūrdhvamūlamadhaḥśākhamaśvatthaṁ prāhuravyayam
छन्दांसि यस्य पर्णानि यस्तं वेद स वेदवित् ॥ १५-१ ॥
chandāṁsi yasya parṇāni yastaṁ veda sa vedavit (15-1)

अधश्चोर्ध्वं प्रसृतास्तस्य शाखा गुणप्रवृद्धा विषयप्रवालाः ।
adhaścordhvaṁ prasṛtāstasya śākhā guṇapravṛddhā viṣayapravālāḥ
अधश्च मूलान्यनुसन्ततानि कर्मानुबन्धीनि मनुष्यलोके ॥ १५-२ ॥
adhaśca mūlānyanusantatāni karmānubandhīni manuṣyaloke (15-2)

न रूपमस्येह तथोपलभ्यते नान्तो न चादिर्न च सम्प्रतिष्ठा ।
na rūpamasyeha tathopalabhyate nānto na cādirna ca sampratiṣṭhā
अश्वत्थमेनं सुविरूढमूलं असङ्गशस्त्रेण दृढेन छित्त्वा ॥ १५-३ ॥
aśvatthamenaṁ suvirūḍhamūlaṁ
asaṅgaśastreṇa dṛḍhena chittvā (15-3)

ततः पदं तत्परिमार्गितव्यं यस्मिन्गता न निवर्तन्ति भूयः ।
tataḥ padaṁ tatparimārgitavyaṁ yasmingatā na nivartanti bhūyaḥ
तमेव चाद्यं पुरुषं प्रपद्ये यतः प्रवृत्तिः प्रसृता पुराणी ॥ १५-४ ॥
tameva cādyaṁ puruṣaṁ prapadye
yataḥ pravṛttiḥ prasṛtā purāṇī (15-4)

निर्मानमोहा जितसङ्गदोषा अध्यात्मनित्या विनिवृत्तकामाः ।
nirmānamohā jitasaṅgadoṣā adhyātmanityā vinivṛttakāmāḥ
द्वन्द्वैर्विमुक्ताः सुखदुःखसंज्ञैर्गच्छन्त्यमूढाः पदमव्ययं तत् ॥ १५-५ ॥
dvandvairvimuktāḥ sukhaduḥkhasaṁjñair-
gacchantyamūḍhāḥ padamavyayaṁ tat (15-5)

न तद्भासयते सूर्यो न शशाङ्को न पावकः ।
na tadbhāsayate sūryo na śaśāṅko na pāvakaḥ
यद्गत्वा न निवर्तन्ते तद्धाम परमं मम ॥ १५-६ ॥
yadgatvā na nivartante taddhāma paramaṁ mama (15-6)

ममैवांशो जीवलोके जीवभूतः सनातनः ।
mamaivāṁśo jīvaloke jīvabhūtaḥ sanātanaḥ
मनःषष्ठानीन्द्रियाणि प्रकृतिस्थानि कर्षति ॥१५-७॥
manaḥṣaṣṭhānīndriyāṇi prakṛtisthāni karṣati (15-7)

शरीरं यदवाप्नोति यच्चाप्युत्क्रामतीश्वरः ।
śarīraṁ yadavāpnoti yaccāpyutkrāmatīśvaraḥ
गृहीत्वैतानि संयाति वायुर्गन्धानिवाशयात् ॥१५-८॥
gṛhītvaitāni saṁyāti vāyurgandhānivāśayāt (15-8)

श्रोत्रं चक्षुः स्पर्शनं च रसनं घ्राणमेव च ।
śrotraṁ cakṣuḥ sparśanaṁ ca rasanaṁ ghrāṇameva ca
अधिष्ठाय मनश्चायं विषयानुपसेवते ॥१५-९॥
adhiṣṭhāya manaścāyaṁ viṣayānupasevate (15-9)

उत्क्रामन्तं स्थितं वापि भुञ्जानं वा गुणान्वितम् ।
utkrāmantaṁ sthitaṁ vāpi bhuñjānaṁ vā guṇānvitam
विमूढा नानुपश्यन्ति पश्यन्ति ज्ञानचक्षुषः ॥१५-१०॥
vimūḍhā nānupaśyanti paśyanti jñānacakṣuṣaḥ (15-10)

यतन्तो योगिनश्चैनं पश्यन्त्यात्मन्यवस्थितम् ।
yatanto yoginaścainaṁ paśyantyātmanyavasthitam
यतन्तोऽप्यकृतात्मानो नैनं पश्यन्त्यचेतसः ॥१५-११॥
yatanto'pyakṛtātmāno nainaṁ paśyantyacetasaḥ (15-11)

यदादित्यगतं तेजो जगद्भासयतेऽखिलम् ।
yadādityagataṁ tejo jagadbhāsayate'khilam
यच्चन्द्रमसि यच्चाग्नौ तत्तेजो विद्धि मामकम् ॥१५-१२॥
yaccandramasi yaccāgnau tattejo viddhi māmakam (15-12)

गामाविश्य च भूतानि धारयाम्यहमोजसा ।
gāmāviśya ca bhūtāni dhārayāmyahamojasā
पुष्णामि चौषधीः सर्वाः सोमो भूत्वा रसात्मकः ॥१५-१३॥
puṣṇāmi cauṣadhīḥ sarvāḥ somo bhūtvā rasātmakaḥ (15-13)

अहं वैश्वानरो भूत्वा प्राणिनां देहमाश्रितः ।
ahaṁ vaiśvānaro bhūtvā prāṇināṁ dehamāśritaḥ
प्राणापानसमायुक्तः पचाम्यन्नं चतुर्विधम् ॥१५-१४॥
prāṇāpānasamāyuktaḥ pacāmyannaṁ caturvidham (15-14)

सर्वस्य चाहं हृदि सन्निविष्टो मत्तः स्मृतिर्ज्ञानमपोहनञ्च ।
sarvasya cāhaṁ hṛdi sanniviṣṭo mattaḥ smṛtirjñānamapohanañca
वेदैश्च सर्वैरहमेव वेद्यो वेदान्तकृद्वेदविदेव चाहम् ॥ १५-१५ ॥
vedaiśca sarvairahameva vedyo vedāntakṛdvedavideva cāham (15-15)

द्वाविमौ पुरुषौ लोके क्षरश्चाक्षर एव च ।
dvāvimau puruṣau loke kṣaraścākṣara eva ca
क्षरः सर्वाणि भूतानि कूटस्थोऽक्षर उच्यते ॥ १५-१६ ॥
kṣaraḥ sarvāṇi bhūtāni kūṭastho'kṣara ucyate (15-16)

उत्तमः पुरुषस्त्वन्यः परमात्मेत्युदाहृतः ।
uttamaḥ puruṣastvanyaḥ paramātmetyudāhṛtaḥ
यो लोकत्रयमाविश्य बिभर्त्यव्यय ईश्वरः ॥ १५-१७ ॥
yo lokatrayamāviśya bibhartyavyaya īśvaraḥ (15-17)

यस्मात्क्षरमतीतोऽहमक्षरादपि चोत्तमः ।
yasmātkṣaramatīto'hamakṣarādapi cottamaḥ
अतोऽस्मि लोके वेदे च प्रथितः पुरुषोत्तमः ॥ १५-१८ ॥
ato'smi loke vede ca prathitaḥ puruṣottamaḥ (15-18)

यो मामेवमसम्मूढो जानाति पुरुषोत्तमम् ।
yo māmevamasammūḍho jānāti puruṣottamam
स सर्वविद्भजति मां सर्वभावेन भारत ॥ १५-१९ ॥
sa sarvavidbhajati māṁ sarvabhāvena bhārata (15-19)

इति गुह्यतमं शास्त्रमिदमुक्तं मयानघ ।
iti guhyatamaṁ śāstramidamuktaṁ mayānagha
एतद्बुद्ध्वा बुद्धिमान्स्यात्कृतकृत्यश्च भारत ॥ १५-२० ॥
etadbuddhvā buddhimānsyātkṛtakṛtyaśca bhārata (15-20)

ॐ तत्सदिति श्रीमद्भगवद्गीतासूपनिषत्सु
om tatsaditi śrīmadbhagavadgītāsūpaniṣatsu
ब्रह्मविद्यायां योगशास्त्रे श्रीकृष्णार्जुनसंवादे
brahmavidyāyāṁ yogaśāstre śrīkṛṣṇārjunasaṁvāde
पुरुषोत्तमयोगो नाम पञ्चदशोऽध्यायः ॥
puruṣottamayogo nāma pañcadaśo'dhyāyaḥ .

~ॐ~ॐ~ॐ~ॐ~ॐ~ॐ~ ॐ~ ॐ~ ॐ~

षोडशोऽध्यायः - दैवासुरसम्पद्विभागयोगः

ṣoḍaśo'dhyāyaḥ - daivāsurasampadvibhāgayogaḥ

श्रीभगवानुवाच --
śrībhagavānuvāca --

अभयं सत्त्वसंशुद्धिर्ज्ञानयोगव्यवस्थितिः ।
abhayaṁ sattvasaṁśuddhirjñānayogavyavasthitiḥ
दानं दमश्च यज्ञश्च स्वाध्यायस्तप आर्जवम् ॥ १६-१ ॥
dānaṁ damaśca yajñaśca svādhyāyastapa ārjavam (16-1)

अहिंसा सत्यमक्रोधस्त्यागः शान्तिरपैशुनम् ।
ahiṁsā satyamakrodhastyāgaḥ śāntirapaiśunam
दया भूतेष्वलोलुप्त्वं मार्दवं ह्रीरचापलम् ॥ १६-२ ॥
dayā bhūteṣvaloluptvaṁ mārdavaṁ hrīracāpalam (16-2)

तेजः क्षमा धृतिः शौचमद्रोहो नातिमानिता ।
tejaḥ kṣamā dhṛtiḥ śaucamadroho nātimānitā
भवन्ति सम्पदं दैवीमभिजातस्य भारत ॥ १६-३ ॥
bhavanti sampadaṁ daivīmabhijātasya bhārata (16-3)

दम्भो दर्पोऽभिमानश्च क्रोधः पारुष्यमेव च ।
dambho darpo'bhimānaśca krodhaḥ pāruṣyameva ca
अज्ञानं चाभिजातस्य पार्थ सम्पदमासुरीम् ॥ १६-४ ॥
ajñānaṁ cābhijātasya pārtha sampadamāsurīm (16-4)

दैवी सम्पद्विमोक्षाय निबन्धायासुरी मता ।
daivī sampadvimokṣāya nibandhāyāsurī matā
मा शुचः सम्पदं दैवीमभिजातोऽसि पाण्डव ॥ १६-५ ॥
mā śucaḥ sampadaṁ daivīmabhijāto'si pāṇḍava (16-5)

द्वौ भूतसर्गौ लोकेऽस्मिन्दैव आसुर एव च ।
dvau bhūtasargau loke'smindaiva āsura eva ca
दैवो विस्तरशः प्रोक्त आसुरं पार्थ मे श्रृणु ॥ १६-६ ॥
daivo vistaraśaḥ prokta āsuraṁ pārtha me śṛṇu (16-6)

प्रवृत्तिं च निवृत्तिं च जना न विदुरासुराः ।
pravṛttiṁ ca nivṛttiṁ ca janā na vidurāsurāḥ
न शौचं नापि चाचारो न सत्यं तेषु विद्यते ॥ १६-७ ॥
na śaucaṁ nāpi cācāro na satyaṁ teṣu vidyate (16-7)

असत्यमप्रतिष्ठं ते जगदाहुरनीश्वरम् ।
asatyamapratiṣṭhaṁ te jagadāhuranīśvaram
अपरस्परसम्भूतं किमन्यत्कामहैतुकम् ॥ १६-८ ॥
aparasparasambhūtaṁ kimanyatkāmahaitukam (16-8)

एतां दृष्टिमवष्टभ्य नष्टात्मानोऽल्पबुद्धयः ।
etāṁ dṛṣṭimavaṣṭabhya naṣṭātmāno'lpabuddhayaḥ
प्रभवन्त्युग्रकर्माणः क्षयाय जगतोऽहिताः ॥ १६-९ ॥
prabhavantyugrakarmāṇaḥ kṣayāya jagato'hitāḥ (16-9)

काममाश्रित्य दुष्पूरं दम्भमानमदान्विताः ।
kāmamāśritya duṣpūraṁ dambhamānamadānvitāḥ
मोहाद्गृहीत्वासद्ग्राहान्प्रवर्तन्तेऽशुचिव्रताः ॥ १६-१० ॥
mohādgṛhītvāsadgrāhānpravartante'śucivratāḥ (16-10)

चिन्तामपरिमेयां च प्रलयान्तामुपाश्रिताः ।
cintāmaparimeyāṁ ca pralayāntāmupāśritāḥ
कामोपभोगपरमा एतावदिति निश्चिताः ॥ १६-११ ॥
kāmopabhogaparamā etāvaditi niścitāḥ (16-11)

आशापाशशतैर्बद्धाः कामक्रोधपरायणाः ।
āśāpāśaśatairbaddhāḥ kāmakrodhaparāyaṇāḥ
ईहन्ते कामभोगार्थमन्यायेनार्थसञ्चयान् ॥ १६-१२ ॥
īhante kāmabhogārthamanyāyenārthasañcayān (16-12)

इदमद्य मया लब्धमिमं प्राप्स्ये मनोरथम् ।
idamadya mayā labdhamimaṁ prāpsye manoratham
इदमस्तीदमपि मे भविष्यति पुनर्धनम् ॥ १६-१३ ॥
idamastīdamapi me bhaviṣyati punardhanam (16-13)

असौ मया हतः शत्रुर्हनिष्ये चापरानपि ।
asau mayā hataḥ śatrurhaniṣye cāparānapi
ईश्वरोऽहमहं भोगी सिद्धोऽहं बलवान्सुखी ॥ १६-१४ ॥
īśvaro'hamahaṁ bhogī siddho'haṁ balavānsukhī (16-14)

आढ्योऽभिजनवानस्मि कोऽन्योऽस्ति सदृशो मया ।
āḍhyo'bhijanavānasmi ko'nyo'sti sadṛśo mayā
यक्ष्ये दास्यामि मोदिष्य इत्यज्ञानविमोहिताः ॥ १६-१५ ॥
yakṣye dāsyāmi modiṣya ityajñānavimohitāḥ (16-15)
अनेकचित्तविभ्रान्ता मोहजालसमावृताः ।
anekacittavibhrāntā mohajālasamāvṛtāḥ
प्रसक्ताः कामभोगेषु पतन्ति नरकेऽशुचौ ॥ १६-१६ ॥
prasaktāḥ kāmabhogeṣu patanti narake'śucau (16-16)

आत्मसम्भाविताः स्तब्धा धनमानमदान्विताः ।
ātmasambhāvitāḥ stabdhā dhanamānamadānvitāḥ
यजन्ते नामयज्ञैस्ते दम्भेनाविधिपूर्वकम् ॥ १६-१७ ॥
yajante nāmayajñaiste dambhenāvidhipūrvakam (16-17)
अहङ्कारं बलं दर्पं कामं क्रोधं च संश्रिताः ।
ahaṅkāraṁ balaṁ darpaṁ kāmaṁ krodhaṁ ca saṁśritāḥ
मामात्मपरदेहेषु प्रद्विषन्तोऽभ्यसूयकाः ॥ १६-१८ ॥
māmātmaparadeheṣu pradviṣanto'bhyasūyakāḥ (16-18)

तानहं द्विषतः क्रूरान्संसारेषु नराधमान् ।
tānahaṁ dviṣataḥ krūrānsaṁsāreṣu narādhamān
क्षिपाम्यजस्रमशुभानासुरीष्वेव योनिषु ॥ १६-१९ ॥
kṣipāmyajasramaśubhānāsurīṣveva yoniṣu (16-19)

आसुरीं योनिमापन्ना मूढा जन्मनि जन्मनि ।
āsurīṁ yonimāpannā mūḍhā janmani janmani
मामप्राप्यैव कौन्तेय ततो यान्त्यधमां गतिम् ॥ १६-२० ॥
māmaprāpyaiva kaunteya tato yāntyadhamāṁ gatim (16-20)

त्रिविधं नरकस्येदं द्वारं नाशनमात्मनः ।
trividhaṁ narakasyedaṁ dvāraṁ nāśanamātmanaḥ
कामः क्रोधस्तथा लोभस्तस्मादेतत्त्रयं त्यजेत् ॥ १६-२१ ॥
kāmaḥ krodhastathā lobhastasmādetattrayaṁ tyajet (16-21)

एतैर्विमुक्तः कौन्तेय तमोद्वारैस्त्रिभिर्नरः ।
etairvimuktaḥ kaunteya tamodvāraistribhirnaraḥ
आचरत्यात्मनः श्रेयस्ततो याति परां गतिम् ॥ १६-२२ ॥
ācaratyātmanaḥ śreyastato yāti parāṁ gatim (16-22)

यः शास्त्रविधिमुत्सृज्य वर्तते कामकारतः ।
yaḥ śāstravidhimutsṛjya vartate kāmakārataḥ
न स सिद्धिमवाप्नोति न सुखं न परां गतिम् ॥ १६-२३ ॥
na sa siddhimavāpnoti na sukhaṁ na parāṁ gatim (16-23)

तस्माच्छास्त्रं प्रमाणं ते कार्याकार्यव्यवस्थितौ ।
tasmācchāstraṁ pramāṇaṁ te kāryākāryavyavasthitau
ज्ञात्वा शास्त्रविधानोक्तं कर्म कर्तुमिहार्हसि ॥ १६-२४ ॥
jñātvā śāstravidhānoktaṁ karma kartumihārhasi (16-24)

ॐ तत्सदिति श्रीमद्भगवद्गीतासूपनिषत्सु
om tatsaditi śrīmadbhagavadgītāsūpaniṣatsu
ब्रह्मविद्यायां योगशास्त्रे श्रीकृष्णार्जुनसंवादे
brahmavidyāyāṁ yogaśāstre śrīkṛṣṇārjunasaṁvāde
दैवासुरसम्पद्विभागयोगो नाम षोडशोऽध्यायः ॥
daivāsurasampadvibhāgayogo nāma ṣoḍaśo'dhyāyaḥ .

~ॐ~ॐ~ॐ~ॐ~ॐ~ॐ~ ॐ~ ॐ~ ॐ~

सप्तदशोऽध्यायः - श्रद्धात्रयविभागयोगः

saptadaśo'dhyāyaḥ - śraddhātrayavibhāgayogaḥ

अर्जुन उवाच --
arjuna uvāca --

ये शास्त्रविधिमुत्सृज्य यजन्ते श्रद्धयान्विताः ।
ye śāstravidhimutsṛjya yajante śraddhayānvitāḥ
तेषां निष्ठा तु का कृष्ण सत्त्वमाहो रजस्तमः ॥ १७-१ ॥
teṣāṁ niṣṭhā tu kā kṛṣṇa sattvamāho rajastamaḥ (17-1)

श्रीभगवानुवाच --
śrībhagavānuvāca --

त्रिविधा भवति श्रद्धा देहिनां सा स्वभावजा ।
trividhā bhavati śraddhā dehināṁ sā svabhāvajā
सात्त्विकी राजसी चैव तामसी चेति तां श्रृणु ॥ १७-२ ॥
sāttvikī rājasī caiva tāmasī ceti tāṁ śṛṇu (17-2)

सत्त्वानुरूपा सर्वस्य श्रद्धा भवति भारत ।
sattvānurūpā sarvasya śraddhā bhavati bhārata
श्रद्धामयोऽयं पुरुषो यो यच्छ्रद्धः स एव सः ॥ १७-३ ॥
śraddhāmayo'yaṁ puruṣo yo yacchraddhaḥ sa eva saḥ (17-3)

यजन्ते सात्त्विका देवान्यक्षरक्षांसि राजसाः ।
yajante sāttvikā devānyakṣarakṣāṁsi rājasāḥ
प्रेतान्भूतगणांश्चान्ये यजन्ते तामसा जनाः ॥ १७-४ ॥
pretānbhūtagaṇāṁścānye yajante tāmasā janāḥ (17-4)

अशास्त्रविहितं घोरं तप्यन्ते ये तपो जनाः ।
aśāstravihitaṁ ghoraṁ tapyante ye tapo janāḥ
दम्भाहङ्कारसंयुक्ताः कामरागबलान्विताः ॥ १७-५ ॥
dambhāhaṅkārasaṁyuktāḥ kāmarāgabalānvitāḥ (17-5)
कर्षयन्तः शरीरस्थं भूतग्राममचेतसः ।
karṣayantaḥ śarīrasthaṁ bhūtagrāmamacetasaḥ
मां चैवान्तःशरीरस्थं तान्विद्ध्यासुरनिश्चयान् ॥ १७-६ ॥
māṁ caivāntaḥśarīrasthaṁ tānviddhyāsuraniścayān (17-6)

आहारस्त्वपि सर्वस्य त्रिविधो भवति प्रियः ।
āhārastvapi sarvasya trividho bhavati priyaḥ
यज्ञस्तपस्तथा दानं तेषां भेदमिमं शृणु ॥ १७-७ ॥
yajñastapastathā dānaṁ teṣāṁ bhedamimaṁ śṛṇu (17-7)

आयुःसत्त्वबलारोग्यसुखप्रीतिविवर्धनाः ।
āyuḥsattvabalārogyasukhaprītivivardhanāḥ
रस्याः स्निग्धाः स्थिरा हृद्या आहाराः सात्त्विकप्रियाः ॥ १७-८ ॥
rasyāḥ snigdhāḥ sthirā hṛdyā āhārāḥ sāttvikapriyāḥ (17-8)

कट्वम्ललवणात्युष्णतीक्ष्णरूक्षविदाहिनः ।
kaṭvamlalavaṇātyuṣṇatīkṣṇarūkṣavidāhinaḥ
आहारा राजसस्येष्टा दुःखशोकामयप्रदाः ॥ १७-९ ॥
āhārā rājasasyeṣṭā duḥkhaśokāmayapradāḥ (17-9)

यातयामं गतरसं पूति पर्युषितं च यत् ।
yātayāmaṁ gatarasaṁ pūti paryuṣitaṁ ca yat
उच्छिष्टमपि चामेध्यं भोजनं तामसप्रियम् ॥ १७-१० ॥
ucchiṣṭamapi cāmedhyaṁ bhojanaṁ tāmasapriyam (17-10)

अफलाकाङ्क्षिभिर्यज्ञो विधिदृष्टो य इज्यते ।
aphalākāṅkṣibhiryajño vidhidṛṣṭo ya ijyate
यष्टव्यमेवेति मनः समाधाय स सात्त्विकः ॥ १७-११ ॥
yaṣṭavyameveti manaḥ samādhāya sa sāttvikaḥ (17-11)

अभिसन्धाय तु फलं दम्भार्थमपि चैव यत् ।
abhisandhāya tu phalaṁ dambhārthamapi caiva yat
इज्यते भरतश्रेष्ठ तं यज्ञं विद्धि राजसम् ॥ १७-१२ ॥
ijyate bharataśreṣṭha taṁ yajñaṁ viddhi rājasam (17-12)

विधिहीनमसृष्टान्नं मन्त्रहीनमदक्षिणम् ।
vidhihīnamasṛṣṭānnaṁ mantrahīnamadakṣiṇam
श्रद्धाविरहितं यज्ञं तामसं परिचक्षते ॥ १७-१३ ॥
śraddhāvirahitaṁ yajñaṁ tāmasaṁ paricakṣate (17-13)

देवद्विजगुरुप्राज्ञपूजनं शौचमार्जवम् ।
devadvijaguruprājñapūjanaṁ śaucamārjavam
ब्रह्मचर्यमहिंसा च शारीरं तप उच्यते ॥ १७-१४ ॥
brahmacaryamahiṁsā ca śārīraṁ tapa ucyate (17-14)

अनुद्वेगकरं वाक्यं सत्यं प्रियहितं च यत् ।
anudvegakaraṁ vākyaṁ satyaṁ priyahitaṁ ca yat
स्वाध्यायाभ्यसनं चैव वाङ्मयं तप उच्यते ॥ १७-१५ ॥
svādhyāyābhyasanaṁ caiva vāṅmayaṁ tapa ucyate (17-15)

मनः प्रसादः सौम्यत्वं मौनमात्मविनिग्रहः ।
manaḥ prasādaḥ saumyatvaṁ maunamātmavinigrahaḥ
भावसंशुद्धिरित्येतत्तपो मानसमुच्यते ॥ १७-१६ ॥
bhāvasaṁśuddhirityetattapo mānasamucyate (17-16)

श्रद्धया परया तप्तं तपस्तत्त्रिविधं नरैः ।
śraddhayā parayā taptaṁ tapastattrividhaṁ naraiḥ
अफलाकाङ्क्षिभिर्युक्तैः सात्त्विकं परिचक्षते ॥ १७-१७ ॥
aphalākāṅkṣibhiryuktaiḥ sāttvikaṁ paricakṣate (17-17)

सत्कारमानपूजार्थं तपो दम्भेन चैव यत् ।
satkāramānapūjārthaṁ tapo dambhena caiva yat
क्रियते तदिह प्रोक्तं राजसं चलमध्रुवम् ॥ १७-१८ ॥
kriyate tadiha proktaṁ rājasaṁ calamadhruvam (17-18)

मूढग्राहेणात्मनो यत्पीडया क्रियते तपः ।
mūḍhagrāheṇātmano yatpīḍayā kriyate tapaḥ
परस्योत्सादनार्थं वा तत्तामसमुदाहृतम् ॥ १७-१९ ॥
parasyotsādanārthaṁ vā tattāmasamudāhṛtam (17-19)

दातव्यमिति यद्दानं दीयतेऽनुपकारिणे ।
dātavyamiti yaddānaṁ dīyate'nupakāriṇe
देशे काले च पात्रे च तद्दानं सात्त्विकं स्मृतम् ॥ १७-२० ॥
deśe kāle ca pātre ca taddānaṁ sāttvikaṁ smṛtam (17-20)

यत्तु प्रत्युपकारार्थं फलमुद्दिश्य वा पुनः ।
yattu pratyupakārārthaṁ phalamuddiśya vā punaḥ
दीयते च परिक्लिष्टं तद्दानं राजसं स्मृतम् ॥ १७-२१ ॥
dīyate ca parikliṣṭaṁ taddānaṁ rājasaṁ smṛtam (17-21)

अदेशकाले यद्दानमपात्रेभ्यश्च दीयते ।
adeśakāle yaddānamapātrebhyaśca dīyate

असत्कृतमवज्ञातं तत्तामसमुदाहृतम् ॥ १७-२२ ॥
asatkṛtamavajñātaṁ tattāmasamudāhṛtam (17-22)

ॐतत्सदिति निर्देशो ब्रह्मणस्त्रिविधः स्मृतः ।
omtatsaditi nirdeśo brahmaṇastrividhaḥ smṛtaḥ
ब्राह्मणास्तेन वेदाश्च यज्ञाश्च विहिताः पुरा ॥ १७-२३ ॥
brāhmaṇāstena vedāśca yajñāśca vihitāḥ purā (17-23)

तस्मादोमित्युदाहृत्य यज्ञदानतपःक्रियाः ।
tasmādomityudāhṛtya yajñadānatapaḥkriyāḥ
प्रवर्तन्ते विधानोक्ताः सततं ब्रह्मवादिनाम् ॥ १७-२४ ॥
pravartante vidhānoktāḥ satataṁ brahmavādinām (17-24)

तदित्यनभिसन्धाय फलं यज्ञतपःक्रियाः ।
tadityanabhisandhāya phalaṁ yajñatapaḥkriyāḥ
दानक्रियाश्च विविधाः क्रियन्ते मोक्षकाङ्क्षिभिः ॥ १७-२५ ॥
dānakriyāśca vividhāḥ kriyante mokṣakāṅkṣibhiḥ (17-25)

सद्भावे साधुभावे च सदित्येतत्प्रयुज्यते ।
sadbhāve sādhubhāve ca sadityetatprayujyate
प्रशस्ते कर्मणि तथा सच्छब्दः पार्थ युज्यते ॥ १७-२६ ॥
praśaste karmaṇi tathā sacchabdaḥ pārtha yujyate (17-26)

यज्ञे तपसि दाने च स्थितिः सदिति चोच्यते ।
yajñe tapasi dāne ca sthitiḥ saditi cocyate
कर्म चैव तदर्थीयं सदित्येवाभिधीयते ॥ १७-२७ ॥
karma caiva tadarthīyaṁ sadityevābhidhīyate (17-27)

अश्रद्धया हुतं दत्तं तपस्तप्तं कृतं च यत् ।
aśraddhayā hutaṁ dattaṁ tapastaptaṁ kṛtaṁ ca yat
असदित्युच्यते पार्थ न च तत्प्रेत्य नो इह ॥ १७-२८ ॥
asadityucyate pārtha na ca tatpretya no iha (17-28)

ॐ तत्सदिति श्रीमद्भगवद्गीतासूपनिषत्सु
om tatsaditi śrīmadbhagavadgītāsūpaniṣatsu
ब्रह्मविद्यायां योगशास्त्रे श्रीकृष्णार्जुनसंवादे
brahmavidyāyāṁ yogaśāstre śrīkṛṣṇārjunasaṁvāde
श्रद्धात्रयविभागयोगो नाम सप्तदशोऽध्यायः ॥
śraddhātrayavibhāgayogo nāma saptadaśo'dhyāyaḥ .

~ॐ~ॐ~ॐ~ॐ~ॐ~ॐ~ ॐ~ ॐ~ ॐ~

अष्टादशोऽध्यायः - मोक्षसंन्यासयोगः

aṣṭādaśo'dhyāyaḥ - mokṣasaṁnyāsayogaḥ

अर्जुन उवाच --
arjuna uvāca --

संन्यासस्य महाबाहो तत्त्वमिच्छामि वेदितुम् ।
saṁnyāsasya mahābāho tattvamicchāmi veditum
त्यागस्य च हृषीकेश पृथक्केशिनिषूदन ॥ १८-१ ॥
tyāgasya ca hṛṣīkeśa pṛthakkeśiniṣūdana (18-1)

श्रीभगवानुवाच --
śrībhagavānuvāca --

काम्यानां कर्मणां न्यासं संन्यासं कवयो विदुः ।
kāmyānāṁ karmaṇāṁ nyāsaṁ saṁnyāsaṁ kavayo viduḥ
सर्वकर्मफलत्यागं प्राहुस्त्यागं विचक्षणाः ॥ १८-२ ॥
sarvakarmaphalatyāgaṁ prāhustyāgaṁ vicakṣaṇāḥ (18-2)

त्याज्यं दोषवदित्येके कर्म प्राहुर्मनीषिणः ।
tyājyaṁ doṣavadityeke karma prāhurmanīṣiṇaḥ
यज्ञदानतपःकर्म न त्याज्यमिति चापरे ॥ १८-३ ॥
yajñadānatapaḥkarma na tyājyamiti cāpare (18-3)

निश्चयं शृणु मे तत्र त्यागे भरतसत्तम ।
niścayaṁ śṛṇu me tatra tyāge bharatasattama
त्यागो हि पुरुषव्याघ्र त्रिविधः सम्प्रकीर्तितः ॥ १८-४ ॥
tyāgo hi puruṣavyāghra trividhaḥ samprakīrtitaḥ (18-4)

यज्ञदानतपःकर्म न त्याज्यं कार्यमेव तत् ।
yajñadānatapaḥkarma na tyājyaṁ kāryameva tat
यज्ञो दानं तपश्चैव पावनानि मनीषिणाम् ॥ १८-५ ॥
yajño dānaṁ tapaścaiva pāvanāni manīṣiṇām (18-5)

एतान्यपि तु कर्माणि सङ्गं त्यक्त्वा फलानि च ।
etānyapi tu karmāṇi saṅgaṁ tyaktvā phalāni ca
कर्तव्यानीति मे पार्थ निश्चितं मतमुत्तमम् ॥ १८-६ ॥
kartavyānīti me pārtha niścitaṁ matamuttamam (18-6)

नियतस्य तु संन्यासः कर्मणो नोपपद्यते ।
niyatasya tu saṁnyāsaḥ karmaṇo nopapadyate
मोहात्तस्य परित्यागस्तामसः परिकीर्तितः ॥१८-७॥
mohāttasya parityāgastāmasaḥ parikīrtitaḥ (18-7)

दुःखमित्येव यत्कर्म कायक्लेशभयात्त्यजेत् ।
duḥkhamityeva yatkarma kāyakleśabhayāttyajet
स कृत्वा राजसं त्यागं नैव त्यागफलं लभेत् ॥१८-८॥
sa kṛtvā rājasaṁ tyāgaṁ naiva tyāgaphalaṁ labhet (18-8)

कार्यमित्येव यत्कर्म नियतं क्रियतेऽर्जुन ।
kāryamityeva yatkarma niyataṁ kriyate'rjuna
सङ्गं त्यक्त्वा फलं चैव स त्यागः सात्त्विको मतः ॥१८-९॥
saṅgaṁ tyaktvā phalaṁ caiva sa tyāgaḥ sāttviko mataḥ (18-9)

न द्वेष्ट्यकुशलं कर्म कुशले नानुषज्जते ।
na dveṣṭyakuśalaṁ karma kuśale nānuṣajjate
त्यागी सत्त्वसमाविष्टो मेधावी छिन्नसंशयः ॥१८-१०॥
tyāgī sattvasamāviṣṭo medhāvī chinnasaṁśayaḥ (18-10)

न हि देहभृता शक्यं त्यक्तुं कर्माण्यशेषतः ।
na hi dehabhṛtā śakyaṁ tyaktuṁ karmāṇyaśeṣataḥ
यस्तु कर्मफलत्यागी स त्यागीत्यभिधीयते ॥१८-११॥
yastu karmaphalatyāgī sa tyāgītyabhidhīyate (18-11)

अनिष्टमिष्टं मिश्रं च त्रिविधं कर्मणः फलम् ।
aniṣṭamiṣṭaṁ miśraṁ ca trividhaṁ karmaṇaḥ phalam
भवत्यत्यागिनां प्रेत्य न तु संन्यासिनां क्वचित् ॥१८-१२॥
bhavatyatyāgināṁ pretya na tu saṁnyāsināṁ kvacit (18-12)

पञ्चैतानि महाबाहो कारणानि निबोध मे ।
pañcaitāni mahābāho kāraṇāni nibodha me
साङ्ख्ये कृतान्ते प्रोक्तानि सिद्धये सर्वकर्मणाम् ॥१८-१३॥
sāṅkhye kṛtānte proktāni siddhaye sarvakarmaṇām (18-13)

अधिष्ठानं तथा कर्ता करणं च पृथग्विधम् ।
adhiṣṭhānaṁ tathā kartā karaṇaṁ ca pṛthagvidham
विविधाश्च पृथक्चेष्टा दैवं चैवात्र पञ्चमम् ॥१८-१४॥
vividhāśca pṛthakceṣṭā daivaṁ caivātra pañcamam (18-14)

शरीरवाङ्मनोभिर्यत्कर्म प्रारभते नरः ।
śarīravāṅmanobhiryatkarma prārabhate naraḥ
न्याय्यं वा विपरीतं वा पञ्चैते तस्य हेतवः ॥१८-१५॥
nyāyyaṁ vā viparītaṁ vā pañcaite tasya hetavaḥ (18-15)

तत्रैवं सति कर्तारमात्मानं केवलं तु यः ।
tatraivaṁ sati kartāramātmānaṁ kevalaṁ tu yaḥ
पश्यत्यकृतबुद्धित्वान्न स पश्यति दुर्मतिः ॥१८-१६॥
paśyatyakṛtabuddhitvānna sa paśyati durmatiḥ (18-16)

यस्य नाहङ्कृतो भावो बुद्धिर्यस्य न लिप्यते ।
yasya nāhaṅkṛto bhāvo buddhiryasya na lipyate
हत्वाऽपि स इमाँल्लोकान्न हन्ति न निबध्यते ॥१८-१७॥
hatvā'pi sa imām̐llokānna hanti na nibadhyate (18-17)

ज्ञानं ज्ञेयं परिज्ञाता त्रिविधा कर्मचोदना ।
jñānaṁ jñeyaṁ parijñātā trividhā karmacodanā
करणं कर्म कर्तेति त्रिविधः कर्मसङ्ग्रहः ॥१८-१८॥
karaṇaṁ karma karteti trividhaḥ karmasaṅgrahaḥ (18-18)

ज्ञानं कर्म च कर्ता च त्रिधैव गुणभेदतः ।
jñānaṁ karma ca kartā ca tridhaiva guṇabhedataḥ
प्रोच्यते गुणसङ्ख्याने यथावच्छृणु तान्यपि ॥१८-१९॥
procyate guṇasaṅkhyāne yathāvacchṛṇu tānyapi (18-19)

सर्वभूतेषु येनैकं भावमव्ययमीक्षते ।
sarvabhūteṣu yenaikaṁ bhāvamavyayamīkṣate
अविभक्तं विभक्तेषु तज्ज्ञानं विद्धि सात्त्विकम् ॥१८-२०॥
avibhaktaṁ vibhakteṣu tajjñānaṁ viddhi sāttvikam (18-20)

पृथक्त्वेन तु यज्ज्ञानं नानाभावान्पृथग्विधान् ।
pṛthaktvena tu yajjñānaṁ nānābhāvānpṛthagvidhān
वेत्ति सर्वेषु भूतेषु तज्ज्ञानं विद्धि राजसम् ॥१८-२१॥
vetti sarveṣu bhūteṣu tajjñānaṁ viddhi rājasam (18-21)

यत्तु कृत्स्नवदेकस्मिन्कार्ये सक्तमहैतुकम् ।
yattu kṛtsnavadekasminkārye saktamahaitukam

अतत्त्वार्थवदल्पं च तत्तामसमुदाहृतम् ॥ १८-२२ ॥
atattvārthavadalpaṁ ca tattāmasamudāhṛtam (18-22)

नियतं सङ्गरहितमरागद्वेषतः कृतम् ।
niyataṁ saṅgarahitamarāgadveṣataḥ kṛtam
अफलप्रेप्सुना कर्म यत्तत्सात्त्विकमुच्यते ॥ १८-२३ ॥
aphalaprepsunā karma yattatsāttvikamucyate (18-23)

यत्तु कामेप्सुना कर्म साहङ्कारेण वा पुनः ।
yattu kāmepsunā karma sāhaṅkāreṇa vā punaḥ
क्रियते बहुलायासं तद्राजसमुदाहृतम् ॥ १८-२४ ॥
kriyate bahulāyāsaṁ tadrājasamudāhṛtam (18-24)

अनुबन्धं क्षयं हिंसामनपेक्ष्य च पौरुषम् ।
anubandhaṁ kṣayaṁ hiṁsāmanapekṣya ca pauruṣam
मोहादारभ्यते कर्म यत्तत्तामसमुच्यते ॥ १८-२५ ॥
mohādārabhyate karma yattattāmasamucyate (18-25)

मुक्तसङ्गोऽनहंवादी धृत्युत्साहसमन्वितः ।
muktasaṅgo'nahaṁvādī dhṛtyutsāhasamanvitaḥ
सिद्ध्यसिद्ध्योर्निर्विकारः कर्ता सात्त्विक उच्यते ॥ १८-२६ ॥
siddhyasiddhyornirvikāraḥ kartā sāttvika ucyate (18-26)

रागी कर्मफलप्रेप्सुर्लुब्धो हिंसात्मकोऽशुचिः ।
rāgī karmaphalaprepsurlubdho hiṁsātmako'śuciḥ
हर्षशोकान्वितः कर्ता राजसः परिकीर्तितः ॥ १८-२७ ॥
harṣaśokānvitaḥ kartā rājasaḥ parikīrtitaḥ (18-27)

अयुक्तः प्राकृतः स्तब्धः शठो नैष्कृतिकोऽलसः ।
ayuktaḥ prākṛtaḥ stabdhaḥ śaṭho naiṣkṛtiko'lasaḥ
विषादी दीर्घसूत्री च कर्ता तामस उच्यते ॥ १८-२८ ॥
viṣādī dīrghasūtrī ca kartā tāmasa ucyate (18-28)

बुद्धेर्भेदं धृतेश्चैव गुणतस्त्रिविधं शृणु ।
buddherbhedaṁ dhṛteścaiva guṇatastrividhaṁ śṛṇu
प्रोच्यमानमशेषेण पृथक्त्वेन धनञ्जय ॥ १८-२९ ॥
procyamānamaśeṣeṇa pṛthaktvena dhanañjaya (18-29)

प्रवृत्तिं च निवृत्तिं च कार्याकार्ये भयाभये ।
pravṛttiṁ ca nivṛttiṁ ca kāryākārye bhayābhaye
बन्धं मोक्षं च या वेत्ति बुद्धिः सा पार्थ सात्त्विकी ॥१८-३०॥
bandhaṁ mokṣaṁ ca yā vetti buddhiḥ sā pārtha sāttvikī (18-30)

यया धर्ममधर्मं च कार्यं चाकार्यमेव च ।
yayā dharmamadharmaṁ ca kāryaṁ cākāryameva ca
अयथावत्प्रजानाति बुद्धिः सा पार्थ राजसी ॥१८-३१॥
ayathāvatprajānāti buddhiḥ sā pārtha rājasī (18-31)

अधर्मं धर्ममिति या मन्यते तमसावृता ।
adharmaṁ dharmamiti yā manyate tamasāvṛtā
सर्वार्थान्विपरीतांश्च बुद्धिः सा पार्थ तामसी ॥१८-३२॥
sarvārthānviparītāṁśca buddhiḥ sā pārtha tāmasī (18-32)

धृत्या यया धारयते मनःप्राणेन्द्रियक्रियाः ।
dhṛtyā yayā dhārayate manaḥprāṇendriyakriyāḥ
योगेनाव्यभिचारिण्या धृतिः सा पार्थ सात्त्विकी ॥१८-३३॥
yogenāvyabhicāriṇyā dhṛtiḥ sā pārtha sāttvikī (18-33)

यया तु धर्मकामार्थान्धृत्या धारयतेऽर्जुन ।
yayā tu dharmakāmārthāndhṛtyā dhārayate'rjuna
प्रसङ्गेन फलाकाङ्क्षी धृतिः सा पार्थ राजसी ॥१८-३४॥
prasaṅgena phalākāṅkṣī dhṛtiḥ sā pārtha rājasī (18-34)

यया स्वप्नं भयं शोकं विषादं मदमेव च ।
yayā svapnaṁ bhayaṁ śokaṁ viṣādaṁ madameva ca
न विमुञ्चति दुर्मेधा धृतिः सा पार्थ तामसी ॥१८-३५॥
na vimuñcati durmedhā dhṛtiḥ sā pārtha tāmasī (18-35)

सुखं त्विदानीं त्रिविधं शृणु मे भरतर्षभ ।
sukhaṁ tvidānīṁ trividhaṁ śṛṇu me bharatarṣabha
अभ्यासाद्रमते यत्र दुःखान्तं च निगच्छति ॥१८-३६॥
abhyāsādramate yatra duḥkhāntaṁ ca nigacchati (18-36)
यत्तदग्रे विषमिव परिणामेऽमृतोपमम् ।
yattadagre viṣamiva pariṇāme'mṛtopamam
तत्सुखं सात्त्विकं प्रोक्तमात्मबुद्धिप्रसादजम् ॥१८-३७॥
tatsukhaṁ sāttvikaṁ proktamātmabuddhiprasādajam (18-37)

विषयेन्द्रियसंयोगाद्यत्तदग्रेऽमृतोपमम् ।
viṣayendriyasaṁyogādyattadagre'mṛtopamam
परिणामे विषमिव तत्सुखं राजसं स्मृतम् ॥१८-३८॥
pariṇāme viṣamiva tatsukhaṁ rājasaṁ smṛtam (18-38)

यदग्रे चानुबन्धे च सुखं मोहनमात्मनः ।
yadagre cānubandhe ca sukhaṁ mohanamātmanaḥ
निद्रालस्यप्रमादोत्थं तत्तामसमुदाहृतम् ॥१८-३९॥
nidrālasyapramādotthaṁ tattāmasamudāhṛtam (18-39)

न तदस्ति पृथिव्यां वा दिवि देवेषु वा पुनः ।
na tadasti pṛthivyāṁ vā divi deveṣu vā punaḥ
सत्त्वं प्रकृतिजैर्मुक्तं यदेभिः स्यात्त्रिभिर्गुणैः ॥१८-४०॥
sattvaṁ prakṛtijairmuktaṁ yadebhiḥ syāttribhirguṇaiḥ (18-40)

ब्राह्मणक्षत्रियविशां शूद्राणां च परन्तप ।
brāhmaṇakṣatriyaviśāṁ śūdrāṇāṁ ca parantapa
कर्माणि प्रविभक्तानि स्वभावप्रभवैर्गुणैः ॥१८-४१॥
karmāṇi pravibhaktāni svabhāvaprabhavairguṇaiḥ (18-41)

शमो दमस्तपः शौचं क्षान्तिरार्जवमेव च ।
śamo damastapaḥ śaucaṁ kṣāntirārjavameva ca
ज्ञानं विज्ञानमास्तिक्यं ब्रह्मकर्म स्वभावजम् ॥१८-४२॥
jñānaṁ vijñānamāstikyaṁ brahmakarma svabhāvajam (18-42)

शौर्यं तेजो धृतिर्दाक्ष्यं युद्धे चाप्यपलायनम् ।
śauryaṁ tejo dhṛtirdākṣyaṁ yuddhe cāpyapalāyanam
दानमीश्वरभावश्च क्षात्रं कर्म स्वभावजम् ॥१८-४३॥
dānamīśvarabhāvaśca kṣātraṁ karma svabhāvajam (18-43)

कृषिगौरक्ष्यवाणिज्यं वैश्यकर्म स्वभावजम् ।
kṛṣigaurakṣyavāṇijyaṁ vaiśyakarma svabhāvajam
परिचर्यात्मकं कर्म शूद्रस्यापि स्वभावजम् ॥१८-४४॥
paricaryātmakaṁ karma śūdrasyāpi svabhāvajam (18-44)

स्वे स्वे कर्मण्यभिरतः संसिद्धिं लभते नरः ।
sve sve karmaṇyabhirataḥ saṁsiddhiṁ labhate naraḥ
स्वकर्मनिरतः सिद्धिं यथा विन्दति तच्छृणु ॥१८-४५॥
svakarmanirataḥ siddhiṁ yathā vindati tacchṛṇu (18-45)

यतः प्रवृत्तिर्भूतानां येन सर्वमिदं ततम् ।
yataḥ pravṛttirbhūtānāṁ yena sarvamidaṁ tatam
स्वकर्मणा तमभ्यर्च्य सिद्धिं विन्दति मानवः ॥ १८-४६ ॥
svakarmaṇā tamabhyarcya siddhiṁ vindati mānavaḥ (18-46)

श्रेयान्स्वधर्मो विगुणः परधर्मात्स्वनुष्ठितात् ।
śreyānsvadharmo viguṇaḥ paradharmātsvanuṣṭhitāt
स्वभावनियतं कर्म कुर्वन्नाप्नोति किल्बिषम् ॥ १८-४७ ॥
svabhāvaniyataṁ karma kurvannāpnoti kilbiṣam (18-47)

सहजं कर्म कौन्तेय सदोषमपि न त्यजेत् ।
sahajaṁ karma kaunteya sadoṣamapi na tyajet
सर्वारम्भा हि दोषेण धूमेनाग्निरिवावृताः ॥ १८-४८ ॥
sarvārambhā hi doṣeṇa dhūmenāgnirivāvṛtāḥ (18-48)

असक्तबुद्धिः सर्वत्र जितात्मा विगतस्पृहः ।
asaktabuddhiḥ sarvatra jitātmā vigataspṛhaḥ
नैष्कर्म्यसिद्धिं परमां संन्यासेनाधिगच्छति ॥ १८-४९ ॥
naiṣkarmyasiddhiṁ paramāṁ saṁnyāsenādhigacchati (18-49)

सिद्धिं प्राप्तो यथा ब्रह्म तथाप्नोति निबोध मे ।
siddhiṁ prāpto yathā brahma tathāpnoti nibodha me
समासेनैव कौन्तेय निष्ठा ज्ञानस्य या परा ॥ १८-५० ॥
samāsenaiva kaunteya niṣṭhā jñānasya yā parā (18-50)

बुद्ध्या विशुद्धया युक्तो धृत्यात्मानं नियम्य च ।
buddhyā viśuddhayā yukto dhṛtyātmānaṁ niyamya ca
शब्दादीन्विषयांस्त्यक्त्वा रागद्वेषौ व्युदस्य च ॥ १८-५१ ॥
śabdādīnviṣayāṁstyaktvā rāgadveṣau vyudasya ca (18-51)

विविक्तसेवी लघ्वाशी यतवाक्कायमानसः ।
viviktasevī laghvāśī yatavākkāyamānasaḥ
ध्यानयोगपरो नित्यं वैराग्यं समुपाश्रितः ॥ १८-५२ ॥
dhyānayogaparo nityaṁ vairāgyaṁ samupāśritaḥ (18-52)

अहङ्कारं बलं दर्पं कामं क्रोधं परिग्रहम् ।
ahaṅkāraṁ balaṁ darpaṁ kāmaṁ krodhaṁ parigraham
विमुच्य निर्ममः शान्तो ब्रह्मभूयाय कल्पते ॥ १८-५३ ॥
vimucya nirmamaḥ śānto brahmabhūyāya kalpate (18-53)

ब्रह्मभूतः प्रसन्नात्मा न शोचति न काङ्क्षति ।
brahmabhūtaḥ prasannātmā na śocati na kāṅkṣati
समः सर्वेषु भूतेषु मद्भक्तिं लभते पराम् ॥ १८-५४ ॥
samaḥ sarveṣu bhūteṣu madbhaktiṁ labhate parām (18-54)

भक्त्या मामभिजानाति यावान्यश्चास्मि तत्त्वतः ।
bhaktyā māmabhijānāti yāvānyaścāsmi tattvataḥ
ततो मां तत्त्वतो ज्ञात्वा विशते तदनन्तरम् ॥ १८-५५ ॥
tato māṁ tattvato jñātvā viśate tadanantaram (18-55)

सर्वकर्माण्यपि सदा कुर्वाणो मद्व्यपाश्रयः ।
sarvakarmāṇyapi sadā kurvāṇo madvyapāśrayaḥ
मत्प्रसादादवाप्नोति शाश्वतं पदमव्ययम् ॥ १८-५६ ॥
matprasādādavāpnoti śāśvataṁ padamavyayam (18-56)

चेतसा सर्वकर्माणि मयि संन्यस्य मत्परः ।
cetasā sarvakarmāṇi mayi saṁnyasya matparaḥ
बुद्धियोगमुपाश्रित्य मच्चित्तः सततं भव ॥ १८-५७ ॥
buddhiyogamupāśritya maccittaḥ satataṁ bhava (18-57)

मच्चित्तः सर्वदुर्गाणि मत्प्रसादात्तरिष्यसि ।
maccittaḥ sarvadurgāṇi matprasādāttariṣyasi
अथ चेत्त्वमहङ्कारान्न श्रोष्यसि विनङ्क्ष्यसि ॥ १८-५८ ॥
atha cettvamahaṅkārānna śroṣyasi vinaṅkṣyasi (18-58)

यदहङ्कारमाश्रित्य न योत्स्य इति मन्यसे ।
yadahaṅkāramāśritya na yotsya iti manyase
मिथ्यैष व्यवसायस्ते प्रकृतिस्त्वां नियोक्ष्यति ॥ १८-५९ ॥
mithyaiṣa vyavasāyaste prakṛtistvāṁ niyokṣyati (18-59)

स्वभावजेन कौन्तेय निबद्धः स्वेन कर्मणा ।
svabhāvajena kaunteya nibaddhaḥ svena karmaṇā
कर्तुं नेच्छसि यन्मोहात्करिष्यस्यवशोऽपि तत् ॥ १८-६० ॥
kartuṁ necchasi yanmohātkariṣyasyavaśo'pi tat (18-60)

ईश्वरः सर्वभूतानां हृद्देशेऽर्जुन तिष्ठति ।
īśvaraḥ sarvabhūtānāṁ hṛddeśe'rjuna tiṣṭhati
भ्रामयन्सर्वभूतानि यन्त्रारूढानि मायया ॥ १८-६१ ॥
bhrāmayansarvabhūtāni yantrārūḍhāni māyayā (18-61)

तमेव शरणं गच्छ सर्वभावेन भारत ।
tameva śaraṇaṁ gaccha sarvabhāvena bhārata
तत्प्रसादात्परां शान्तिं स्थानं प्राप्स्यसि शाश्वतम् ॥१८-६२॥
tatprasādātparāṁ śāntiṁ sthānaṁ prāpsyasi śāśvatam (18-62).

इति ते ज्ञानमाख्यातं गुह्याद्गुह्यतरं मया ।
iti te jñānamākhyātaṁ guhyādguhyataraṁ mayā
विमृश्यैतदशेषेण यथेच्छसि तथा कुरु ॥१८-६३॥
vimṛśyaitadaśeṣeṇa yathecchasi tathā kuru (18-63)

सर्वगुह्यतमं भूयः श्रृणु मे परमं वचः ।
sarvaguhyatamaṁ bhūyaḥ śṛṇu me paramaṁ vacaḥ
इष्टोऽसि मे दृढमिति ततो वक्ष्यामि ते हितम् ॥१८-६४॥
iṣṭo'si me dṛḍhamiti tato vakṣyāmi te hitam (18-64)

मन्मना भव मद्भक्तो मद्याजी मां नमस्कुरु ।
manmanā bhava madbhakto madyājī māṁ namaskuru
मामेवैष्यसि सत्यं ते प्रतिजाने प्रियोऽसि मे ॥१८-६५॥
māmevaiṣyasi satyaṁ te pratijāne priyo'si me (18-65)

सर्वधर्मान्परित्यज्य मामेकं शरणं व्रज ।
sarvadharmānparityajya māmekaṁ śaraṇaṁ vraja
अहं त्वा सर्वपापेभ्यो मोक्षयिष्यामि मा शुचः ॥१८-६६॥
ahaṁ tvā sarvapāpebhyo mokṣayiṣyāmi mā śucaḥ (18-66)

इदं ते नातपस्काय नाभक्ताय कदाचन ।
idaṁ te nātapaskāya nābhaktāya kadācana
न चाशुश्रूषवे वाच्यं न च मां योऽभ्यसूयति ॥१८-६७॥
na cāśuśrūṣave vācyaṁ na ca māṁ yo'bhyasūyati (18-67)

य इदं परमं गुह्यं मद्भक्तेष्वभिधास्यति ।
ya idaṁ paramaṁ guhyaṁ madbhakteṣvabhidhāsyati
भक्तिं मयि परां कृत्वा मामेवैष्यत्यसंशयः ॥१८-६८॥
bhaktiṁ mayi parāṁ kṛtvā māmevaiṣyatyasaṁśayaḥ (18-68)

न च तस्मान्मनुष्येषु कश्चिन्मे प्रियकृत्तमः ।
na ca tasmānmanuṣyeṣu kaścinme priyakṛttamaḥ

भविता न च मे तस्मादन्यः प्रियतरो भुवि ॥ १८-६९ ॥
bhavitā na ca me tasmādanyaḥ priyataro bhuvi (18-69)

अध्येष्यते च य इमं धर्म्यं संवादमावयोः ।
adhyeṣyate ca ya imaṁ dharmyaṁ saṁvādamāvayoḥ
ज्ञानयज्ञेन तेनाहमिष्टः स्यामिति मे मतिः ॥ १८-७० ॥
jñānayajñena tenāhamiṣṭaḥ syāmiti me matiḥ (18-70)

श्रद्धावाननसूयश्च शृणुयादपि यो नरः ।
śraddhāvānanasūyaśca śṛṇuyādapi yo naraḥ
सोऽपि मुक्तः शुभाँल्लोकान्प्राप्नुयात्पुण्यकर्मणाम् ॥ १८-७१ ॥
ṣo'pi muktaḥ śubhām̐llokānprāpnuyātpuṇyakarmaṇām (18-71)

कच्चिदेतच्छ्रुतं पार्थ त्वयैकाग्रेण चेतसा ।
kaccidetacchrutaṁ pārtha tvayaikāgreṇa cetasā
कच्चिदज्ञानसम्मोहः प्रनष्टस्ते धनञ्जय ॥ १८-७२ ॥
kaccidajñānasammohaḥ pranaṣṭaste dhanañjaya (18-72)

अर्जुन उवाच --
arjuna uvāca --

नष्टो मोहः स्मृतिर्लब्धा त्वत्प्रसादान्मयाच्युत ।
naṣṭo mohaḥ smṛtirlabdhā tvatprasādānmayācyuta
स्थितोऽस्मि गतसन्देहः करिष्ये वचनं तव ॥ १८-७३ ॥
sthito'smi gatasandehaḥ kariṣye vacanaṁ tava (18-73)

सञ्जय उवाच --
sañjaya uvāca --

इत्यहं वासुदेवस्य पार्थस्य च महात्मनः ।
ityahaṁ vāsudevasya pārthasya ca mahātmanaḥ
संवादमिममश्रौषमद्भुतं रोमहर्षणम् ॥ १८-७४ ॥
saṁvādamimamaśrauṣamadbhutaṁ romaharṣaṇam (18-74)

व्यासप्रसादाच्छ्रुतवानेतद्गुह्यमहं परम् ।
vyāsaprasādācchrutavānetadguhyamahaṁ param
योगं योगेश्वरात्कृष्णात्साक्षात्कथयतः स्वयम् ॥ १८-७५ ॥
yogaṁ yogeśvarātkṛṣṇātsākṣātkathayataḥ svayam (18-75)

राजन्संस्मृत्य संस्मृत्य संवादमिममद्भुतम् ।
rājansaṁsmṛtya saṁsmṛtya saṁvādamimamadbhutam

केशवार्जुनयोः पुण्यं हृष्यामि च मुहुर्मुहुः ॥१८-७६॥
keśavārjunayoḥ puṇyaṁ hṛṣyāmi ca muhurmuhuḥ (18-76)

तच्च संस्मृत्य संस्मृत्य रूपमत्यद्भुतं हरेः ।
tacca saṁsmṛtya saṁsmṛtya rūpamatyadbhutaṁ hareḥ
विस्मयो मे महान् राजन्हृष्यामि च पुनः पुनः ॥१८-७७॥
vismayo me mahān rājanhṛṣyāmi ca punaḥ punaḥ (18-77)

यत्र योगेश्वरः कृष्णो यत्र पार्थो धनुर्धरः ।
yatra yogeśvaraḥ kṛṣṇo yatra pārtho dhanurdharaḥ
तत्र श्रीर्विजयो भूतिर्ध्रुवा नीतिर्मतिर्मम ॥१८-७८॥
tatra śrīrvijayo bhūtirdhruvā nītirmatirmama (18-78)

ॐ तत्सदिति श्रीमद्भगवद्गीतासूपनिषत्सु
om tatsaditi śrīmadbhagavadgītāsūpaniṣatsu
ब्रह्मविद्यायां योगशास्त्रे श्रीकृष्णार्जुनसंवादे
brahmavidyāyāṁ yogaśāstre śrīkṛṣṇārjunasaṁvāde
मोक्षसंन्यासयोगो नाम अष्टादशोऽध्यायः ॥
mokṣasaṁnyāsayogo nāma aṣṭādaśo'dhyāyaḥ .

~ॐ~ॐ~ॐ~ॐ~ॐ~ॐ~ ॐ~ ॐ~ ॐ~

ॐ

ॐ ॐ ॐ ॐ ॐ ॐ ॐ ॐ ॐ ॐ ॐ ॐ ॐ ॐ ॐ ॐ ॐ ॐ
ॐ ॐ ॐ ॐ ॐ ॐ ॐ ॐ ॐ ॐ ॐ ॐ ॐ ॐ ॐ ॐ
ॐ ॐ ॐ ॐ ॐ ॐ ॐ ॐ ॐ ॐ ॐ ॐ ॐ ॐ
ॐ ॐ ॐ ॐ ॐ ॐ ॐ ॐ ॐ ॐ ॐ ॐ
ॐ ॐ ॐ ॐ ॐ ॐ ॐ ॐ ॐ ॐ
ॐ ॐ ॐ ॐ ॐ ॐ ॐ ॐ
ॐ ॐ ॐ ॐ ॐ ॐ
ॐ ॐ ॐ ॐ
ॐ ॐ
-: ॐ :-

कायेन वाचा मनसेंद्रियैर्वा ।
kāyena vācā manaseṁdriyairvā ,
बुध्यात्मना वा प्रकृतिस्वभावात् ।
buddhyātmanā vā prakṛtisvabhāvāt ,
करोमि यद्यत् सकलं परस्मै ।
karomi yadyat sakalaṁ parasmai ,
नारायणायेति समर्पयामि ॥
nārāyaṇāyeti samarpayāmi .

ॐ शान्तिः शान्तिः शान्तिः ॐ शान्तिः शान्तिः शान्तिः ॐ शान्तिः शान्तिः शान्तिः

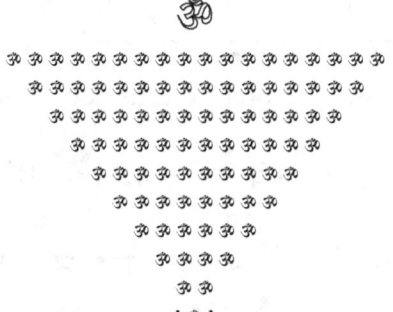

— ॐ —

— ॐ — गीतामाहात्म्यम् — ॐ —

— ॐ — gītāmāhātmyam — ॐ —

— ॐ —

गीताशास्त्रमिदं पुण्यं यः पठेत्प्रयतः पुमान् ।
gītāśāstramidaṁ puṇyaṁ yaḥ paṭhetprayataḥ pumān ,
विष्णोः पदमवाप्नोति भयशोकादिवर्जितः ॥
viṣṇoḥ padamavāpnoti bhayaśokādivarjitaḥ .

— ॐ —

गीताध्ययनशीलस्य प्राणायामपरस्य च ।
gītādhyayanaśīlasya prāṇāyāmaparasya ca ,
नैव सन्ति हि पापानि पूर्वजन्मकृतानि च ॥
naiva santi hi pāpāni pūrvajanmakṛtāni ca .

— ॐ —

मलनिर्मोचनं पुंसां जलस्नानं दिने दिने ।
malanirmocanaṁ puṁsāṁ jalasnānaṁ dine dine ,
सकृद्गीताम्भसि स्नानं संसारमलनाशनम् ॥
sakṛdgītāmbhasi snānaṁ saṁsāramalanāśanam .

— ॐ —

गीता सुगीता कर्तव्या किमन्यैः शास्त्रविस्तरैः ।
gītā sugītā kartavyā kimanyaiḥ śāstravistaraiḥ ,
या स्वयं पद्मनाभस्य मुखपद्माद्विनिःसृता ॥
yā svayaṁ padmanābhasya mukhapadmādviniḥsṛtā .

— ॐ —

भारतामृतसर्वस्वं विष्णोर्वक्त्राद्विनिःसृतम् ।
bhāratāmṛtasarvasvaṁ viṣṇorvaktrādviniḥsṛtam ,
गीतागङ्गोदकं पीत्वा पुनर्जन्म न विद्यते ॥
gītāgaṅgodakaṁ pītvā punarjanma na vidyate .

— ॐ —

एकं शास्त्रं देवकीपुत्रगीतमेको देवो देवकीपुत्र एव ।
ekaṁ śāstraṁ devakīputragītameko devo devakīputra eva ,
एको मन्त्रस्तस्य नामानि यानि कर्माप्येकं तस्य देवस्य सेवा ॥
eko mantrastasya nāmāni yāni karmāpyekaṁ tasya devasya sevā .

ॐ ॐ ॐ ॐ ॐ ॐ ॐ ॐ ॐ ॐ ॐ ॐ
ॐ ॐ ॐ ॐ ॐ ॐ ॐ ॐ ॐ ॐ
ॐ ॐ ॐ ॐ ॐ ॐ ॐ ॐ
ॐ ॐ ॐ ॐ ॐ ॐ
ॐ ॐ ॐ ॐ
ॐ ॐ

-::-

श्रीसुन्दरकाण्ड śrīsundara-kāṇḍa

स्तुतिः — stutiḥ

ॐ

[मान्यतानुसार सुन्दरकाण्ड पाठ, भगवत्स्मरण पश्चात, किष्किन्धाकाण्ड दोहा २९ से आरम्भ होता है]
[Traditionally, Sundarakānda Pātha begins from this point in kiṣkindhākāṇḍa (Dohā 29), after the chanting of Rāma Nāma and invoking Shrī Hanumāna and others gods]

सीताराम सीताराम सीताराम सीताराम सीताराम सीताराम सीताराम

ॐ

विघ्नेश्वराय वरदाय सुरप्रियाय लम्बोदराय सकलाय जगत हिताय ।
vighneśvarāya varadāya surapriyāya lambodarāya sakalāya jagata hitāya,
नागाननाय श्रुतियज्ञविभूषिताय गौरीसुताय गणनाथ नमो नमस्ते ॥
nāgānanāya śrutiyajñavibhūṣitāya gaurīsutāya gaṇanātha namo namaste.

⌘

आइये हनुमंत विराजिये कथा कहूं मति अनुसार ।
āiye hanumaṁta virājiye kathā kahūṁ mati anusāra,
प्रेम सहित गादी धरूं पधारिये पवन कुमार ॥
prema sahita gādī dharūṁ padhāriye pavana kumāra.

⌘

लोकाभिरामं रणरङ्गधीरं राजीवनेत्रं रघुवंशनाथम् ।
lokābhirāmaṁ raṇaraṅgadhīraṁ rājīvanetraṁ raghuvaṁśanātham,
कारुण्यरूपं करुणाकरं तं श्रीरामचन्द्रं शरणं प्रपद्ये ॥
kāruṇyarūpaṁ karuṇākaraṁ taṁ śrīrāmacandraṁ śaraṇaṁ prapadye.

मनोजवं मारुततुल्यवेगं जितेन्द्रियं बुद्धिमतां वरिष्ठम् ।
manojavaṁ mārutatulyavegaṁ jitendriyaṁ buddhimatāṁ variṣṭham,
वातात्मजं वानरयूथमुख्यं श्रीरामदूतं शरणं प्रपद्ये ॥
vātātmajaṁ vānarayūthamukhyaṁ śrīrāmadūtaṁ śaraṇaṁ prapadye.

⌘

गुरु ब्रह्मा गुरुर्विष्णुः गुरुदेव महेश्वरः ।
guru brahmā gururviṣṇu gurudeva maheśvara,
गुरु साक्षात्परब्रह्म तस्मैश्री गुरुवे नमः ॥
guru sākṣātparabrahma tasmaiśrī guruve namaḥ.

दीन दयाल बिरिदु संभारी ।
dīna dayāla biridu saṁbhārī
हरहु नाथ मम संकट भारी ॥
harahu nātha mama saṁkaṭa bhārī

हनूमान अंगद रन गाजे ।
hanūmāna aṁgada rana gāje
हाँक सुनत रजनीचर भाजे ॥
hāṁka sunata rajanīcara bhāje

सकल बिघ्न ब्यापहिं नहिं तेही ।
sakala bighna byāpahiṁ nahiṁ tehī
राम सुकृपाँ बिलोकहिं जेही ॥
rāma sukṛpāṁ bilokahiṁ jehī

दैहिक दैविक भौतिक तापा ।
daihika daivika bhautika tāpā
राम राज नहिं काहुहि ब्यापा ॥
rāma rāja nahiṁ kāhuhi byāpā

प्रबिसि नगर कीजे सब काजा ।
prabisi nagara kīje saba kājā
हृदयँ राखि कोसलपुर राजा ॥
hṛdayaṁ rākhi kosalapura rājā

जब तें रामु ब्याहि घर आए ।
jaba teṁ rāmu byāhi ghara āe
नित नव मंगल मोद बधाए ॥
nita nava maṁgala moda badhāe

जनकसुता जग जननि जानकी ।
janakasutā jaga janani jānakī,
अतिसय प्रिय करुना निधान की ॥
atisaya priya karunā nidhāna kī

सियावर रामचंद्र पद
siyāvara rāmacaṁdra pada
जय शरणं सीताराम
jaya śaraṇaṁ sitārāma

सियावर राम जय जय राम
siyāvara rāma jaya jaya rāma
मेरे प्रभु राम जय जय राम
mere prabhu rāma jaya jaya rāma

मंगल भवन अमंगल हारी ।
maṁgala bhavana amaṁgala hārī
द्रवउ सो दसरथ अजिर बिहारी ॥
dravau so dasaratha ajira bihārī

अजर अमर गुननिधि सुत होहू ।
ajara amara gunanidhi suta hohū
करहुँ बहुत रघुनायक छोहू ॥
karahuṁ bahuta raghunāyaka chohū

राजिवनयन धरें धनु सायक ।
rājivanayana dhareṁ dhanu sāyaka,
भगत बिपति भंजन सुख दायक ॥
bhagata bipati bhaṁjana sukha dāyaka

जौं प्रभु दीनदयालु कहावा ।
jauṁ prabhu dīnadayālu kahāvā
आरति हरन बेद जसु गावा ॥
ārati harana beda jasu gāvā

जपहिं नामु जन आरत भारी ।
japahiṁ nāmu jana ārata bhārī,
मिटहिं कुसंकट होहिं सुखारी ॥
miṭahiṁ kusaṁkaṭa hohiṁ sukhārī

⌘

श्रीरामचंद्र भगवान की जय ॥
śrī rāmacaṁdra bhagavāna kī jaya.
पवनसुत हनुमान की जय ॥
pavanasuta hanumāna kī jaya.
गोस्वामी तुलसीदास की जय ॥
gosvāmī tulasīdāsa kī jaya.
ॐ नमः पार्वती पतये हर हर महादेव ॥
OM namaḥ pārvatī pataye hara hara mahādeva.

⌘

श्रीराम जयराम जय जय राम । जयजय राम जयजय राम ॥
śrīrāma jayarāma jaya jaya rāma, jayajaya rāma jayajaya rāma.
श्रीराम जयराम जय जय राम । जयजय राम जयजय राम ॥
śrīrāma jayarāma jaya jaya rāma, jayajaya rāma jayajaya rāma…
…

हरे रामा रामा राम । सीताराम राम राम ॥
hare rāmā rāmā rāma, sītārāma rāma rāma.
हरे रामा रामा राम । सीताराम राम राम ॥
hare rāmā rāmā rāma, sītārāma rāma rāma...

—::—

ॐ श्री परमात्मने नमः
OM śrī paramātmane namaḥ

⌘

प्रनवउँ पवनकुमार खल बन पावक ग्यानधन ।
pranavauṁ pavanakumāra khala bana pāvaka gyānadhana,
जासु हृदय आगार बसहिं राम सर चाप धर ॥
jāsu hṛdaya āgāra basahiṁ rāma sara cāpa dhara.

⌘

किष्किन्धाकाण्ड - kiṣkindhākāṇḍa

दोहा-dohā:

बलि बाँधत प्रभु बाढ़ेउ सो तनु बरनि न जाइ ।
bali bāṁdhata prabhu bāṛheu so tanu barani na jāi,
उभय घरी महँ दीन्हीं सात प्रदच्छिन धाइ ॥ २९ ॥
ubhaya gharī mahaṁ dīnhīṁ sāta pradacchina dhāi. 29.

मंगल भवन अमंगल हारी । द्रवउ सो दसरथ अजिर बिहारी ॥
maṁgala bhavana amaṁgala hārī, dravau so dasaratha ajira bihārī.

चौपाई-caupāī:

अंगद कहइ जाउँ मैं पारा । जियँ संसय कछु फिरती बारा ॥
aṁgada kahai jāuṁ maiṁ pārā, jiyaṁ saṁsaya kachu phiratī bārā.
जामवंत कह तुम्ह सब लायक । पठइअ किमि सब ही कर नायक ॥
jāmavaṁta kaha tumha saba lāyaka, paṭhaia kimi saba hī kara nāyaka.
कहइ रीक्षपति सुनु हनुमाना । का चुप साधि रहेहु बलवाना ॥
kahai rīkṣapati sunu hanumānā, kā cupa sādhi rahehu balavānā.

पवन तनय बल पवन समाना । बुधि बिबेक बिग्यान निधाना ॥
pavana tanaya bala pavana samānā, budhi bibeka bigyāna nidhānā.
कवन सो काज कठिन जग माहीं । जो नहिं होइ तात तुम्ह पाहीं ॥
kavana so kāja kaṭhina jaga māhīṁ, jo nahiṁ hoi tāta tumha pāhīṁ.
राम काज लगि तव अवतारा । सुनतहिं भयउ पर्बताकारा ॥
rāma kāja lagi tava avatārā, sunatahiṁ bhayau parbatākārā.
कनक बरन तन तेज बिराजा । मानहुँ अपर गिरिन्ह कर राजा ॥
kanaka barana tana teja birājā, mānahum̐ apara girinha kara rājā.
सिंहनाद करि बारहिं बारा । लीलहिं नाघउँ जलनिधि खारा ॥
siṁhanāda kari bārahiṁ bārā, līlahiṁ nāghaum̐ jalanidhi khārā.
सहित सहाय रावनहि मारी । आनउँ इहाँ त्रिकूट उपारी ॥
sahita sahāya rāvanahi mārī, ānaum̐ ihām̐ trikūṭa upārī.
जामवंत मैं पूँछउँ तोही । उचित सिखावनु दीजहु मोही ॥
jāmavaṁta maiṁ pūm̐chaum̐ tohī, ucita sikhāvanu dījahu mohī.
एतना करहु तात तुम्ह जाई । सीतहि देखि कहहु सुधि आई ॥
etanā karahu tāta tumha jāī, sītahi dekhi kahahu sudhi āī.
तब निज भुज बल राजिवनैना । कौतुक लागि संग कपि सेना ॥
taba nija bhuja bala rājivanainā, kautuka lāgi saṁga kapi senā.

छँद-*chaṁda:*

कपि सेन संग सँघारि निसिचर रामु सीतहि आनिहैं ।
kapi sena saṁga saṁghāri nisicara rāmu sītahi ānihaiṁ,
त्रैलोक पावन सुजसु सुर मुनि नारदादि बखानिहैं ॥
trailoka pāvana sujasu sura muni nāradādi bakhānihaiṁ.
जो सुनत गावत कहत समुझत परम पद नर पावई ।
jo sunata gāvata kahata samujhata parama pada nara pāvaī,
रघुबीर पद पाथोज मधुकर दास तुलसी गावई ॥
raghubīra pada pāthoja madhukara dāsa tulasī gāvaī.

दोहा-*dohā:*

भव भेषज रघुनाथ जसु सुनहिं जे नर अरु नारि ।
bhava bheṣaja raghunātha jasu sunahiṁ je nara aru nāri,
तिन्ह कर सकल मनोरथ सिद्ध करहिं त्रिसिरारि ॥ ३०क ॥
tinha kara sakala manoratha siddha karahiṁ trisirāri. 30(ka).

सोरठा-*soraṭhā:*

नीलोत्पल तन स्याम काम कोटि सोभा अधिक ।
nīlotpala tana syāma kāma koṭi sobhā adhika,
सुनिअ तासु गुन ग्राम जासु नाम अघ खग बधिक ॥ ३०ख ॥
sunia tāsu guna grāma jāsu nāma agha khaga badhika. 30(kha).

मंगल भवन अमंगल हारी । द्रवउ सो दसरथ अजिर बिहारी ॥
maṁgala bhavana amaṁgala hārī, dravau so dasaratha ajira bihārī.

~ॐ~
~ॐ~ जय श्रीसीताराम ~ॐ~

दीन दयाल बिरिदु संभारी ।
dīna dayāla biridu saṁbhārī
हरहु नाथ मम संकट भारी ॥
harahu nātha mama saṁkaṭa bhārī

हनूमान अंगद रन गाजे ।
hanūmāna aṁgada rana gāje
हाँक सुनत रजनीचर भाजे ॥
hām̐ka sunata rajanīcara bhāje

सकल बिघ्न ब्यापहिं नहिं तेही ।
sakala bighna byāpahiṁ nahiṁ tehī
राम सुकृपाँ बिलोकहिं जेही ॥
rāma sukṛpām̐ bilokahiṁ jehī

दैहिक दैविक भौतिक तापा ।
daihika daivika bhautika tāpā
राम राज नहिं काहुहि ब्यापा ॥
rāma rāja nahiṁ kāhuhi byāpā

प्रबिसि नगर कीजे सब काजा ।
prabisi nagara kīje saba kājā
हृदयँ राखि कोसलपुर राजा ॥
hṛdayam̐ rākhi kosalapura rājā

जब तें रामु ब्याहि घर आए ।
jaba teṁ rāmu byāhi ghara āe
नित नव मंगल मोद बधाए ॥
nita nava maṁgala moda badhāe

जनकसुता जग जननि जानकी ।
janakasutā jaga janani jānakī,
अतिसय प्रिय करुना निधान की ॥
atisaya priya karunā nidhāna kī

ॐ श्रीगणेशाय नमः ॐ श्रीजानकीवल्लभो विजयते

सियावर रामचंद्र पद
siyāvara rāmacaṁdra pada
जय शरणं सीताराम
jaya śaraṇaṁ sitārāma

ॐ अथ सकलसौभाग्यदायक
श्रीरामचरितमानस - पञ्चम सोपान – श्रीसुन्दरकाण्ड

om atha sakalasaubhāgyadāyaka
śrīrāmacaritamānasa — pañcama sopāna — śrīsundarakāṇḍa

~ॐ~ जय श्रीसीताराम ~ॐ~

~ॐ~ jaya śrīsītārāma ~ॐ~

सियावर राम जय जय राम
siyāvara rāma jaya jaya rāma
मेरे प्रभु राम जय जय राम
mere prabhu rāma jaya jaya rāma

श्लोक-śloka:

शान्तं शाश्वतमप्रमेयमनघं निर्वाणशान्तिप्रदं
śāntaṁ śāśvatamaprameyamanaghaṁ nirvāṇaśāntipradaṁ
ब्रह्माशम्भुफणीन्द्रसेव्यमनिशं वेदान्तवेद्यं विभुम् ।
brahmāśambhuphaṇīndrasevyamaniśaṁ vedāntavedyaṁ vibhum,
रामाख्यं जगदीश्वरं सुरगुरुं मायामनुष्यं हरिं
rāmākhyaṁ jagadīśvaraṁ suraguruṁ māyāmanuṣyaṁ hariṁ
वन्देऽहं करुणाकरं रघुवरं भूपालचूडामणिम् ॥ १ ॥
vande'haṁ karuṇākaraṁ raghuvaraṁ bhūpālacūṛāmaṇim. 1.

मंगल भवन अमंगल हारी ।
maṁgala bhavana amaṁgala hārī
द्रवउ सो दसरथ अजिर बिहारी ॥
dravau so dasaratha ajira bihārī

नान्या स्पृहा रघुपते हृदयेऽस्मदीये
nānyā spṛhā raghupate hṛdaye'smadīye
सत्यं वदामि च भवानखिलान्तरात्मा ।
satyaṁ vadāmi ca bhavānakhilāntarātmā,
भक्तिं प्रयच्छ रघुपुङ्गव निर्भरां मे
bhaktiṁ prayaccha raghupuṅgava nirbharāṁ me
कामादिदोषरहितं कुरु मानसं च ॥ २ ॥
kāmādidoṣarahitaṁ kuru mānasaṁ ca. 2.

अजर अमर गुननिधि सुत होहू ।
ajara amara gunanidhi suta hohū
करहुँ बहुत रघुनायक छोहू ॥
karahuṁ bahuta raghunāyaka chohū

राजिवनयन धरें धनु सायक ।
rājivanayana dhareṁ dhanu sāyaka,
भगत बिपति भंजन सुख दायक ॥
bhagata bipati bhaṁjana sukha dāyaka

अतुलितबलधामं हेमशैलाभदेहं
atulitabaladhāmaṁ hemaśailābhadehaṁ
दनुजवनकृशानुं ज्ञानिनामग्रगण्यम् ।
danujavanakṛśānuṁ jñānināmagragaṇyam,
सकलगुणनिधानं वानराणामधीशं
sakalaguṇanidhānaṁ vānarāṇāmadhīśaṁ
रघुपतिप्रियभक्तं वातजातं नमामि ॥ ३ ॥
raghupatipriyabhaktaṁ vātajātaṁ namāmi. 3.

जौं प्रभु दीनदयालु कहावा ।
jauṁ prabhu dīnadayālu kahāvā
आरति हरन बेद जसु गावा ॥
ārati harana beda jasu gāvā

चौपाई-caupāī:

जामवंत के बचन सुहाए । सुनि हनुमंत हृदय अति भाए ॥
jāmavaṁta ke bacana suhāe, suni hanumaṁta hṛdaya ati bhāe.
तब लगि मोहि परिखेहु तुम्ह भाई । सहि दुख कंद मूल फल खाई ॥
taba lagi mohi parikhehu tumha bhāī, sahi dukha kaṁda mūla phala khāī.

जपहिं नामु जन आरत भारी ।
japahiṁ nāmu jana ārata bhārī,
मिटहिं कुसंकट होहिं सुखारी ॥
miṭahiṁ kusaṁkaṭa hohiṁ sukhārī

जब लगि आवौं सीतहि देखी । होइहि काजु मोहि हरष बिसेषी ॥
jaba lagi āvauṁ sītahi dekhī, hoihi kāju mohi haraṣa biseṣī.
यह कहि नाइ सबन्हि कहुँ माथा । चलेउ हरषि हियँ धरि रघुनाथा ॥
yaha kahi nāi sabanhi kahum̐ māthā, caleu haraṣi hiyam̐ dhari raghunāthā.
सिंधु तीर एक भूधर सुंदर । कौतुक कूदि चढ़ेउ ता ऊपर ॥
siṁdhu tīra eka bhūdhara suṁdara, kautuka kūdi caṛheu tā ūpara.
बार बार रघुबीर सँभारी । तरकेउ पवनतनय बल भारी ॥
bāra bāra raghubīra sam̐bhārī, tarakeu pavanatanaya bala bhārī.
जेहिं गिरि चरन देइ हनुमंता । चलेउ सो गा पाताल तुरंता ॥
jehiṁ giri carana dei hanumaṁtā, caleu so gā pātāla turaṁtā.
जिमि अमोघ रघुपति कर बाना । एही भाँति चलेउ हनुमाना ॥
jimi amogha raghupati kara bānā, ehī bhām̐ti caleu hanumānā.
जलनिधि रघुपति दूत बिचारी । तैं मैनाक होहि श्रमहारी ॥
jalanidhi raghupati dūta bicārī, taiṁ maināka hohi śramahārī.

दोहा-dohā:

हनूमान तेहि परसा कर पुनि कीन्ह प्रनाम ।
hanūmāna tehi parasā kara puni kīnha pranāma,
राम काजु कीन्हें बिनु मोहि कहाँ बिश्राम ॥ १ ॥
rāma kāju kīnheṁ binu mohi kahām̐ biśrāma. 1.

चौपाई-caupāī:

जात पवनसुत देवन्ह देखा । जानैं कहुँ बल बुद्धि बिसेषा ॥
jāta pavanasuta devanha dekhā, jānaiṁ kahum̐ bala buddhi biseṣā.
सुरसा नाम अहिन्ह कै माता । पठइन्हि आइ कही तेहिं बाता ॥
surasā nāma ahinha kai mātā, paṭhainhi āi kahī tehiṁ bātā.
आजु सुरन्ह मोहि दीन्ह अहारा । सुनत बचन कह पवनकुमारा ॥
āju suranha mohi dīnha ahārā, sunata bacana kaha pavanakumārā.
राम काजु करि फिरि मैं आवौं । सीता कइ सुधि प्रभुहि सुनावौं ॥
rāma kāju kari phiri maiṁ āvauṁ, sītā kai sudhi prabhuhi sunāvauṁ.
तब तव बदन पैठिहउँ आई । सत्य कहउँ मोहि जान दे माई ॥
taba tava badana paiṭhihaum̐ āī, satya kahaum̐ mohi jāna de māī.
कवनेहुँ जतन देइ नहिं जाना । ग्रससि न मोहि कहेउ हनुमाना ॥
kavanehum̐ jatana dei nahiṁ jānā, grasasi na mohi kaheu hanumānā.
जोजन भरि तेहिं बदनु पसारा । कपि तनु कीन्ह दुगुन बिस्तारा ॥
jojana bhari tehiṁ badanu pasārā, kapi tanu kīnha duguna bistārā.
सोरह जोजन मुख तेहिं ठयऊ । तुरत पवनसुत बत्तिस भयऊ ॥
soraha jojana mukha tehiṁ ṭhayaū, turata pavanasuta battisa bhayaū.
जस जस सुरसा बदनु बढ़ावा । तासु दून कपि रूप देखावा ॥
jasa jasa surasā badanu baṛhāvā, tāsu dūna kapi rūpa dekhāvā.
सत जोजन तेहिं आनन कीन्हा । अति लघु रूप पवनसुत लीन्हा ॥
sata jojana tehiṁ ānana kīnhā, ati laghu rūpa pavanasuta līnhā.
बदन पइठि पुनि बाहेर आवा । मागा बिदा ताहि सिरु नावा ॥
badana paiṭhi puni bāhera āvā, māgā bidā tāhi siru nāvā.

दीन दयाल बिरिदु संभारी ।
dīna dayāla biridu saṁbhārī
हरहु नाथ मम संकट भारी ॥
harahu nātha mama saṁkaṭa bhārī

हनूमान अंगद रन गाजे ।
hanūmāna aṁgada rana gāje
हाँक सुनत रजनीचर भाजे ॥
hām̐ka sunata rajanīcara bhāje

सकल बिघ्न ब्यापहिं नहिं तेही ।
sakala bighna byāpahiṁ nahiṁ tehī
राम सुकृपाँ बिलोकहिं जेही ॥
rāma sukṛpām̐ bilokahiṁ jehī

दैहिक दैविक भौतिक तापा ।
daihika daivika bhautika tāpā
राम राज नहिं काहुहि ब्यापा ॥
rāma rāja nahiṁ kāhuhi byāpā

प्रबिसि नगर कीजे सब काजा ।
prabisi nagara kīje saba kājā
हृदयँ राखि कोसलपुर राजा ॥
hṛdayam̐ rākhi kosalapura rājā

जब तें रामु ब्याहि घर आए ।
jaba teṁ rāmu byāhi ghara āe
नित नव मंगल मोद बधाए ॥
nita nava maṁgala moda badhāe

जनकसुता जग जननि जानकी ।
janakasutā jaga janani jānakī,
अतिसय प्रिय करुना निधान की ॥
atisaya priya karunā nidhāna kī

मोहि सुरन्ह जेहि लागि पठावा । बुधि बल मरमु तोर मै पावा ॥
mohi suranha jehi lāgi paṭhāvā, budhi bala maramu tora mai pāvā.

दोहा-dohā:

राम काजु सबु करिहहु तुम्ह बल बुद्धि निधान ।
rāma kāju sabu karihahu tumha bala buddhi nidhāna,
आसिष देह गई सो हरषि चलेउ हनुमान ॥ २ ॥
āsiṣa deha gaī so haraṣi caleu hanumāna. 2.

चौपाई-caupāī:

निसिचरि एक सिंधु महुँ रहई । करि माया नभु के खग गहई ॥
nisicari eka siṁdhu mahum̐ rahaī, kari māyā nabhu ke khaga gahaī.
जीव जंतु जे गगन उड़ाहीं । जल बिलोकि तिन्ह कै परिछाहीं ॥
jīva jaṁtu je gagana uṛāhīṁ, jala biloki tinha kai parichāhīṁ.
गहइ छाहँ सक सो न उड़ाई । एहि बिधि सदा गगनचर खाई ॥
gahai chāham̐ saka so na uṛāī, ehi bidhi sadā gaganacara khāī.
सोइ छल हनूमान कहँ कीन्हा । तासु कपटु कपि तुरतहिं चीन्हा ॥
soi chala hanūmāna kaham̐ kīnhā, tāsu kapaṭu kapi turatahiṁ cīnhā.
ताहि मारि मारुतसुत बीरा । बारिधि पार गयउ मतिधीरा ॥
tāhi māri mārutasuta bīrā, bāridhi pāra gayau matidhīrā.
तहाँ जाइ देखी बन सोभा । गुंजत चंचरीक मधु लोभा ॥
tahām̐ jāi dekhī bana sobhā, guṁjata caṁcarīka madhu lobhā.
नाना तरु फल फूल सुहाए । खग मृग बृंद देखि मन भाए ॥
nānā taru phala phūla suhāe, khaga mṛga bṛṁda dekhi mana bhāe.
सैल बिसाल देखि एक आगें । ता पर धाइ चढेउ भय त्यागें ॥
saila bisāla dekhi eka āgeṁ, tā para dhāi caḍheu bhaya tyāgeṁ.
उमा न कछु कपि कै अधिकाई । प्रभु प्रताप जो कालहि खाई ॥
umā na kachu kapi kai adhikāī, prabhu pratāpa jo kālahi khāī.
गिरि पर चढि लंका तेहिं देखी । कहि न जाइ अति दुर्ग बिसेषी ॥
giri para caḍhi laṁkā tehiṁ dekhī, kahi na jāi ati durga biseṣī.
अति उतंग जलनिधि चहु पासा । कनक कोट कर परम प्रकासा ॥
ati utaṁga jalanidhi cahu pāsā, kanaka koṭa kara parama prakāsā.

छंद-chaṁda:

कनक कोट बिचित्र मनि कृत सुंदरायतना घना ।
kanaka koṭa bicitra mani kṛta suṁdarāyatanā ghanā,
चउहट्ट हट्ट सुबट्ट बीथीं चारु पुर बहु बिधि बना ॥
cauhaṭṭa haṭṭa subaṭṭa bīthīṁ cāru pura bahu bidhi banā.
गज बाजि खच्चर निकर पदचर रथ बरूथन्हि को गनै ।
gaja bāji khaccara nikara padacara ratha barūthanhi ko ganai.
बहुरूप निसिचर जूथ अतिबल सेन बरनत नहिं बनै ॥ १ ॥
bahurūpa nisicara jūtha atibala sena baranata nahiṁ banai. 1.

बन बाग उपबन बाटिका सर कूप बापीं सोहहीं ।
bana bāga upabana bāṭikā sara kūpa bāpīṁ sohahīṁ,

सियावर रामचंद्र पद
siyāvara rāmacaṁdra pada
जय शरणं सीताराम
jaya śaraṇaṁ sitārāma

सियावर राम जय जय राम
siyāvara rāma jaya jaya rāma
मेरे प्रभु राम जय जय राम
mere prabhu rāma jaya jaya rāma

मंगल भवन अमंगल हारी ।
maṁgala bhavana amaṁgala hārī
द्रवउ सो दसरथ अजिर बिहारी ॥
dravau so dasaratha ajira bihārī

अजर अमर गुननिधि सुत होहू ।
ajara amara gunanidhi suta hohū
करहुँ बहुत रघुनायक छोहू ॥
karahum̐ bahuta raghunāyaka chohū

राजिवनयन धरें धनु सायक ।
rājivanayana dhareṁ dhanu sāyaka,
भगत बिपति भंजन सुख दायक ॥
bhagata bipati bhaṁjana sukha dāyaka

जौं प्रभु दीनदयालु कहावा ।
jauṁ prabhu dīnadayālu kahāvā
आरति हरन बेद जसु गावा ॥
ārati harana beda jasu gāvā

जपहिं नामु जन आरत भारी ।
japahiṁ nāmu jana ārata bhārī,
मिटहिं कुसंकट होहिं सुखारी ॥
miṭahiṁ kusaṁkaṭa hohiṁ sukhārī

नर नाग सुर गंधर्ब कन्या रूप मुनि मन मोहहीं ॥
nara nāga sura gaṁdharba kanyā rūpa muni mana mohahīṁ.
कहुँ माल देह बिसाल सैल समान अतिबल गर्जहीं ।
kahum̐ māla deha bisāla saila samāna atibala garjahīṁ,
नाना अखारेन्ह भिरहिं बहु बिधि एक एकन्ह तर्जहीं ॥ २ ॥
nānā akhārenha bhirahiṁ bahu bidhi eka ekanha tarjahīṁ. 2.

करि जतन भट कोटिन्ह बिकट तन नगर चहुँ दिसि रच्छहीं ।
kari jatana bhaṭa koṭinha bikaṭa tana nagara cahum̐ disi racchahīṁ,
कहुँ महिष मानषु धेनु खर अज खल निसाचर भच्छहीं ॥
kahum̐ mahiṣa mānaṣu dhenu khara aja khala nisācara bhacchahīṁ.
एहि लागि तुलसीदास इन्ह की कथा कछु एक है कही ।
ehi lāgi tulasīdāsa inha kī kathā kachu eka hai kahī,
रघुबीर सर तीरथ सरीरन्हि त्यागि गति पैहहिं सही ॥ ३ ॥
raghubīra sara tīratha sarīranhi tyāgi gati paihahiṁ sahī. 3.

दोहा-dohā:

पुर रखवारे देखि बहु कपि मन कीन्ह बिचार ।
pura rakhavāre dekhi bahu kapi mana kīnha bicāra,
अति लघु रूप धरौं निसि नगर करौं पइसार ॥ ३ ॥
ati laghu rūpa dharauṁ nisi nagara karauṁ paisāra. 3.

चौपाई-caupāī:

मसक समान रूप कपि धरी । लंकहि चलेउ सुमिरि नरहरी ॥
masaka samāna rūpa kapi dharī, laṁkahi caleu sumiri naraharī.
नाम लंकिनी एक निसिचरी । सो कह चलेसि मोहि निंदरी ॥
nāma laṁkinī eka nisicarī, so kaha calesi mohi niṁdarī.
जानेहि नहीं मरमु सठ मोरा । मोर अहार जहाँ लगि चोरा ॥
jānehi nahīṁ maramu saṭha morā, mora ahāra jahām̐ lagi corā.
मुठिका एक महा कपि हनी । रुधिर बमत धरनीं ढनमनी ॥
muṭhikā eka mahā kapi hanī, rudhira bamata dharanīṁ ḍhanamanī.
पुनि संभारि उठि सो लंका । जोरि पानि कर बिनय संसका ॥
puni saṁbhāri uṭhi so laṁkā, jori pāni kara binaya saṁsakā.
जब रावनहि ब्रह्म बर दीन्हा । चलत बिरंचि कहा मोहि चीन्हा ॥
jaba rāvanahi brahma bara dīnhā, calata biraṁci kahā mohi cīnhā.
बिकल होसि तैं कपि कें मारे । तब जानेसु निसिचर संघारे ॥
bikala hosi taiṁ kapi keṁ māre, taba jānesu nisicara saṁghāre.
तात मोर अति पुन्य बहूता । देखेउँ नयन राम कर दूता ॥
tāta mora ati punya bahūtā, dekheum̐ nayana rāma kara dūtā.

दोहा-dohā:

तात स्वर्ग अपबर्ग सुख धरिअ तुला एक अंग ।
tāta svarga apabarga sukha dharia tulā eka aṁga,

दीन दयाल बिरिदु संभारी ।
dīna dayāla biridu saṁbhārī
हरहु नाथ मम संकट भारी ॥
harahu nātha mama saṁkaṭa bhārī

हनूमान अंगद रन गाजे ।
hanūmāna aṁgada rana gāje
हाँक सुनत रजनीचर भाजे ॥
hām̐ka sunata rajanīcara bhāje

सकल बिघ्न ब्यापहिं नहिं तेही ।
sakala bighna byāpahiṁ nahiṁ tehī
राम सुकृपाँ बिलोकहिं जेही ॥
rāma sukṛpām̐ bilokahiṁ jehī

दैहिक दैविक भौतिक तापा ।
daihika daivika bhautika tāpā
राम राज नहिं काहुहि ब्यापा ॥
rāma rāja nahiṁ kāhuhi byāpā

प्रबिसि नगर कीजे सब काजा ।
prabisi nagara kīje saba kājā
हृदयँ राखि कोसलपुर राजा ॥
hṛdayam̐ rākhi kosalapura rājā

जब तें रामु ब्याहि घर आए ।
jaba teṁ rāmu byāhi ghara āe
नित नव मंगल मोद बधाए ॥
nita nava maṁgala moda badhāe

जनकसुता जग जननि जानकी ।
janakasutā jaga janani jānakī,
अतिसय प्रिय करुना निधान की ॥
atisaya priya karunā nidhāna kī

तूल न ताहि सकल मिलि जो सुख लव सतसंग ॥४॥
tūla na tāhi sakala mili jo sukha lava satasaṁga. 4.

चौपाई-caupāī:

प्रबिसि नगर कीजे सब काजा । हृदयँ राखि कोसलपुर राजा ॥
prabisi nagara kīje saba kājā, hṛdayam̐ rākhi kosalapura rājā.
गरल सुधा रिपु करहिं मिताई । गोपद सिंधु अनल सितलाई ॥
garala sudhā ripu karahiṁ mitāī, gopada siṁdhu anala sitalāī.
गरुड़ सुमेरु रेनु सम ताही । राम कृपा करि चितवा जाही ॥
garuṛa sumeru renu sama tāhī, rāma kṛpā kari citavā jāhī.
अति लघु रूप धरेउ हनुमाना । पैठा नगर सुमिरि भगवाना ॥
ati laghu rūpa dhareu hanumānā, paiṭhā nagara sumiri bhagavānā.
मंदिर मंदिर प्रति करि सोधा । देखे जहँ तहँ अगनित जोधा ॥
maṁdira maṁdira prati kari sodhā, dekhe jaham̐ taham̐ aganita jodhā.
गयउ दसानन मंदिर माहीं । अति बिचित्र कहि जात सो नाहीं ॥
gayau dasānana maṁdira māhīṁ, ati bicitra kahi jāta so nāhīṁ.
सयन किएँ देखा कपि तेही । मंदिर महुँ न दीखि बैदेही ॥
sayana kiem̐ dekhā kapi tehī, maṁdira mahum̐ na dīkhi baidehī.
भवन एक पुनि दीख सुहावा । हरि मंदिर तहँ भिन्न बनावा ॥
bhavana eka puni dīkha suhāvā, hari maṁdira taham̐ bhinna banāvā.

दोहा-dohā:

रामायुध अंकित गृह सोभा बरनि न जाइ ।
rāmāyudha aṁkita gṛha sobhā barani na jāi,
नव तुलसिका बृंद तहँ देखि हरष कपिराइ ॥५॥
nava tulasikā bṛṁda taham̐ dekhi haraṣa kapirāi. 5.

चौपाई-caupāī:

लंका निसिचर निकर निवासा । इहाँ कहाँ सज्जन कर बासा ॥
laṁkā nisicara nikara nivāsā, ihām̐ kahām̐ sajjana kara bāsā.
मन महुँ तरक करैं कपि लागा । तेहीं समय बिभीषनु जागा ॥
mana mahum̐ taraka karaiṁ kapi lāgā, tehīṁ samaya bibhīṣanu jāgā.
राम राम तेहिं सुमिरन कीन्हा । हृदयँ हरष कपि सज्जन चीन्हा ॥
rāma rāma tehiṁ sumirana kīnhā, hṛdayam̐ haraṣa kapi sajjana cīnhā.
एहि सन हठि करिहउँ पहिचानी । साधु ते होइ न कारज हानी ॥
ehi sana haṭhi karihaum̐ pahicānī, sādhu te hoi na kāraja hānī.
बिप्र रुप धरि बचन सुनाए । सुनत बिभीषन उठि तहँ आए ॥
bipra rupa dhari bacana sunāe, sunata bibhīṣana uṭhi taham̐ āe.
करि प्रनाम पूँछी कुसलाई । बिप्र कहहु निज कथा बुझाई ॥
kari pranāma pūm̐chī kusalāī, bipra kahahu nija kathā bujhāī.
की तुम्ह हरि दासन्ह महँ कोई । मोरें हृदय प्रीति अति होई ॥
kī tumha hari dāsanha maham̐ koī, moreṁ hṛdaya prīti ati hoī.
की तुम्ह रामु दीन अनुरागी । आयहु मोहि करन बड़भागी ॥
kī tumha rāmu dīna anurāgī, āyahu mohi karana baṛabhāgī.

सियावर रामचंद्र पद
siyāvara rāmacaṁdra pada
जय शरणं सीताराम
jaya śaraṇaṁ sitārāma

सियावर राम जय जय राम
siyāvara rāma jaya jaya rāma
मेरे प्रभु राम जय जय राम
mere prabhu rāma jaya jaya rāma

मंगल भवन अमंगल हारी ।
maṁgala bhavana amaṁgala hārī
द्रवउ सो दसरथ अजिर बिहारी ॥
dravau so dasaratha ajira bihārī

अजर अमर गुननिधि सुत होहू ।
ajara amara gunaṇidhi suta hohū
करहुँ बहुत रघुनायक छोहू ॥
karahum̐ bahuta raghunāyaka chohū

राजिवनयन धरें धनु सायक ।
rājivanayana dhareṁ dhanu sāyaka,
भगत बिपति भंजन सुख दायक ॥
bhagata bipati bhaṁjana sukha dāyaka

जौं प्रभु दीनदयालु कहावा ।
jauṁ prabhu dīnadayālu kahāvā
आरति हरन बेद जसु गावा ॥
ārati harana beda jasu gāvā

जपहिं नामु जन आरत भारी ।
japahiṁ nāmu jana ārata bhārī,
मिटहिं कुसंकट होहिं सुखारी ॥
miṭahiṁ kusaṁkaṭa hohiṁ sukhārī

दोहा-dohā:

तब हनुमंत कही सब राम कथा निज नाम ।
taba hanumaṁta kahī saba rāma kathā nija nāma,
सुनत जुगल तन पुलक मन मगन सुमिरि गुन ग्राम ॥ ६ ॥
sunata jugala tana pulaka mana magana sumiri guna grāma. 6.

चौपाई-caupāī:

सुनहु पवनसुत रहनि हमारी । जिमि दसनन्हि महुँ जीभ बिचारी ॥
sunahu pavanasuta rahani hamārī, jimi dasananhi mahum̐ jībha bicārī.
तात कबहुँ मोहि जानि अनाथा । करिहहिं कृपा भानुकुल नाथा ॥
tāta kabahum̐ mohi jāni anāthā, karihahiṁ kṛpā bhānukula nāthā.
तामस तनु कछु साधन नाहीं । प्रीति न पद सरोज मन माहीं ॥
tāmasa tanu kachu sādhana nāhīṁ, prīti na pada saroja mana māhīṁ.
अब मोहि भा भरोस हनुमंता । बिनु हरिकृपा मिलहिं नहिं संता ॥
aba mohi bhā bharosa hanumaṁtā, binu harikṛpā milahiṁ nahiṁ saṁtā.
जौं रघुबीर अनुग्रह कीन्हा । तौ तुम्ह मोहि दरसु हठि दीन्हा ॥
jauṁ raghubīra anugraha kīnhā, tau tumha mohi darasu haṭhi dīnhā.
सुनहु बिभीषन प्रभु कै रीती । करहिं सदा सेवक पर प्रीती ॥
sunahu bibhīṣana prabhu kai rītī, karahiṁ sadā sevaka para prītī.
कहहु कवन मैं परम कुलीना । कपि चंचल सबहीं बिधि हीना ॥
kahahu kavana maiṁ parama kulīnā, kapi caṁcala sabahīṁ bidhi hīnā.
प्रात लेइ जो नाम हमारा । तेहि दिन ताहि न मिलै अहारा ॥
prāta lei jo nāma hamārā, tehi dina tāhi na milai ahārā.

दोहा-dohā:

अस मैं अधम सखा सुनु मोहू पर रघुबीर ।
asa maiṁ adhama sakhā sunu mohū para raghubīra,
कीन्ही कृपा सुमिरि गुन भरे बिलोचन नीर ॥ ७ ॥
kīnhī kṛpā sumiri guna bhare bilocana nīra. 7.

चौपाई-caupāī:

जानतहूँ अस स्वामि बिसारी । फिरहिं ते काहे न होहिं दुखारी ॥
jānatahūm̐ asa svāmi bisārī, phirahiṁ te kāhe na hohiṁ dukhārī.
एहि बिधि कहत राम गुन ग्रामा । पावा अनिर्बाच्य बिश्रामा ॥
ehi bidhi kahata rāma guna grāmā, pāvā anirbācya biśrāmā.
पुनि सब कथा बिभीषन कही । जेहि बिधि जनकसुता तहँ रही ॥
puni saba kathā bibhīṣana kahī, jehi bidhi janakasutā taham̐ rahī.
तब हनुमंत कहा सुनु भ्राता । देखी चहउँ जानकी माता ॥
taba hanumaṁta kahā sunu bhrātā, dekhī cahaum̐ jānakī mātā.
जुगुति बिभीषन सकल सुनाई । चलेउ पवनसुत बिदा कराई ॥
juguti bibhīṣana sakala sunāī, caleu pavanasuta bidā karāī.
करि सोइ रूप गयउ पुनि तहवाँ । बन असोक सीता रह जहवाँ ॥
kari soi rūpa gayau puni tahavām̐, bana asoka sītā raha jahavām̐.
देखि मनहि महुँ कीन्ह प्रनामा । बैठेहिं बीति जात निसि जामा ॥
dekhi manahi mahum̐ kīnha pranāmā, baiṭhehiṁ bīti jāta nisi jāmā.

दीन दयाल बिरिदु संभारी ।
dīna dayāla biridu saṁbhārī
हरहु नाथ मम संकट भारी ॥
harahu nātha mama saṁkaṭa bhārī

हनूमान अंगद रन गाजे ।
hanūmāna aṁgada rana gāje
हाँक सुनत रजनीचर भाजे ॥
hām̐ka sunata rajanīcara bhāje

सकल बिघ्न ब्यापहिं नहिं तेही ।
sakala bighna byāpahiṁ nahiṁ tehī
राम सुकृपाँ बिलोकहिं जेही ॥
rāma sukṛpām̐ bilokahiṁ jehī

दैहिक दैविक भौतिक तापा ।
daihika daivika bhautika tāpā
राम राज नहिं काहुहि ब्यापा ॥
rāma rāja nahiṁ kāhuhi byāpā

प्रबिसि नगर कीजे सब काजा ।
prabisi nagara kīje saba kājā
हृदयँ राखि कोसलपुर राजा ॥
hṛdayam̐ rākhi kosalapura rājā

जब तें रामु ब्याहि घर आए ।
jaba teṁ rāmu byāhi ghara āe
नित नव मंगल मोद बधाए ॥
nita nava maṁgala moda badhāe

जनकसुता जग जननि जानकी ।
janakasutā jaga janani jānakī,
अतिसय प्रिय करुना निधान की ॥
atisaya priya karunā nidhāna kī

कृस तनु सीस जटा एक बेनी । जपति हृदयँ रघुपति गुन श्रेनी ॥
kṛsa tanu sīsa jaṭā eka benī, japati hṛdayaṁ raghupati guna śrenī.

सियावर रामचंद्र पद
siyāvara rāmacaṁdra pada
जय शरणं सीताराम
jaya śaraṇaṁ sitārāma

दोहा-dohā:

निज पद नयन दिएँ मन राम पद कमल लीन ।
nija pada nayana dieṁ mana rāma pada kamala līna,
परम दुखी भा पवनसुत देखि जानकी दीन ॥८॥
parama dukhī bhā pavanasuta dekhi jānakī dīna. 8.

चौपाई-caupāī:

सियावर राम जय जय राम
siyāvara rāma jaya jaya rāma
मेरे प्रभु राम जय जय राम
mere prabhu rāma jaya jaya rāma

तरु पल्लव महुँ रहा लुकाई । करइ बिचार करौं का भाई ॥
taru pallava mahuṁ rahā lukāī, karai bicāra karauṁ kā bhāī.
तेहि अवसर रावनु तहँ आवा । संग नारि बहु किएँ बनावा ॥
tehi avasara rāvanu tahaṁ āvā, saṁga nāri bahu kieṁ banāvā.
बहु बिधि खल सीतहि समुझावा । साम दान भय भेद देखावा ॥
bahu bidhi khala sītahi samujhāvā, sāma dāna bhaya bheda dekhāvā.

मंगल भवन अमंगल हारी ।
maṁgala bhavana amaṁgala hārī
द्रवउ सो दसरथ अजिर बिहारी ॥
dravau so dasaratha ajira bihārī

कह रावनु सुनु सुमुखि सयानी । मंदोदरी आदि सब रानी ॥
kaha rāvanu sunu sumukhi sayānī, maṁdodarī ādi saba rānī.
तव अनुचरीं करउँ पन मोरा । एक बार बिलोकु मम ओरा ॥
tava anucarīṁ karauṁ pana morā, eka bāra biloku mama orā.
तृन धरि ओट कहति बैदेही । सुमिरि अवधपति परम सनेही ॥
tṛna dhari oṭa kahati baidehī, sumiri avadhapati parama sanehī.

अजर अमर गुननिधि सुत होहू ।
ajara amara gunanidhi suta hohū
करहुँ बहुत रघुनायक छोहू ॥
karahuṁ bahuta raghunāyaka chohū

सुनु दसमुख खद्योत प्रकासा । कबहुँ कि नलिनी करइ बिकासा ॥
sunu dasamukha khadyota prakāsā, kabahuṁ ki nalinī karai bikāsā.
अस मन समुझु कहति जानकी । खल सुधि नहिं रघुबीर बान की ॥
asa mana samujhu kahati jānakī, khala sudhi nahiṁ raghubīra bāna kī.
सठ सूनें हरि आनेहि मोही । अधम निलज्ज लाज नहिं तोही ॥
saṭha sūneṁ hari ānehi mohī, adhama nilajja lāja nahiṁ tohī.

राजिवनयन धरें धनु सायक ।
rājivanayana dhareṁ dhanu sāyaka,
भगत बिपति भंजन सुख दायक ॥
bhagata bipati bhaṁjana sukha dāyaka

दोहा-dohā:

आपुहि सुनि खद्योत सम रामहि भानु समान ।
āpuhi suni khadyota sama rāmahi bhānu samāna,
परुष बचन सुनि काढ़ि असि बोला अति खिसिआन ॥९॥
paruṣa bacana suni kāṛhi asi bolā ati khisiāna. 9.

चौपाई-caupāī:

जौं प्रभु दीनदयालु कहावा ।
jauṁ prabhu dīnadayālu kahāvā
आरति हरन बेद जसु गावा ॥
ārati harana beda jasu gāvā

सीता तैं मम कृत अपमाना । कटिहउँ तव सिर कठिन कृपाना ॥
sītā taiṁ mama kṛta apamānā, kaṭihauṁ tava sira kaṭhina kṛpānā.
नाहिं त सपदि मानु मम बानी । सुमुखि होति न त जीवन हानी ॥
nāhiṁ ta sapadi mānu mama bānī, sumukhi hoti na ta jīvana hānī.
स्याम सरोज दाम सम सुंदर । प्रभु भुज करि कर सम दसकंधर ॥
syāma saroja dāma sama suṁdara, prabhu bhuja kari kara sama dasakaṁdhara.

जपहिं नामु जन आरत भारी ।
japahiṁ nāmu jana ārata bhārī,
मिटहिं कुसंकट होहिं सुखारी ॥
miṭahiṁ kusaṁkaṭa hohiṁ sukhārī

सो भुज कंठ कि तव असि घोरा । सुनु सठ अस प्रवान पन मोरा ॥
so bhuja kaṁṭha ki tava asi ghorā, sunu saṭha asa pravāna pana morā.
चंद्रहास हरु मम परितापं । रघुपति बिरह अनल संजातं ॥
caṁdrahāsa haru mama paritāpaṁ, raghupati biraha anala saṁjātaṁ.

सीतल निसित बहसि बर धारा । कह सीता हरु मम दुख भारा ॥
sītala nisita bahasi bara dhārā, kaha sītā haru mama dukha bhārā.
सुनत बचन पुनि मारन धावा । मयतनयाँ कहि नीति बुझावा ॥
sunata bacana puni mārana dhāvā, mayatanayām̐ kahi nīti bujhāvā.
कहेसि सकल निसिचरिन्ह बोलाई । सीतहि बहु बिधि त्रासहु जाई ॥
kahesi sakala nisicarinha bolāī, sītahi bahu bidhi trāsahu jāī.
मास दिवस महुँ कहा न माना । तौ मैं मारबि काढ़ि कृपाना ॥
māsa divasa mahum̐ kahā na mānā, tau maiṁ mārabi kāṛhi kṛpānā.

दोहा-dohā:

भवन गयउ दसकंधर इहाँ पिसाचिनि बृंद ।
bhavana gayau dasakaṁdhara ihām̐ pisācini bṛṁda,
सीतहि त्रास देखावहिं धरहिं रूप बहु मंद ॥ १० ॥
sītahi trāsa dekhāvahiṁ dharahiṁ rūpa bahu maṁda. 10.

चौपाई-caupāī:

त्रिजटा नाम राच्छसी एका । राम चरन रति निपुन बिबेका ॥
trijaṭā nāma rācchasī ekā, rāma carana rati nipuna bibekā.
सबन्हौ बोलि सुनाएसि सपना । सीतहि सेइ करहु हित अपना ॥
sabanhau boli sunāesi sapanā, sītahi sei karahu hita apanā.
सपनें बानर लंका जारी । जातुधान सेना सब मारी ॥
sapaneṁ bānara laṁkā jārī, jātudhāna senā saba mārī.
खर आरूढ़ नगन दससीसा । मुंडित सिर खंडित भुज बीसा ॥
khara ārūṛha nagana dasasīsā, muṁḍita sira khaṁḍita bhuja bīsā.
एहि बिधि सो दच्छिन दिसि जाई । लंका मनहुँ बिभीषन पाई ॥
ehi bidhi so dacchina disi jāī, laṁkā manahum̐ bibhīṣana pāī.
नगर फिरी रघुबीर दोहाई । तब प्रभु सीता बोलि पठाई ॥
nagara phirī raghubīra dohāī, taba prabhu sītā boli paṭhāī.
यह सपना मैं कहउँ पुकारी । होइहि सत्य गएँ दिन चारी ॥
yaha sapanā maiṁ kahaum̐ pukārī, hoihi satya gaem̐ dina cārī.
तासु बचन सुनि ते सब डरीं । जनकसुता के चरनन्हि परीं ॥
tāsu bacana suni te saba ḍarīṁ, janakasutā ke carananhi parīṁ.

दोहा-dohā:

जहँ तहँ गईं सकल तब सीता कर मन सोच ।
jaham̐ taham̐ gaiṁ sakala taba sītā kara mana soca,
मास दिवस बीतें मोहि मारिहि निसिचर पोच ॥ ११ ॥
māsa divasa bīteṁ mohi mārihi nisicara poca. 11.

चौपाई-caupāī:

त्रिजटा सन बोलीं कर जोरी । मातु बिपति संगिनि तैं मोरी ॥
trijaṭā sana bolīṁ kara jorī, mātu bipati saṁgini taiṁ morī.
तजौं देह करु बेगि उपाई । दुसहु बिरहु अब नहिं सहि जाई ॥
tajauṁ deha karu begi upāī, dusahu birahu aba nahiṁ sahi jāī.
आनि काठ रचु चिता बनाई । मातु अनल पुनि देहि लगाई ॥
āni kāṭha racu citā banāī, mātu anala puni dehi lagāī.

दीन दयाल बिरिदु संभारी ।
dīna dayāla biridu saṁbhārī
हरहु नाथ मम संकट भारी ॥
harahu nātha mama saṁkaṭa bhārī

हनूमान अंगद रन गाजे ।
hanūmāna aṁgada rana gāje
हाँक सुनत रजनीचर भाजे ॥
hām̐ka sunata rajanīcara bhāje

सकल बिघ्न ब्यापहिं नहिं तेही ।
sakala bighna byāpahiṁ nahiṁ tehī
राम सुकृपाँ बिलोकहिं जेही ॥
rāma sukṛpām̐ bilokahiṁ jehī

दैहिक दैविक भौतिक तापा ।
daihika daivika bhautika tāpā
राम राज नहिं काहुहि ब्यापा ॥
rāma rāja nahiṁ kāhuhi byāpā

प्रबिसि नगर कीजे सब काजा ।
prabisi nagara kīje saba kājā
हृदयँ राखि कोसलपुर राजा ॥
hṛdayam̐ rākhi kosalapura rājā

जब तें रामु ब्याहि घर आए ।
jaba teṁ rāmu byāhi ghara āe
नित नव मंगल मोद बधाए ॥
nita nava maṁgala moda badhāe

जनकसुता जग जननि जानकी ।
janakasutā jaga janani jānakī,
अतिसय प्रिय करुना निधान की ॥
atisaya priya karunā nidhāna kī

सियावर रामचंद्र पद
siyāvara rāmacaṁdra pada
जय शरणं सीताराम
jaya śaraṇaṁ sitārāma

सियावर राम जय जय राम
siyāvara rāma jaya jaya rāma
मेरे प्रभु राम जय जय राम
mere prabhu rāma jaya jaya rāma

मंगल भवन अमंगल हारी ।
maṁgala bhavana amaṁgala hārī
द्रवउ सो दसरथ अजिर बिहारी ॥
dravau so dasaratha ajira bihārī

अजर अमर गुननिधि सुत होहू ।
ajara amara guṇanidhi suta hohū
करहुँ बहुत रघुनायक छोहू ॥
karahuṁ bahuta raghunāyaka chohū

राजिवनयन धरें धनु सायक ।
rājivanayana dhareṁ dhanu sāyaka,
भगत बिपति भंजन सुख दायक ॥
bhagata bipati bhaṁjana sukha dāyaka

जौं प्रभु दीनदयालु कहावा ।
jauṁ prabhu dīnadayālu kahāvā
आरति हरन बेद जसु गावा ॥
ārati harana beda jasu gāvā

जपहिं नामु जन आरत भारी ।
japahiṁ nāmu jana ārata bhārī,
मिटहिं कुसंकट होहिं सुखारी ॥
miṭahiṁ kusaṁkaṭa hohiṁ sukhārī

सत्य करहि मम प्रीति सयानी । सुनै को श्रवन सूल सम बानी ॥
satya karahi mama prīti sayānī, sunai ko śravana sūla sama bānī.
सुनत बचन पद गहि समुझाएसि । प्रभु प्रताप बल सुजसु सुनाएसि ॥
sunata bacana pada gahi samujhāesi, prabhu pratāpa bala sujasu sunāesi.
निसि न अनल मिल सुनु सुकुमारी । अस कहि सो निज भवन सिधारी ॥
nisi na anala mila sunu sukumārī, asa kahi so nija bhavana sidhārī.
कह सीता बिधि भा प्रतिकूला । मिलिहि न पावक मिटिहि न सूला ॥
kaha sītā bidhi bhā pratikūlā, milihi na pāvaka miṭihi na sūlā.
देखिअत प्रगट गगन अंगारा । अवनि न आवत एकउ तारा ॥
dekhiata pragaṭa gagana aṁgārā, avani na āvata ekau tārā.
पावकमय ससि स्रवत न आगी । मानहुँ मोहि जानि हत भागी ॥
pāvakamaya sasi sravata na āgī, mānahuṁ mohi jāni hata bhāgī.
सुनहि बिनय मम बिटप असोका । सत्य नाम करु हरु मम सोका ॥
sunahi binaya mama biṭapa asokā, satya nāma karu haru mama sokā.
नूतन किसलय अनल समाना । देहि अगिनि जनि करहि निदाना ॥
nūtana kisalaya anala samānā, dehi agini jani karahi nidānā.
देखि परम बिरहाकुल सीता । सो छन कपिहि कलप सम बीता ॥
dekhi parama birahākula sītā, so chana kapihi kalapa sama bītā.

सोरठा-soraṭhā:

कपि करि हृदयँ बिचार दीन्हि मुद्रिका डारि तब ।
kapi kari hṛdayaṁ bicāra dīnhi mudrikā ḍāri taba,
जनु असोक अंगार दीन्ह हरषि उठि कर गहेउ ॥ १२ ॥
janu asoka aṁgāra dīnha harași uṭhi kara gaheu. 12.

चौपाई-caupāī:

तब देखी मुद्रिका मनोहर । राम नाम अंकित अति सुंदर ॥
taba dekhī mudrikā manohara, rāma nāma aṁkita ati suṁdara.
चकित चितव मुदरी पहिचानी । हरष बिषाद हृदयँ अकुलानी ॥
cakita citava mudarī pahicānī, harașa bișāda hṛdayaṁ akulānī.
जीति को सकइ अजय रघुराई । माया तें असि रचि नहिं जाई ॥
jīti ko sakai ajaya raghurāī, māyā teṁ asi raci nahiṁ jāī.
सीता मन बिचार कर नाना । मधुर बचन बोलेउ हनुमाना ॥
sītā mana bicāra kara nānā, madhura bacana boleu hanumānā.
रामचंद्र गुन बरनैं लागा । सुनतहिं सीता कर दुख भागा ॥
rāmacaṁdra guna baranaiṁ lāgā, sunatahiṁ sītā kara dukha bhāgā.
लागीं सुनैं श्रवन मन लाई । आदिहु तें सब कथा सुनाई ॥
lāgīṁ sunaiṁ śravana mana lāī, ādihu teṁ saba kathā sunāī.
श्रवनामृत जेहिं कथा सुहाई । कही सो प्रगट होति किन भाई ॥
śravanāmṛta jehiṁ kathā suhāī, kahī so pragaṭa hoti kina bhāī.
तब हनुमंत निकट चलि गयऊ । फिरि बैठीं मन बिसमय भयऊ ॥
taba hanumaṁta nikaṭa cali gayaū, phiri baiṭhīṁ mana bisamaya bhayaū.
राम दूत मैं मातु जानकी । सत्य सपथ करुनानिधान की ॥
rāma dūta maiṁ mātu jānakī, satya sapatha karunānidhāna kī.

यह मुद्रिका मातु मैं आनी । दीन्हि राम तुम्ह कहँ सहिदानी ॥
yaha mudrikā mātu maiṁ ānī, dīnhi rāma tumha kahaṁ sahidānī.
नर बानरहि संग कहु कैसें । कही कथा भइ संगति जैसें ॥
nara bānarahi saṁga kahu kaiseṁ, kahī kathā bhai saṁgati jaiseṁ.

दोहा-dohā:

कपि के बचन सप्रेम सुनि उपजा मन बिस्वास ।
kapi ke bacana saprema suni upajā mana bisvāsa,
जाना मन क्रम बचन यह कृपासिंधु कर दास ॥१३॥
jānā mana krama bacana yaha kṛpāsiṁdhu kara dāsa. 13.

चौपाई-caupāī:

हरिजन जानि प्रीति अति गाढ़ी । सजल नयन पुलकावलि बाढ़ी ॥
harijana jāni prīti ati gāṛhī, sajala nayana pulakāvali bāṛhī.
बूड़त बिरह जलधि हनुमाना । भयहु तात मो कहुँ जलजाना ॥
būṛata biraha jaladhi hanumānā, bhayahu tāta mo kahuṁ jalajānā.
अब कहु कुसल जाउँ बलिहारी । अनुज सहित सुख भवन खरारी ॥
aba kahu kusala jāuṁ balihārī, anuja sahita sukha bhavana kharārī.
कोमलचित कृपाल रघुराई । कपि केहि हेतु धरी निठुराई ॥
komalacita kṛpāla raghurāī, kapi kehi hetu dharī niṭhurāī.
सहज बानि सेवक सुख दायक । कबहुँक सुरति करत रघुनायक ॥
sahaja bāni sevaka sukha dāyaka, kabahuṁka surati karata raghunāyaka.
कबहुँ नयन मम सीतल ताता । होइहहिं निरखि स्याम मृदु गाता ॥
kabahuṁ nayana mama sītala tātā, hoihahiṁ nirakhi syāma mṛdu gātā.
बचनु न आव नयन भरे बारी । अहह नाथ हौं निपट बिसारी ॥
bacanu na āva nayana bhare bārī, ahaha nātha hauṁ nipaṭa bisārī.
देखि परम बिरहाकुल सीता । बोला कपि मृदु बचन बिनीता ॥
dekhi parama birahākula sītā, bolā kapi mṛdu bacana binītā.
मातु कुसल प्रभु अनुज समेता । तव दुख दुखी सुकृपा निकेता ॥
mātu kusala prabhu anuja sametā, tava dukha dukhī sukṛpā niketā.
जनि जननी मानहु जियँ ऊना । तुम्ह ते प्रेमु राम कें दूना ॥
jani jananī mānahu jiyaṁ ūnā, tumha te premu rāma keṁ dūnā.

दोहा-dohā:

रघुपति कर संदेसु अब सुनु जननी धरि धीर ।
raghupati kara saṁdesu aba sunu jananī dhari dhīra,
अस कहि कपि गदगद भयउ भरे बिलोचन नीर ॥१४॥
asa kahi kapi gadagada bhayau bhare bilocana nīra. 14.

चौपाई-caupāī:

कहेउ राम बियोग तव सीता । मो कहुँ सकल भए बिपरीता ॥
kaheu rāma biyoga tava sītā, mo kahuṁ sakala bhae biparītā.
नव तरु किसलय मनहुँ कृसानू । काल निसा सम निसि ससि भानू ॥
nava taru kisalaya manahuṁ kṛsānū, kāla nisā sama nisi sasi bhānū.
कुबलय बिपिन कुंत बन सरिसा । बारिद तपत तेल जनु बरिसा ॥
kubalaya bipina kuṁta bana sarisā, bārida tapata tela janu barisā.

दीन दयाल बिरिदु संभारी ।
dīna dayāla biridu saṁbhārī
हरहु नाथ मम संकट भारी ॥
harahu nātha mama saṁkaṭa bhārī

हनूमान अंगद रन गाजे ।
hanūmāna aṁgada rana gāje
हाँक सुनत रजनीचर भाजे ॥
hāṁka sunata rajanīcara bhāje

सकल बिघ्न ब्यापहिं नहिं तेही ।
sakala bighna byāpahiṁ nahiṁ tehī
राम सुकृपाँ बिलोकहिं जेही ॥
rāma sukṛpāṁ bilokahiṁ jehī

दैहिक दैविक भौतिक तापा ।
daihika daivika bhautika tāpā
राम राज नहिं काहुहि ब्यापा ॥
rāma rāja nahiṁ kāhuhi byāpā

प्रबिसि नगर कीजे सब काजा ।
prabisi nagara kīje saba kājā
हृदयँ राखि कोसलपुर राजा ॥
hṛdayaṁ rākhi kosalapura rājā

जब तें रामु ब्याहि घर आए ।
jaba teṁ rāmu byāhi ghara āe
नित नव मंगल मोद बधाए ॥
nita nava maṁgala moda badhāe

जनकसुता जग जननि जानकी ।
janakasutā jaga janani jānakī,
अतिसय प्रिय करुना निधान की ॥
atisaya priya karunā nidhāna kī

सियावर रामचंद्र पद
siyāvara rāmacaṁdra pada
जय शरणं सीताराम
jaya śaraṇaṁ sitārāma

सियावर राम जय जय राम
siyāvara rāma jaya jaya rāma
मेरे प्रभु राम जय जय राम
mere prabhu rāmā jaya jaya rāma

मंगल भवन अमंगल हारी ।
maṁgala bhavana amaṁgala hārī
द्रवउ सो दसरथ अजिर बिहारी ॥
dravau so dasaratha ajira bihārī

अजर अमर गुननिधि सुत होहू ।
ajara amara gunanidhi suta hohū
करहुँ बहुत रघुनायक छोहू ॥
karahuṁ bahuta raghunāyaka chohū

राजिवनयन धरें धनु सायक ।
rājivanayana dhareṁ dhanu sāyaka,
भगत बिपति भंजन सुख दायक ॥
bhagata bipati bhaṁjana sukha dāyaka

जौं प्रभु दीनदयालु कहावा ।
jauṁ prabhu dīnadayālu kahāvā
आरति हरन बेद जसु गावा ॥
ārati harana beda jasu gāvā

जपहिं नामु जन आरत भारी ।
japahiṁ nāmu jana ārata bhārī,
मिटहिं कुसंकट होहिं सुखारी ॥
miṭahiṁ kusaṁkaṭa hohiṁ sukhārī

जे हित रहे करत तेइ पीरा । उरग स्वास सम त्रिबिध समीरा ॥
je hita rahe karata tei pīrā, uraga svāsa sama tribidha samīrā.
कहेहू तें कछु दुख घटि होई । काहि कहौं यह जान न कोई ॥
kahehū teṁ kachu dukha ghaṭi hoī, kāhi kahauṁ yaha jāna na koī.
तत्व प्रेम कर मम अरु तोरा । जानत प्रिया एकु मनु मोरा ॥
tatva prema kara mama aru torā, jānata priyā eku manu morā.
सो मनु सदा रहत तोहि पाहीं । जानु प्रीति रसु एतनेहि माहीं ॥
so manu sadā rahata tohi pāhīṁ, jānu prīti rasu etanehi māhīṁ.
प्रभु संदेसु सुनत बैदेही । मगन प्रेम तन सुधि नहिं तेही ॥
prabhu saṁdesu sunata baidehī, magana prema tana sudhi nahiṁ tehī.
कह कपि हृदयँ धीर धरु माता । सुमिरु राम सेवक सुखदाता ॥
kaha kapi hṛdayam̐ dhīra dharu mātā, sumiru rāma sevaka sukhadātā.
उर आनहु रघुपति प्रभुताई । सुनि मम बचन तजहु कदराई ॥
ura ānahu raghupati prabhutāī, suni mama bacana tajahu kadarāī.

दोहा-*dohā:*

निसिचर निकर पतंग सम रघुपति बान कृसानु ।
nisicara nikara pataṁga sama raghupati bāna kṛsānu,
जननी हृदयँ धीर धरु जरे निसाचर जानु ॥ १५ ॥
jananī hṛdayam̐ dhīra dharu jare nisācara jānu. 15.

चौपाई-*caupāī:*

जौं रघुबीर होति सुधि पाई । करते नहिं बिलंबु रघुराई ॥
jauṁ raghubīra hoti sudhi pāī, karate nahiṁ bilaṁbu raghurāī.
राम बान रबि उएँ जानकी । तम बरूथ कहँ जातुधान की ॥
rāma bāna rabi uem̐ jānakī, tama barūtha kaham̐ jātudhāna kī.
अबहिं मातु मैं जाउँ लवाई । प्रभु आयसु नहिं राम दोहाई ॥
abahiṁ mātu maiṁ jāum̐ lavāī, prabhu āyasu nahiṁ rāma dohāī.
कछुक दिवस जननी धरु धीरा । कपिन्ह सहित अइहहिं रघुबीरा ॥
kachuka divasa jananī dharu dhīrā, kapinha sahita aihahiṁ raghubīrā.
निसिचर मारि तोहि लै जैहहिं । तिहुँ पुर नारदादि जसु गैहहिं ॥
nisicara māri tohi lai jaihahiṁ, tihum̐ pura nāradādi jasu gaihahiṁ.
हैं सुत कपि सब तुम्हहि समाना । जातुधान अति भट बलवाना ॥
haiṁ suta kapi saba tumhahi samānā, jātudhāna ati bhaṭa balavānā.
मोरें हृदय परम संदेहा । सुनि कपि प्रगट कीन्हि निज देहा ॥
moreṁ hṛdaya parama saṁdehā, suni kapi pragaṭa kīnhi nija dehā.
कनक भूधराकार सरीरा । समर भयंकर अतिबल बीरा ॥
kanaka bhūdharākāra sarīrā, samara bhayaṁkara atibala bīrā.
सीता मन भरोस तब भयऊ । पुनि लघु रूप पवनसुत लयऊ ॥
sītā mana bharosa taba bhayaū, puni laghu rūpa pavanasuta layaū.

दोहा-*dohā:*

सुनु माता साखामृग नहिं बल बुद्धि बिसाल ।
sunu mātā sākhāmṛga nahiṁ bala buddhi bisāla,

प्रभु प्रताप तें गरुड़हि खाइ परम लघु ब्याल ॥१६॥
prabhu pratāpa teṁ garuṛahi khāi parama laghu byāla. 16.

चौपाई-caupāī:

मन संतोष सुनत कपि बानी । भगति प्रताप तेज बल सानी ॥
mana saṁtoṣa sunata kapi bānī, bhagati pratāpa teja bala sānī.
आसिष दीन्हि रामप्रिय जाना । होहु तात बल सील निधाना ॥
āsiṣa dīnhi rāmapriya jānā, hohu tāta bala sīla nidhānā.
अजर अमर गुननिधि सुत होहू । करहुँ बहुत रघुनायक छोहू ॥
ajara amara gunanidhi suta hohū, karahuṁ bahuta raghunāyaka chohū.
करहुँ कृपा प्रभु अस सुनि काना । निर्भर प्रेम मगन हनुमाना ॥
karahuṁ kṛpā prabhu asa suni kānā, nirbhara prema magana hanumānā.
बार बार नाएसि पद सीसा । बोला बचन जोरि कर कीसा ॥
bāra bāra nāesi pada sīsā, bolā bacana jori kara kīsā.
अब कृतकृत्य भयउँ मैं माता । आसिष तव अमोघ बिख्याता ॥
aba kṛtakṛtya bhayauṁ maiṁ mātā, āsiṣa tava amogha bikhyātā.
सुनहु मातु मोहि अतिसय भूखा । लागि देखि सुंदर फल रूखा ॥
sunahu mātu mohi atisaya bhūkhā, lāgi dekhi suṁdara phala rūkhā.
सुनु सुत करहिं बिपिन रखवारी । परम सुभट रजनीचर भारी ॥
sunu suta karahiṁ bipina rakhavārī, parama subhaṭa rajanīcara bhārī.
तिन्ह कर भय माता मोहि नाहीं । जौं तुम्ह सुख मानहु मन माहीं ॥
tinha kara bhaya mātā mohi nāhīṁ, jauṁ tumha sukha mānahu mana māhīṁ.

दोहा-dohā:

देखि बुद्धि बल निपुन कपि कहेउ जानकीं जाहु ।
dekhi buddhi bala nipuna kapi kaheu jānakīṁ jāhu,
रघुपति चरन हृदयँ धरि तात मधुर फल खाहु ॥१७॥
raghupati carana hṛdayaṁ dhari tāta madhura phala khāhu. 17.

चौपाई-caupāī:

चलेउ नाइ सिरु पैठेउ बागा । फल खाएसि तरु तोरैं लागा ॥
caleu nāi siru paiṭheu bāgā, phala khāesi taru toraiṁ lāgā.
रहे तहाँ बहु भट रखवारे । कछु मारेसि कछु जाइ पुकारे ॥
rahe tahāṁ bahu bhaṭa rakhavāre, kachu māresi kachu jāi pukāre.
नाथ एक आवा कपि भारी । तेहिं असोक बाटिका उजारी ॥
nātha eka āvā kapi bhārī, tehiṁ asoka bāṭikā ujārī.
खाएसि फल अरु बिटप उपारे । रच्छक मर्दि मर्दि महि डारे ॥
khāesi phala aru biṭapa upāre, racchaka mardi mardi mahi ḍāre.
सुनि रावन पठए भट नाना । तिन्हहि देखि गर्जेउ हनुमाना ॥
suni rāvana paṭhae bhaṭa nānā, tinhahi dekhi garjeu hanumānā.
सब रजनीचर कपि संघारे । गए पुकारत कछु अधमारे ॥
saba rajanīcara kapi saṁghāre, gae pukārata kachu adhamāre.
पुनि पठयउ तेहिं अच्छकुमारा । चला संग लै सुभट अपारा ॥
puni paṭhayau tehiṁ acchakumārā, calā saṁga lai subhaṭa apārā.

दीन दयाल बिरिदु संभारी ।
dīna dayāla biridu saṁbhārī
हरहु नाथ मम संकट भारी ॥
harahu nātha mama saṁkaṭa bhārī

हनूमान अंगद रन गाजे ।
hanūmāna aṁgada rana gāje
हाँक सुनत रजनीचर भाजे ॥
hāṁka sunata rajanīcara bhāje

सकल बिघ्न ब्यापहिं नहिं तेही ।
sakala bighna byāpahiṁ nahiṁ tehī
राम सुकृपाँ बिलोकहिं जेही ॥
rāma sukṛpāṁ bilokahiṁ jehī

दैहिक दैविक भौतिक तापा ।
daihika daivika bhautika tāpā
राम राज नहिं काहुहि ब्यापा ॥
rāma rāja nahiṁ kāhuhi byāpā

प्रबिसि नगर कीजे सब काजा ।
prabisi nagara kīje saba kājā
हृदयँ राखि कोसलपुर राजा ॥
hṛdayaṁ rākhi kosalapura rājā

जब तें रामु ब्याहि घर आए ।
jaba teṁ rāmu byāhi ghara āe
नित नव मंगल मोद बधाए ॥
nita nava maṁgala moda badhāe

जनकसुता जग जननि जानकी ।
janakasutā jaga janani jānakī,
अतिसय प्रिय करुना निधान की ॥
atisaya priya karunā nidhāna kī

आवत देखि बिटप गहि तर्जा । ताहि निपाति महाधुनि गर्जा ॥
āvata dekhi biṭapa gahi tarjā, tāhi nipāti mahādhuni garjā.

दोहा-dohā:

कछु मारेसि कछु मर्देसि कछु मिलएसि धरि धूरि ।
kachu māresi kachu mardesi kachu milaesi dhari dhūri,
कछु पुनि जाइ पुकारे प्रभु मर्कट बल भूरि ॥ १८ ॥
kachu puni jāi pukāre prabhu markaṭa bala bhūri. 18.

चौपाई-caupāī:

सुनि सुत बध लंकेस रिसाना । पठएसि मेघनाद बलवाना ॥
suni suta badha laṁkesa risānā, paṭhaesi meghanāda balavānā.
मारसि जनि सुत बांधेसु ताही । देखिअ कपिहि कहाँ कर आही ॥
mārasi jani suta bāṁdhesu tāhī, dekhia kapihi kahām̐ kara āhī.
चला इंद्रजित अतुलित जोधा । बंधु निधन सुनि उपजा क्रोधा ॥
calā iṁdrajita atulita jodhā, baṁdhu nidhana suni upajā krodhā.
कपि देखा दारुन भट आवा । कटकटाइ गर्जा अरु धावा ॥
kapi dekhā dāruna bhaṭa āvā, kaṭakaṭāi garjā aru dhāvā.
अति बिसाल तरु एक उपारा । बिरथ कीन्ह लंकेस कुमारा ॥
ati bisāla taru eka upārā, biratha kīnha laṁkesa kumārā.
रहे महाभट ताके संगा । गहि गहि कपि मर्दइ निज अंगा ॥
rahe mahābhaṭa tāke saṁgā, gahi gahi kapi mardai nija aṁgā.
तिन्हहि निपाति ताहि सन बाजा । भिरे जुगल मानहुँ गजराजा ॥
tinhahi nipāti tāhi sana bājā, bhire jugala mānahum̐ gajarājā.
मुठिका मारि चढ़ा तरु जाई । ताहि एक छन मुरुछा आई ॥
muṭhikā māri caṛhā taru jāī, tāhi eka chana muruchā āī.
उठि बहोरि कीन्हिसि बहु माया । जीति न जाइ प्रभंजन जाया ॥
uṭhi bahori kīnhisi bahu māyā, jīti na jāi prabhaṁjana jāyā.

दोहा-dohā:

ब्रह्म अस्त्र तेहिं साँधा कपि मन कीन्ह बिचार ।
brahma astra tehiṁ sām̐dhā kapi mana kīnha bicāra,
जौं न ब्रह्मसर मानउँ महिमा मिटइ अपार ॥ १९ ॥
jauṁ na brahmasara mānaum̐ mahimā miṭai apāra. 19.

चौपाई-caupāī:

ब्रह्मबान कपि कहुँ तेहिं मारा । परतिहुँ बार कटकु संघारा ॥
brahmabāna kapi kahum̐ tehiṁ mārā, paratihum̐ bāra kaṭaku saṁghārā.
तेहिं देखा कपि मुरुछित भयऊ । नागपास बाँधेसि लै गयऊ ॥
tehiṁ dekhā kapi muruchita bhayaū, nāgapāsa bām̐dhesi lai gayaū.
जासु नाम जपि सुनहु भवानी । भव बंधन काटहिं नर ग्यानी ॥
jāsu nāma japi sunahu bhavānī, bhava baṁdhana kāṭahiṁ nara gyānī.
तासु दूत कि बंध तरु आवा । प्रभु कारज लगि कपिहिं बँधावा ॥
tāsu dūta ki baṁdha taru āvā, prabhu kāraja lagi kapihiṁ bam̐dhāvā.

सियावर रामचंद्र पद
siyāvara rāmacaṁdra pada
जय शरणं सीताराम
jaya śaraṇaṁ sitārāma

सियावर राम जय जय राम
siyāvara rāma jaya jaya rāma
मेरे प्रभु राम जय जय राम
mere prabhu rāma jaya jaya rāma

मंगल भवन अमंगल हारी ।
maṁgala bhavana amaṁgala hārī
द्रवउ सो दसरथ अजिर बिहारी ॥
dravau so dasaratha ajira bihārī

अजर अमर गुननिधि सुत होहू ।
ajara amara gunanidhi suta hohū
करहुँ बहुत रघुनायक छोहू ॥
karahum̐ bahuta raghunāyaka chohū

राजिवनयन धरें धनु सायक ।
rājivanayana dhareṁ dhanu sāyaka,
भगत बिपति भंजन सुख दायक ॥
bhagata bipati bhaṁjana sukha dāyaka

जौं प्रभु दीनदयालु कहावा ।
jauṁ prabhu dīnadayālu kahāvā
आरति हरन बेद जसु गावा ॥
ārati harana beda jasu gāvā

जपहिं नामु जन आरत भारी ।
japahiṁ nāmu jana ārata bhārī,
मिटहिं कुसंकट होहिं सुखारी ॥
miṭahiṁ kusaṁkaṭa hohiṁ sukhārī

कपि बंधन सुनि निसिचर धाए । कौतुक लागि सभाँ सब आए ॥
kapi baṁdhana suni nisicara dhāe, kautuka lāgi sabhāṁ saba āe.
दसमुख सभा दीखि कपि जाई । कहि न जाइ कछु अति प्रभुताई ॥
dasamukha sabhā dīkhi kapi jāī, kahi na jāi kachu ati prabhutāī.
कर जोरें सुर दिसिप बिनीता । भृकुटि बिलोकत सकल सभीता ॥
kara joreṁ sura disipa binītā, bhṛkuṭi bilokata sakala sabhītā.
देखि प्रताप न कपि मन संका । जिमि अहिगन महुँ गरुड़ असंका ॥
dekhi pratāpa na kapi mana saṁkā, jimi ahigana mahuṁ garuṛa asaṁkā.

दोहा-dohā:

कपिहि बिलोकि दसानन बिहसा कहि दुर्बाद ।
kapihi biloki dasānana bihasā kahi durbāda,
सुत बध सुरति कीन्हि पुनि उपजा हृदयँ बिषाद ॥२०॥
suta badha surati kīnhi puni upajā hṛdayaṁ biṣāda. 20.

चौपाई-caupāī:

कह लंकेस कवन तैं कीसा । केहि कें बल घालेहि बन खीसा ॥
kaha laṁkesa kavana taiṁ kīsā, kehi keṁ bala ghālehi bana khīsā.
की धौं श्रवन सुनेहि नहिं मोही । देखउँ अति असंक सठ तोही ॥
kī dhauṁ śravana sunehi nahiṁ mohī, dekhauṁ ati asaṁka saṭha tohī.
मारे निसिचर केहिं अपराधा । कहु सठ तोहि न प्रान कइ बाधा ॥
māre nisicara kehiṁ aparādhā, kahu saṭha tohi na prāna kai bādhā.
सुनु रावन ब्रह्मांड निकाया । पाइ जासु बल बिरचति माया ॥
sunu rāvana brahmāṁḍa nikāyā, pāi jāsu bala biracati māyā.
जाकें बल बिरंचि हरि ईसा । पालत सृजत हरत दससीसा ॥
jākeṁ bala biraṁci hari īsā, pālata sṛjata harata dasasīsā.
जा बल सीस धरत सहसानन । अंडकोस समेत गिरि कानन ॥
jā bala sīsa dharata sahasānana, aṁḍakosa sameta giri kānana.
धरइ जो बिबिध देह सुरत्राता । तुम्ह ते सठन्ह सिखावनु दाता ॥
dharai jo bibidha deha suratrātā, tumha te saṭhanha sikhāvanu dātā.
हर कोदंड कठिन जेहिं भंजा । तेहि समेत नृप दल मद गंजा ॥
hara kodaṁḍa kaṭhina jehiṁ bhaṁjā, tehi sameta nṛpa dala mada gaṁjā.
खर दूषन त्रिसिरा अरु बाली । बधे सकल अतुलित बलसाली ॥
khara dūṣana trisirā aru bālī, badhe sakala atulita balasālī.

दोहा-dohā:

जाके बल लवलेस तें जितेहु चराचर झारि ।
jāke bala lavalesa teṁ jitehu carācara jhāri,
तासु दूत मैं जा करि हरि आनेहु प्रिय नारि ॥२१॥
tāsu dūta maiṁ jā kari hari ānehu priya nāri. 21.

चौपाई-caupāī:

जानउँ मैं तुम्हारि प्रभुताई । सहसबाहु सन परी लराई ॥
jānauṁ maiṁ tumhāri prabhutāī, sahasabāhu sana parī larāī.

दीन दयाल बिरिदु संभारी ।
dīna dayāla biridu saṁbhārī
हरहु नाथ मम संकट भारी ॥
harahu nātha mama saṁkaṭa bhārī

हनूमान अंगद रन गाजे ।
hanūmāna aṁgada rana gāje
हाँक सुनत रजनीचर भाजे ॥
hāṁka sunata rajanīcara bhāje

सकल बिघ्न ब्यापहिं नहिं तेही ।
sakala bighna byāpahiṁ nahiṁ tehī
राम सुकृपाँ बिलोकहिं जेही ॥
rāma sukṛpāṁ bilokahiṁ jehī

दैहिक दैविक भौतिक तापा ।
daihika daivika bhautika tāpā
राम राज नहिं काहुहि ब्यापा ॥
rāma rāja nahiṁ kāhuhi byāpā

प्रबिसि नगर कीजे सब काजा ।
prabisi nagara kīje saba kājā
हृदयँ राखि कोसलपुर राजा ॥
hṛdayaṁ rākhi kosalapura rājā

जब तें रामु ब्याहि घर आए ।
jaba teṁ rāmu byāhi ghara āe
नित नव मंगल मोद बधाए ॥
nita nava maṁgala moda badhāe

जनकसुता जग जननि जानकी ।
janakasutā jaga janani jānakī,
अतिसय प्रिय करुना निधान की ॥
atisaya priya karunā nidhāna kī

सियावर रामचंद्र पद
siyāvara rāmacaṁdra pada
जय शरणं सीताराम
jaya śaraṇaṁ sitārāma

सियावर राम जय जय राम
siyāvara rāma jaya jaya rāma
मेरे प्रभु राम जय जय राम
mere prabhu rāma jaya jaya rāma

मंगल भवन अमंगल हारी ।
maṁgala bhavana amaṁgala hārī
द्रवउ सो दसरथ अजिर बिहारी ॥
dravau so dasaratha ajira bihārī

अजर अमर गुननिधि सुत होहू ।
ajara amara gunanidhi suta hohū
करहुँ बहुत रघुनायक छोहू ॥
karahum̐ bahuta raghunāyaka chohū

राजिवनयन धरें धनु सायक ।
rājivanayana dhareṁ dhanu sāyaka,
भगत बिपति भंजन सुख दायक ॥
bhagata bipati bhaṁjana sukha dāyaka

जौं प्रभु दीनदयालु कहावा ।
jauṁ prabhu dīnadayālu kahāvā
आरति हरन बेद जसु गावा ॥
ārati harana beda jasu gāvā

जपहिं नामु जन आरत भारी ।
japahiṁ nāmu jana ārata bhārī,
मिटहिं कुसंकट होहिं सुखारी ॥
miṭahiṁ kusaṁkaṭa hohiṁ sukhārī

समर बालि सन करि जसु पावा । सुनि कपि बचन बिहसि बिहरावा ॥
samara bāli sana kari jasu pāvā, suni kapi bacana bihasi biharāvā.
खायउँ फल प्रभु लागी भूँखा । कपि सुभाव तें तोरेउँ रूखा ॥
khāyaum̐ phala prabhu lāgī bhūm̐khā, kapi subhāva teṁ toreum̐ rūkhā.
सब कें देह परम प्रिय स्वामी । मारहिं मोहि कुमारग गामी ॥
saba keṁ deha parama priya svāmī, mārahiṁ mohi kumāraga gāmī.
जिन्ह मोहि मारा ते मैं मारे । तेहि पर बाँधेउँ तनयँ तुम्हारे ॥
jinha mohi mārā te maiṁ māre, tehi para bām̐dhem̐ tanayam̐ tumhāre.
मोहि न कछु बाँधे कइ लाजा । कीन्ह चहउँ निज प्रभु कर काजा ॥
mohi na kachu bām̐dhe kai lājā, kīnha cahaum̐ nija prabhu kara kājā.
बिनती करउँ जोरि कर रावन । सुनहु मान तजि मोर सिखावन ॥
binatī karaum̐ jori kara rāvana, sunahu māna taji mora sikhāvana.
देखहु तुम्ह निज कुलहि बिचारी । भ्रम तजि भजहु भगत भय हारी ॥
dekhahu tumha nija kulahi bicārī, bhrama taji bhajahu bhagata bhaya hārī.
जाकें डर अति काल डेराई । जो सुर असुर चराचर खाई ॥
jākeṁ ḍara ati kāla ḍerāī, jo sura asura carācara khāī.
तासों बयरु कबहुँ नहिं कीजै । मोरे कहें जानकी दीजै ॥
tāsoṁ bayaru kabahum̐ nahiṁ kījai, more kaheṁ jānakī dījai.

दोहा-dohā:

प्रनतपाल रघुनायक करुना सिंधु खरारि ।
pranatapāla raghunāyaka karunā siṁdhu kharāri,
गएँ सरन प्रभु राखिहैं तव अपराध बिसारि ॥२२॥
gaem̐ sarana prabhu rākhihaiṁ tava aparādha bisāri. 22.

चौपाई-caupāī:

राम चरन पंकज उर धरहू । लंका अचल राजु तुम्ह करहू ॥
rāma carana paṁkaja ura dharahū, laṁkā acala rāju tumha karahū.
रिषि पुलस्ति जसु बिमल मंयका । तेहि ससि महुँ जनि होहु कलंका ॥
riṣi pulasti jasu bimala maṁyakā, tehi sasi mahum̐ jani hohu kalaṁkā.
राम नाम बिनु गिरा न सोहा । देखु बिचारि त्यागि मद मोहा ॥
rāma nāma binu girā na sohā, dekhu bicāri tyāgi mada mohā.
बसन हीन नहिं सोह सुरारी । सब भूषन भूषित बर नारी ॥
basana hīna nahiṁ soha surārī, saba bhūṣana bhūṣita bara nārī.
राम बिमुख संपति प्रभुताई । जाइ रही पाई बिनु पाई ॥
rāma bimukha saṁpati prabhutāī, jāi rahī pāī binu pāī.
सजल मूल जिन्ह सरितन्ह नाहीं । बरषि गए पुनि तबहिं सुखाहीं ॥
sajala mūla jinha saritanha nāhīṁ, barasi gae puni tabahiṁ sukhāhīṁ.
सुनु दसकंठ कहउँ पन रोपी । बिमुख राम त्राता नहिं कोपी ॥
sunu dasakaṁṭha kahaum̐ pana ropī, bimukha rāma trātā nahiṁ kopī.
संकर सहस बिष्नु अज तोही । सकहिं न राखि राम कर द्रोही ॥
saṁkara sahasa bisnu aja tohī, sakahiṁ na rākhi rāma kara drohī.

दोहा-dohā:

मोहमूल बहु सूल प्रद त्यागहु तम अभिमान ।
mohamūla bahu sūla prada tyāgahu tama abhimāna,
भजहु राम रघुनायक कृपा सिंधु भगवान ॥ २३ ॥
bhajahu rāma raghunāyaka kṛpā siṁdhu bhagavāna. 23.

चौपाई-caupāī:

जदपि कही कपि अति हित बानी । भगति बिबेक बिरति नय सानी ॥
jadapi kahī kapi ati hita bānī, bhagati bibeka birati naya sānī.
बोला बिहसि महा अभिमानी । मिला हमहि कपि गुर बड़ ग्यानी ॥
bolā bihasi mahā abhimānī, milā hamahi kapi gura baṛa gyānī.
मृत्यु निकट आई खल तोही । लागेसि अधम सिखावन मोही ॥
mṛtyu nikaṭa āī khala tohī, lāgesi adhama sikhāvana mohī.
उलटा होइहि कह हनुमाना । मतिभ्रम तोर प्रगट मैं जाना ॥
ulaṭā hoihi kaha hanumānā, matibhrama tora pragaṭa maiṁ jānā.
सुनि कपि बचन बहुत खिसिआना । बेगि न हरहु मूढ़ कर प्राना ॥
suni kapi bacana bahuta khisiānā, begi na harahu mūṛha kara prānā.
सुनत निसाचर मारन धाए । सचिवन्ह सहित बिभीषनु आए ॥
sunata nisācara mārana dhāe, sacivanha sahita bibhīṣanu āe.
नाइ सीस करि बिनय बहूता । नीति बिरोध न मारिअ दूता ॥
nāi sīsa kari binaya bahūtā, nīti birodha na māria dūtā.
आन दंड कछु करिअ गोसाँई । सबहीं कहा मंत्र भल भाई ॥
āna daṁḍa kachu karia gosām̐ī, sabahīṁ kahā maṁtra bhala bhāī.
सुनत बिहसि बोला दसकंधर । अंग भंग करि पठइअ बंदर ॥
sunata bihasi bolā dasakaṁdhara, aṁga bhaṁga kari paṭhaia baṁdara.

दोहा-dohā:

कपि कें ममता पूँछ पर सबहि कहउँ समुझाइ ।
kapi keṁ mamatā pūm̐cha para sabahi kahaum̐ samujhāi,
तेल बोरि पट बाँधि पुनि पावक देहु लगाइ ॥ २४ ॥
tela bori paṭa bām̐dhi puni pāvaka dehu lagāi. 24.

चौपाई-caupāī:

पूँछहीन बानर तहँ जाइहि । तब सठ निज नाथहि लइ आइहि ॥
pūm̐chahīna bānara taham̐ jāihi, taba saṭha nija nāthahi lai āihi.
जिन्ह कै कीन्हिसि बहुत बड़ाई । देखउँ मैं तिन्ह कै प्रभुताई ॥
jinha kai kīnhisi bahuta baṛāī, dekhaum̐ maiṁ tinha kai prabhutāī.
बचन सुनत कपि मन मुसुकाना । भइ सहाय सारद मैं जाना ॥
bacana sunata kapi mana musukānā, bhai sahāya sārada maiṁ jānā.
जातुधान सुनि रावन बचना । लागे रचैं मूढ़ सोइ रचना ॥
jātudhāna suni rāvana bacanā, lāge racaiṁ mūṛha soi racanā.
रहा न नगर बसन घृत तेला । बाढ़ी पूँछ कीन्ह कपि खेला ॥
rahā na nagara basana ghṛta telā, bāṛhī pūm̐cha kīnha kapi khelā.
कौतुक कहँ आए पुरबासी । मारहिं चरन करहिं बहु हाँसी ॥
kautuka kaham̐ āe purabāsī, mārahiṁ carana karahiṁ bahu hām̐sī.

दीन दयाल बिरिदु संभारी ।
dīna dayāla biridu saṁbhārī
हरहु नाथ मम संकट भारी ॥
harahu nātha mama saṁkaṭa bhārī

हनूमान अंगद रन गाजे ।
hanūmāna aṁgada rana gāje
हाँक सुनत रजनीचर भाजे ॥
hām̐ka sunata rajanīcara bhāje

सकल बिघ्न ब्यापहिं नहिं तेही ।
sakala bighna byāpahiṁ nahiṁ tehī
राम सुकृपाँ बिलोकहिं जेही ॥
rāma sukṛpām̐ bilokahiṁ jehī

दैहिक दैविक भौतिक तापा ।
daihika daivika bhautika tāpā
राम राज नहिं काहुहि ब्यापा ॥
rāma rāja nahiṁ kāhuhi byāpā

प्रबिसि नगर कीजे सब काजा ।
prabisi nagara kīje saba kājā
हृदयँ राखि कोसलपुर राजा ॥
hṛdayaṁ rākhi kosalapura rājā

जब तें रामु ब्याहि घर आए ।
jaba teṁ rāmu byāhi ghara āe
नित नव मंगल मोद बधाए ॥
nita nava maṁgala moda badhāe

जनकसुता जग जननि जानकी ।
janakasutā jaga janani jānakī,
अतिसय प्रिय करुना निधान की ॥
atisaya priya karunā nidhāna kī

बाजहिं ढोल देहिं सब तारी । नगर फेरि पुनि पूँछ प्रजारी ॥
bājahiṁ ḍhola dehiṁ saba tārī, nagara pheri puni pūm̐cha prajārī.

सियावर रामचंद्र पद
siyāvara rāmacaṁdra pada
जय शरणं सीताराम
jaya śaraṇaṁ sitārāma

पावक जरत देखि हनुमंता । भयउ परम लघुरुप तुरंता ॥
pāvaka jarata dekhi hanumaṁtā, bhayau parama laghurupa turaṁtā.
निबुकि चढ़ेउ कपि कनक अटारीं । भईं सभीत निसाचर नारीं ॥
nibuki caṛheu kapi kanaka aṭārīṁ, bhaīṁ sabhīta nisācara nārīṁ.

दोहा-dohā:

सियावर राम जय जय राम
siyāvara rāma jaya jaya rāma
मेरे प्रभु राम जय जय राम
mere prabhu rāma jaya jaya rāma

हरि प्रेरित तेहि अवसर चले मरुत उनचास ।
hari prerita tehi avasara cale maruta unacāsa,
अट्टहास करि गर्जा कपि बढ़ि लाग अकास ॥ २५ ॥
aṭṭahāsa kari garjā kapi baṛhi lāga akāsa. 25.

चौपाई-caupāī:

देह बिसाल परम हरुआई । मंदिर तें मंदिर चढ़ धाई ॥
deha bisāla parama haruāī, maṁdira teṁ maṁdira caṛha dhāī.

मंगल भवन अमंगल हारी ।
maṁgala bhavana amaṁgala hārī
द्रवउ सो दसरथ अजिर बिहारी ॥
dravau so dasaratha ajira bihārī

जरइ नगर भा लोग बिहाला । झपट लपट बहु कोटि कराला ॥
jarai nagara bhā loga bihālā, jhapaṭa lapaṭa bahu koṭi karālā.
तात मातु हा सुनिअ पुकारा । एहिं अवसर को हमहि उबारा ॥
tāta mātu hā sunia pukārā, ehiṁ avasara ko hamahi ubārā.
हम जो कहा यह कपि नहिं होई । बानर रूप धरें सुर कोई ॥
hama jo kahā yaha kapi nahiṁ hoī, bānara rūpa dhareṁ sura koī.

अजर अमर गुननिधि सुत होहू ।
ajara amara gunanidhi suta hohū
करहुँ बहुत रघुनायक छोहू ॥
karahum̐ bahuta raghunāyaka chohū

साधु अवग्या कर फलु ऐसा । जरइ नगर अनाथ कर जैसा ॥
sādhu avagyā kara phalu aisā, jarai nagara anātha kara jaisā.
जारा नगरु निमिष एक माहीं । एक बिभीषन कर गृह नाहीं ॥
jārā nagaru nimiṣa eka māhīṁ, eka bibhīṣana kara gṛha nāhīṁ.
ता कर दूत अनल जेहिं सिरिजा । जरा न सो तेहि कारन गिरिजा ॥
tā kara dūta anala jehiṁ sirijā, jarā na so tehi kārana girijā.

राजिवनयन धरें धनु सायक ।
rājivanayana dhareṁ dhanu sāyaka,
भगत बिपति भंजन सुख दायक ॥
bhagata bipati bhaṁjana sukha dāyaka

उलटि पलटि लंका सब जारी । कूदि परा पुनि सिंधु मझारी ॥
ulaṭi palaṭi laṁkā saba jārī, kūdi parā puni siṁdhu majhārī.

दोहा-dohā:

पूँछ बुझाइ खोइ श्रम धरि लघु रूप बहोरि ।
pūm̐cha bujhāi khoi śrama dhari laghu rūpa bahori,
जनकसुता कें आगें ठाढ़ भयउ कर जोरि ॥ २६ ॥
janakasutā keṁ āgeṁ ṭhāṛha bhayau kara jori. 26.

जौं प्रभु दीनदयालु कहावा ।
jauṁ prabhu dīnadayālu kahāvā
आरति हरन बेद जसु गावा ॥
ārati harana beda jasu gāvā

चौपाई-caupāī:

मातु मोहि दीजे कछु चीन्हा । जैसें रघुनायक मोहि दीन्हा ॥
mātu mohi dīje kachu cīnhā, jaiseṁ raghunāyaka mohi dīnhā.
चूड़ामनि उतारि तब दयऊ । हरष समेत पवनसुत लयऊ ॥
cūṛāmani utāri taba dayaū, haraṣa sameta pavanasuta layaū.

जपहिं नामु जन आरत भारी ।
japahiṁ nāmu jana ārata bhārī,
मिटहिं कुसंकट होहिं सुखारी ॥
miṭahiṁ kusaṁkaṭa hohiṁ sukhārī

कहेहु तात अस मोर प्रनामा । सब प्रकार प्रभु पूरनकामा ॥
kahehu tāta asa mora pranāmā, saba prakāra prabhu pūranakāmā.
दीन दयाल बिरिदु संभारी । हरहु नाथ मम संकट भारी ॥
dīna dayāla biridu saṁbhārī, harahu nātha mama saṁkaṭa bhārī.

तात सक्रसुत कथा सुनाएहु । बान प्रताप प्रभुहि समुझाएहु ॥
tāta sakrasuta kathā sunāehu, bāna pratāpa prabhuhi samujhāehu.
मास दिवस महुँ नाथु न आवा । तौ पुनि मोहि जिअत नहिं पावा ॥
māsa divasa mahum̐ nāthu na āvā, tau puni mohi jiata nahiṁ pāvā.
कहु कपि केहि बिधि राखौं प्राना । तुम्हहू तात कहत अब जाना ॥
kahu kapi kehi bidhi rākhauṁ prānā, tumhahū tāta kahata aba jānā.
तोहि देखि सीतलि भइ छाती । पुनि मो कहुँ सोइ दिनु सो राती ॥
tohi dekhi sītali bhai chātī, puni mo kahum̐ soi dinu so rātī.

दोहा-dohā:

जनकसुतहि समुझाइ करि बहु बिधि धीरजु दीन्ह ।
janakasutahi samujhāi kari bahu bidhi dhīraju dīnha,
चरन कमल सिरु नाइ कपि गवनु राम पहिं कीन्ह ॥२७॥
carana kamala siru nāi kapi gavanu rāma pahiṁ kīnha. 27.

चौपाई-caupāī:

चलत महाधुनि गर्जेसि भारी । गर्भ स्रवहिं सुनि निसिचर नारी ॥
calata mahādhuni garjesi bhārī, garbha sravahiṁ suni nisicara nārī.
नाघि सिंधु एहि पारहि आवा । सबद किलिकिला कपिन्ह सुनावा ॥
nāghi siṁdhu ehi pārahi āvā, sabada kilikilā kapinha sunāvā.
हरषे सब बिलोकि हनुमाना । नूतन जन्म कपिन्ह तब जाना ॥
harașe saba biloki hanumānā, nūtana janma kapinha taba jānā.
मुख प्रसन्न तन तेज बिराजा । कीन्हेसि रामचन्द्र कर काजा ॥
mukha prasanna tana teja birājā, kīnhesi rāmacandra kara kājā.
मिले सकल अति भए सुखारी । तलफत मीन पाव जिमि बारी ॥
mile sakala ati bhae sukhārī, talaphata mīna pāva jimi bārī.
चले हरषि रघुनायक पासा । पूँछत कहत नवल इतिहासा ॥
cale harași raghunāyaka pāsā, pūm̐chata kahata navala itihāsā.
तब मधुबन भीतर सब आए । अंगद संमत मधु फल खाए ॥
taba madhubana bhītara saba āe, aṁgada saṁmata madhu phala khāe.
रखवारे जब बरजन लागे । मुष्टि प्रहार हनत सब भागे ॥
rakhavāre jaba barajana lāge, mușți prahāra hanata saba bhāge.

दोहा-dohā:

जाइ पुकारे ते सब बन उजार जुबराज ।
jāi pukāre te saba bana ujāra jubarāja,
सुनि सुग्रीव हरष कपि करि आए प्रभु काज ॥२८॥
suni sugrīva harașa kapi kari āe prabhu kāja. 28.

चौपाई-caupāī:

जौं न होति सीता सुधि पाई । मधुबन के फल सकहिं कि खाई ॥
jauṁ na hoti sītā sudhi pāī, madhubana ke phala sakahiṁ ki khāī.
एहि बिधि मन बिचार कर राजा । आइ गए कपि सहित समाजा ॥
ehi bidhi mana bicāra kara rājā, āi gae kapi sahita samājā.
आइ सबन्हि नावा पद सीसा । मिलेउ सबन्हि अति प्रेम कपीसा ॥
āi sabanhi nāvā pada sīsā, mileu sabanhi ati prema kapīsā.

दीन दयाल बिरिदु संभारी ।
dīna dayāla biridu saṁbhārī
हरहु नाथ मम संकट भारी ॥
harahu nātha mama saṁkața bhārī

हनूमान अंगद रन गाजे ।
hanūmāna aṁgada rana gāje
हाँक सुनत रजनीचर भाजे ॥
hām̐ka sunata rajanīcara bhāje

सकल बिघ्न ब्यापहिं नहिं तेही ।
sakala bighna byāpahiṁ nahiṁ tehī
राम सुकृपाँ बिलोकहिं जेही ॥
rāma sukṛpām̐ bilokahiṁ jehī

दैहिक दैविक भौतिक तापा ।
daihika daivika bhautika tāpā
राम राज नहिं काहुहि ब्यापा ॥
rāma rāja nahiṁ kāhuhi byāpā

प्रबिसि नगर कीजे सब काजा ।
prabisi nagara kīje saba kājā
हृदयँ राखि कोसलपुर राजा ॥
hṛdayam̐ rākhi kosalapura rājā

जब तें रामु ब्याहि घर आए ।
jaba teṁ rāmu byāhi ghara āe
नित नव मंगल मोद बधाए ॥
nita nava maṁgala moda badhāe

जनकसुता जग जननि जानकी ।
janakasutā jaga janani jānakī,
अतिसय प्रिय करुना निधान की ॥
atisaya priya karunā nidhāna kī

सियावर रामचंद्र पद
siyāvara rāmacaṁdra pada
जय शरणं सीताराम
jaya śaraṇaṁ sitārāma

सियावर राम जय जय राम
siyāvara rāma jaya jaya rāma
मेरे प्रभु राम जय जय राम
mere prabhu rāma jaya jaya rāma

मंगल भवन अमंगल हारी ।
maṁgala bhavana amaṁgala hārī
द्रवउ सो दसरथ अजिर बिहारी ॥
dravau so dasaratha ajira bihārī

अजर अमर गुननिधि सुत होहू ।
ajara amara gunanidhi suta hohū
करहुँ बहुत रघुनायक छोहू ॥
karahuṁ bahuta raghunāyaka chohū

राजिवनयन धरें धनु सायक ।
rājivanayana dhareṁ dhanu sāyaka,
भगत बिपति भंजन सुख दायक ॥
bhagata bipati bhaṁjana sukha dāyaka

जौं प्रभु दीनदयालु कहावा ।
jauṁ prabhu dīnadayālu kahāvā
आरति हरन बेद जसु गावा ॥
ārati harana beda jasu gāvā

जपहिं नामु जन आरत भारी ।
japahiṁ nāmu jana ārata bhārī,
मिटहिं कुसंकट होहिं सुखारी ॥
miṭahiṁ kusaṁkaṭa hohiṁ sukhārī

पूँछी कुसल कुसल पद देखी । राम कृपाँ भा काजु बिसेषी ॥
pūm̐chī kusala kusala pada dekhī, rāma kṛpām̐ bhā kāju biseṣī.
नाथ काजु कीन्हेउ हनुमाना । राखे सकल कपिन्ह के प्राना ॥
nātha kāju kīnheu hanumānā, rākhe sakala kapinha ke prānā.
सुनि सुग्रीव बहुरि तेहि मिलेऊ । कपिन्ह सहित रघुपति पहिं चलेऊ ॥
suni sugrīva bahuri tehi mileū, kapinha sahita raghupati pahiṁ caleū.
राम कपिन्ह जब आवत देखा । किएँ काजु मन हरष बिसेषा ॥
rāma kapinha jaba āvata dekhā, kiem̐ kāju mana haraṣa biseṣā.
फटिक सिला बैठे द्वौ भाई । परे सकल कपि चरनन्हि जाई ॥
phaṭika silā baiṭhe dvau bhāī, pare sakala kapi carananhi jāī.

दोहा-dohā:

प्रीति सहित सब भेटे रघुपति करुना पुंज ।
prīti sahita saba bheṭe raghupati karunā puṁja,
पूँछी कुसल नाथ अब कुसल देखि पद कंज ॥ २९ ॥
pūm̐chī kusala nātha aba kusala dekhi pada kaṁja. 29.

चौपाई-caupāī:

जामवंत कह सुनु रघुराया । जा पर नाथ करहु तुम्ह दाया ॥
jāmavaṁta kaha sunu raghurāyā, jā para nātha karahu tumha dāyā.
ताहि सदा सुभ कुसल निरंतर । सुर नर मुनि प्रसन्न ता ऊपर ॥
tāhi sadā subha kusala niraṁtara, sura nara muni prasanna tā ūpara.
सोइ बिजई बिनई गुन सागर । तासु सुजसु त्रैलोक उजागर ॥
soi bijaī binaī guna sāgara, tāsu sujasu trailoka ujāgara.
प्रभु कीं कृपा भयउ सबु काजू । जन्म हमार सुफल भा आजू ॥
prabhu kīṁ kṛpā bhayau sabu kājū, janma hamāra suphala bhā ājū.
नाथ पवनसुत कीन्हि जो करनी । सहसहुँ मुख न जाइ सो बरनी ॥
nātha pavanasuta kīnhi jo karanī, sahasahum̐ mukha na jāi so baranī.
पवनतनय के चरित सुहाए । जामवंत रघुपतिहि सुनाए ॥
pavanatanaya ke carita suhāe, jāmavaṁta raghupatihi sunāe.
सुनत कृपानिधि मन अति भाए । पुनि हनुमान हरषि हियँ लाए ॥
sunata kṛpānidhi mana ati bhāe, puni hanumāna haraṣi hiyam̐ lāe.
कहहु तात केहि भाँति जानकी । रहति करति रच्छा स्वप्रान की ॥
kahahu tāta kehi bhām̐ti jānakī, rahati karati racchā svaprāna kī.

दोहा-dohā:

नाम पाहरु दिवस निसि ध्यान तुम्हार कपाट ।
nāma pāharu divasa nisi dhyāna tumhāra kapāṭa,
लोचन निज पद जंत्रित जाहिं प्रान केहिं बाट ॥ ३० ॥
locana nija pada jaṁtrita jāhiṁ prāna kehiṁ bāṭa. 30.

चौपाई-caupāī:

चलत मोहि चूडामनि दीन्ही । रघुपति हृदयँ लाइ सोइ लीन्ही ॥
calata mohi cūrāmani dīnhī, raghupati hṛdayam̐ lāi soi līnhī.
नाथ जुगल लोचन भरि बारी । बचन कहे कछु जनककुमारी ॥
nātha jugala locana bhari bārī, bacana kahe kachu janakakumārī.

अनुज समेत गहेहु प्रभु चरना । दीन बंधु प्रनतारति हरना ॥
anuja sameta gahehu prabhu caranā, dīna baṁdhu pranatārati haranā.
मन क्रम बचन चरन अनुरागी । केहिं अपराध नाथ हौं त्यागी ॥
mana krama bacana carana anurāgī, kehiṁ aparādha nātha hauṁ tyāgī.
अवगुन एक मोर मैं माना । बिछुरत प्रान न कीन्ह पयाना ॥
avaguna eka mora maiṁ mānā, bichurata prāna na kīnha payānā.
नाथ सो नयनन्हि को अपराधा । निसरत प्रान करहिं हठि बाधा ॥
nātha so nayananhi ko aparādhā, nisarata prāna karahiṁ haṭhi bādhā.
बिरह अगिनि तनु तूल समीरा । स्वास जरइ छन माहिं सरीरा ॥
biraha agini tanu tūla samīrā, svāsa jarai chana māhiṁ sarīrā.
नयन स्रवहिं जलु निज हित लागी । जरैं न पाव देह बिरहागी ॥
nayana sravahiṁ jalu nija hita lāgī, jaraiṁ na pāva deha birahāgī.
सीता कै अति बिपति बिसाला । बिनहिं कहें भलि दीनदयाला ॥
sītā kai ati bipati bisālā, binahiṁ kaheṁ bhali dīnadayālā.

दोहा-*dohā:*

निमिष निमिष करुनानिधि जाहिं कलप सम बीति ।
nimiṣa nimiṣa karunānidhi jāhiṁ kalapa sama bīti,
बेगि चलिय प्रभु आनिअ भुज बल खल दल जीति ॥ ३१ ॥
begi caliya prabhu ānia bhuja bala khala dala jīti. 31.

चौपाई-*caupāī:*

सुनि सीता दुख प्रभु सुख अयना । भरि आए जल राजिव नयना ॥
suni sītā dukha prabhu sukha ayanā, bhari āe jala rājiva nayanā.
बचन कायँ मन मम गति जाही । सपनेहुँ बूझिअ बिपति कि ताही ॥
bacana kāyaṁ mana mama gati jāhī, sapanehuṁ būjhia bipati ki tāhī.
कह हनुमंत बिपति प्रभु सोई । जब तव सुमिरन भजन न होई ॥
kaha hanumaṁta bipati prabhu soī, jaba tava sumirana bhajana na hoī.
केतिक बात प्रभु जातुधान की । रिपुहि जीति आनिबी जानकी ॥
ketika bāta prabhu jātudhāna kī, ripuhi jīti ānibī jānakī.
सुनु कपि तोहि समान उपकारी । नहिं कोउ सुर नर मुनि तनुधारी ॥
sunu kapi tohi samāna upakārī, nahiṁ kou sura nara muni tanudhārī.
प्रति उपकार करौं का तोरा । सनमुख होइ न सकत मन मोरा ॥
prati upakāra karauṁ kā torā, sanamukha hoi na sakata mana morā.
सुनु सुत तोहि उरिन मैं नाहीं । देखेउँ करि बिचार मन माहीं ॥
sunu suta tohi urina maiṁ nāhīṁ, dekheuṁ kari bicāra mana māhīṁ.
पुनि पुनि कपिहि चितव सुरत्राता । लोचन नीर पुलक अति गाता ॥
puni puni kapihi citava suratrātā, locana nīra pulaka ati gātā.

दोहा-*dohā:*

सुनि प्रभु बचन बिलोकि मुख गात हरषि हनुमंत ।
suni prabhu bacana biloki mukha gāta haraṣi hanumaṁta,
चरन परेउ प्रेमाकुल त्राहि त्राहि भगवंत ॥ ३२ ॥
carana pareu premākula trāhi trāhi bhagavaṁta. 32.

दीन दयाल बिरिदु संभारी ।
dīna dayāla biridu saṁbhārī
हरहु नाथ मम संकट भारी ॥
harahu nātha mama saṁkaṭa bhārī

हनूमान अंगद रन गाजे ।
hanūmāna aṁgada rana gāje
हाँक सुनत रजनीचर भाजे ॥
hāṁka sunata rajanīcara bhāje

सकल बिघ्न ब्यापहिं नहिं तेही ।
sakala bighna byāpahiṁ nahiṁ tehī
राम सुकृपाँ बिलोकहिं जेही ॥
rāma sukṛpāṁ bilokahiṁ jehī

दैहिक दैविक भौतिक तापा ।
daihika daivika bhautika tāpā
राम राज नहिं काहुहि ब्यापा ॥
rāma rāja nahiṁ kāhuhi byāpā

प्रबिसि नगर कीजे सब काजा ।
prabisi nagara kīje saba kājā
हृदयँ राखि कोसलपुर राजा ॥
hṛdayaṁ rākhi kosalapura rājā

जब तें रामु ब्याहि घर आए ।
jaba teṁ rāmu byāhi ghara āe
नित नव मंगल मोद बधाए ॥
nita nava maṁgala moda badhāe

जनकसुता जग जननि जानकी ।
janakasutā jaga janani jānakī,
अतिसय प्रिय करुना निधान की ॥
atisaya priya karunā nidhāna kī

चौपाई-caupāī:

बार बार प्रभु चहइ उठावा । प्रेम मगन तेहि उठब न भावा ॥
bāra bāra prabhu cahai uṭhāvā, prema magana tehi uṭhaba na bhāvā.

प्रभु कर पंकज कपि कें सीसा । सुमिरि सो दसा मगन गौरीसा ॥
prabhu kara paṁkaja kapi keṁ sīsā, sumiri so dasā magana gaurīsā.

सावधान मन करि पुनि संकर । लागे कहन कथा अति सुंदर ॥
sāvadhāna mana kari puni saṁkara, lāge kahana kathā ati suṁdara.

कपि उठाइ प्रभु हृदयँ लगावा । कर गहि परम निकट बैठावा ॥
kapi uṭhāi prabhu hṛdayam̐ lagāvā, kara gahi parama nikaṭa baiṭhāvā.

कहु कपि रावन पालित लंका । केहि बिधि दहेउ दुर्ग अति बंका ॥
kahu kapi rāvana pālita laṁkā, kehi bidhi daheu durga ati baṁkā.

प्रभु प्रसन्न जाना हनुमाना । बोला बचन बिगत अभिमाना ॥
prabhu prasanna jānā hanumānā, bolā bacana bigata abhimānā.

साखामृग कै बड़ि मनुसाई । साखा तें साखा पर जाई ॥
sākhāmṛga kai baṛi manusāī, sākhā teṁ sākhā para jāī.

नाघि सिंधु हाटकपुर जारा । निसिचर गन बधि बिपिन उजारा ॥
nāghi siṁdhu hāṭakapura jārā, nisicara gana badhi bipina ujārā.

सो सब तव प्रताप रघुराई । नाथ न कछू मोरि प्रभुताई ॥
so saba tava pratāpa raghurāī, nātha na kachū mori prabhutāī.

दोहा-dohā:

ता कहुँ प्रभु कछु अगम नहिं जा पर तुम्ह अनुकूल ।
tā kahum̐ prabhu kachu agama nahiṁ jā para tumha anukūla,
तव प्रभावँ बड़वानलहि जारि सकइ खलु तूल ॥ ३३ ॥
tava prabhāvam̐ baṛavānalahi jāri sakai khalu tūla. 33.

चौपाई-caupāī:

नाथ भगति अति सुखदायनी । देहु कृपा करि अनपायनी ॥
nātha bhagati ati sukhadāyanī, dehu kṛpā kari anapāyanī.

सुनि प्रभु परम सरल कपि बानी । एवमस्तु तब कहेउ भवानी ॥
suni prabhu parama sarala kapi bānī, evamastu taba kaheu bhavānī.

उमा राम सुभाउ जेहिं जाना । ताहि भजनु तजि भाव न आना ॥
umā rāma subhāu jehiṁ jānā, tāhi bhajanu taji bhāva na ānā.

यह संबाद जासु उर आवा । रघुपति चरन भगति सोइ पावा ॥
yaha saṁbāda jāsu ura āvā, raghupati carana bhagati soi pāvā.

सुनि प्रभु बचन कहहिं कपिबृंदा । जय जय जय कृपाल सुखकंदा ॥
suni prabhu bacana kahahiṁ kapibṛṁdā, jaya jaya jaya kṛpāla sukhakaṁdā.

तब रघुपति कपिपतिहि बोलावा । कहा चलैं कर करहु बनावा ॥
taba raghupati kapipatihi bolāvā, kahā calaiṁ kara karahu banāvā.

अब बिलंबु केहि कारन कीजे । तुरत कपिन्ह कहुँ आयसु दीजे ॥
aba bilaṁbu kehi kārana kīje, turata kapinha kahum̐ āyasu dīje.

कौतुक देखि सुमन बहु बरषी । नभ तें भवन चले सुर हरषी ॥
kautuka dekhi sumana bahu barasī, nabha teṁ bhavana cale sura harasī.

सियावर रामचंद्र पद
siyāvara rāmacaṁdra pada
जय शरणं सीताराम
jaya śaraṇaṁ sitārāma

सियावर राम जय जय राम
siyāvara rāma jaya jaya rāma
मेरे प्रभु राम जय जय राम
mere prabhu rāma jaya jaya rāma

मंगल भवन अमंगल हारी ।
maṁgala bhavana amaṁgala hārī
द्रवउ सो दसरथ अजिर बिहारी ॥
dravau so dasaratha ajira bihārī

अजर अमर गुननिधि सुत होहू ।
ajara amara guṇanidhi suta hohū
करहुँ बहुत रघुनायक छोहू ॥
karahum̐ bahuta raghunāyaka chohū

राजिवनयन धरें धनु सायक ।
rājivanayana dhareṁ dhanu sāyaka,
भगत बिपति भंजन सुख दायक ॥
bhagata bipati bhaṁjana sukha dāyaka

जौं प्रभु दीनदयालु कहावा ।
jauṁ prabhu dīnadayālu kahāvā
आरति हरन बेद जसु गावा ॥
ārati harana beda jasu gāvā

जपहिं नामु जन आरत भारी ।
japahiṁ nāmu jana ārata bhārī,
मिटहिं कुसंकट होहिं सुखारी ॥
miṭahiṁ kusaṁkaṭa hohiṁ sukhārī

दोहा-dohā:

कपिपति बेगि बोलाए आए जूथप जूथ ।
kapipati begi bolāe āe jūthapa jūtha,
नाना बरन अतुल बल बानर भालु बरूथ ॥ ३४ ॥
nānā barana atula bala bānara bhālu barūtha. 34.

चौपाई-caupāī:

प्रभु पद पंकज नावहिं सीसा । गर्जहिं भालु महाबल कीसा ॥
prabhu pada paṁkaja nāvahiṁ sīsā, garjahiṁ bhālu mahābala kīsā.
देखी राम सकल कपि सेना । चितइ कृपा करि राजिव नैना ॥
dekhī rāma sakala kapi senā, citai kṛpā kari rājiva nainā.
राम कृपा बल पाइ कपिंदा । भए पच्छजुत मनहुँ गिरिंदा ॥
rāma kṛpā bala pāi kapiṁdā, bhae pacchajuta manahuṁ giriṁdā.
हरषि राम तब कीन्ह पयाना । सगुन भए सुंदर सुभ नाना ॥
haraṣi rāma taba kīnha payānā, saguna bhae suṁdara subha nānā.
जासु सकल मंगलमय कीती । तासु पयान सगुन यह नीती ॥
jāsu sakala maṁgalamaya kītī, tāsu payāna saguna yaha nītī.
प्रभु पयान जाना बैदेहीं । फरकि बाम अँग जनु कहि देहीं ॥
prabhu payāna jānā baidehīṁ, pharaki bāma aṁga janu kahi dehīṁ.
जोइ जोइ सगुन जानकिहि होई । असगुन भयउ रावनहि सोई ॥
joi joi saguna jānakihi hoī, asaguna bhayau rāvanahi soī.
चला कटकु को बरनैं पारा । गर्जहिं बानर भालु अपारा ॥
calā kaṭaku ko baranaiṁ pārā, garjahiṁ bānara bhālu apārā.
नख आयुध गिरि पादपधारी । चले गगन महि इच्छाचारी ॥
nakha āyudha giri pādapadhārī, cale gagana mahi icchācārī.
केहरिनाद भालु कपि करहीं । डगमगाहिं दिग्गज चिक्करहीं ॥
keharināda bhālu kapi karahīṁ, ḍagamagāhiṁ diggaja cikkarahīṁ.

छंद-chaṁda:

चिक्करहिं दिग्गज डोल महि गिरि लोल सागर खरभरे ।
cikkarahiṁ diggaja ḍola mahi giri lola sāgara kharabhare,
मन हरष सभ गंधर्ब सुर मुनि नाग किंनर दुख टरे ॥
mana haraṣa sabha gaṁdharba sura muni nāga kiṁnara dukha ṭare.
कटकटहिं मर्कट बिकट भट बहु कोटि कोटिन्ह धावहीं ।
kaṭakaṭahiṁ markaṭa bikaṭa bhaṭa bahu koṭi koṭinha dhāvahīṁ,
जय राम प्रबल प्रताप कोसलनाथ गुन गन गावहीं ॥ १ ॥
jaya rāma prabala pratāpa kosalanātha guna gana gāvahīṁ. 1.

सहि सक न भार उदार अहिपति बार बारहिं मोहई ।
sahi saka na bhāra udāra ahipati bāra bārahiṁ mohaī,
गह दसन पुनि पुनि कमठ पृष्ट कठोर सो किमि सोहई ॥
gaha dasana puni puni kamaṭha pṛṣṭa kaṭhora so kimi sohaī.
रघुबीर रुचिर प्रयान प्रस्थिति जानि परम सुहावनी ।
raghubīra rucira prayāna prasthiti jāni parama suhāvanī,

दीन दयाल बिरिदु संभारी ।
dīna dayāla biridu saṁbhārī
हरहु नाथ मम संकट भारी ॥
harahu nātha mama saṁkaṭa bhārī

हनूमान अंगद रन गाजे ।
hanūmāna aṁgada rana gāje
हाँक सुनत रजनीचर भाजे ॥
hāṁka sunata rajanīcara bhāje

सकल बिघ्न ब्यापहिं नहिं तेही ।
sakala bighna byāpahiṁ nahiṁ tehī
राम सुकृपाँ बिलोकहिं जेही ॥
rāma sukṛpāṁ bilokahiṁ jehī

दैहिक दैविक भौतिक तापा ।
daihika daivika bhautika tāpā
राम राज नहिं काहुहि ब्यापा ॥
rāma rāja nahiṁ kāhuhi byāpā

प्रबिसि नगर कीजे सब काजा ।
prabisi nagara kīje saba kājā
हृदयँ राखि कोसलपुर राजा ॥
hṛdayaṁ rākhi kosalapura rājā

जब तें रामु ब्याहि घर आए ।
jaba teṁ rāmu byāhi ghara āe
नित नव मंगल मोद बधाए ॥
nita nava maṁgala moda badhāe

जनकसुता जग जननि जानकी ।
janakasutā jaga janani jānakī,
अतिसय प्रिय करुना निधान की ॥
atisaya priya karunā nidhāna kī

जनु कमठ खर्पर सर्पराज सो लिखत अबिचल पावनी ॥ २ ॥
janu kamaṭha kharpara sarparāja so likhata abicala pāvanī. 2.

सियावर रामचंद्र पद
siyāvara rāmacaṁdra pada
जय शरणं सीताराम
jaya śaraṇaṁ sitārāma

दोहा-dohā:

एहि बिधि जाइ कृपानिधि उतरे सागर तीर ।
ehi bidhi jāi kṛpānidhi utare sāgara tīra,
जहँ तहँ लागे खान फल भालु बिपुल कपि बीर ॥ ३५ ॥
jahaṁ tahaṁ lāge khāna phala bhālu bipula kapi bīra. 35.

सियावर राम जय जय राम
siyāvara rāma jaya jaya rāma
मेरे प्रभु राम जय जय राम
mere prabhu rāma jaya jaya rāma

चौपाई-caupāī:

उहाँ निसाचर रहहिं ससंका । जब तें जारि गयउ कपि लंका ॥
uhāṁ nisācara rahahiṁ sasaṁkā, jaba teṁ jāri gayau kapi laṁkā.
निज निज गृहँ सब करहिं बिचारा । नहिं निसिचर कुल केर उबारा ॥
nija nija gṛhaṁ saba karahiṁ bicārā, nahiṁ nisicara kula kera ubārā.
जासु दूत बल बरनि न जाई । तेहि आएँ पुर कवन भलाई ॥
jāsu dūta bala barani na jāī, tehi āeṁ pura kavana bhalāī.
दूतिन्ह सन सुनि पुरजन बानी । मंदोदरी अधिक अकुलानी ॥
dūtinha sana suni purajana bānī, maṁdodarī adhika akulānī.
रहसि जोरि कर पति पग लागी । बोली बचन नीति रस पागी ॥
rahasi jori kara pati paga lāgī, bolī bacana nīti rasa pāgī.
कंत करष हरि सन परिहरहू । मोर कहा अति हित हियँ धरहू ॥
kaṁta karaṣa hari sana pariharahū, mora kahā ati hita hiyaṁ dharahū.
समुझत जासु दूत कइ करनी । स्त्रवहिं गर्भ रजनीचर धरनी ॥
samujhata jāsu dūta kai karanī, sravahiṁ garbha rajanīcara dharanī.
तासु नारि निज सचिव बोलाई । पठवहु कंत जो चहहु भलाई ॥
tāsu nāri nija saciva bolāī, paṭhavahu kaṁta jo cahahu bhalāī.
तव कुल कमल बिपिन दुखदाई । सीता सीत निसा सम आई ॥
tava kula kamala bipina dukhadāī, sītā sīta nisā sama āī.
सुनहु नाथ सीता बिनु दीन्हें । हित न तुम्हार संभु अज कीन्हें ॥
sunahu nātha sītā binu dīnheṁ, hita na tumhāra saṁbhu aja kīnheṁ.

मंगल भवन अमंगल हारी ।
maṁgala bhavana amaṁgala hārī
द्रवउ सो दसरथ अजिर बिहारी ॥
dravau so dasaratha ajira bihārī

अजर अमर गुननिधि सुत होहू ।
ajara amara gunanidhi suta hohū
करहुँ बहुत रघुनायक छोहू ॥
karahuṁ bahuta raghunāyaka chohū

राजिवनयन धरें धनु सायक ।
rājivanayana dhareṁ dhanu sāyaka,
भगत बिपति भंजन सुख दायक ॥
bhagata bipati bhaṁjana sukha dāyaka

दोहा-dohā:

राम बान अहि गन सरिस निकर निसाचर भेक ।
rāma bāna ahi gana sarisa nikara nisācara bheka,
जब लगि ग्रसत न तब लगि जतनु करहु तजि टेक ॥ ३६ ॥
jaba lagi grasata na taba lagi jatanu karahu taji ṭeka. 36.

जौं प्रभु दीनदयालु कहावा ।
jauṁ prabhu dīnadayālu kahāvā
आरति हरन बेद जसु गावा ॥
ārati harana beda jasu gāvā

चौपाई-caupāī:

श्रवन सुनी सठ ता करि बानी । बिहसा जगत बिदित अभिमानी ॥
śravana sunī saṭha tā kari bānī, bihasā jagata bidita abhimānī.
सभय सुभाउ नारि कर साचा । मंगल महुँ भय मन अति काचा ॥
sabhaya subhāu nāri kara sācā, maṁgala mahuṁ bhaya mana ati kācā.
जौं आवइ मर्कट कटकाई । जिअहिं बिचारे निसिचर खाई ॥
jauṁ āvai markaṭa kaṭakāī, jiahiṁ bicāre nisicara khāī.
कंपहिं लोकप जाकीं त्रासा । तासु नारि सभीत बड़ि हासा ॥
kaṁpahiṁ lokapa jākīṁ trāsā, tāsu nāri sabhīta baṛi hāsā.

जपहिं नामु जन आरत भारी ।
japahiṁ nāmu jana ārata bhārī,
मिटहिं कुसंकट होहिं सुखारी ॥
miṭahiṁ kusaṁkaṭa hohiṁ sukhārī

असकहि बिहसि ताहि उर लाई । चलेउ सभाँ ममता अधिकाई ॥
asa kahi bihasi tāhi ura lāī, caleu sabhām̐ mamatā adhikāī.
मंदोदरी हृदयँ कर चिंता । भयउ कंत पर बिधि बिपरीता ॥
mam̐dodarī hṛdayam̐ kara cim̐tā, bhayau kam̐ta para bidhi biparītā.
बैठेउ सभाँ खबरि असि पाई । सिंधु पार सेना सब आई ॥
baiṭheu sabhām̐ khabari asi pāī, sim̐dhu pāra senā saba āī.
बूझेसि सचिव उचित मत कहहू । ते सब हँसे मष्ट करि रहहू ॥
būjhesi saciva ucita mata kahahū, te saba ham̐se maṣṭa kari rahahū.
जितेहु सुरासुर तब श्रम नाहीं । नर बानर केहि लेखे माहीं ॥
jitehu surāsura taba śrama nāhīm̐, nara bānara kehi lekhe māhīm̐.

दोहा-dohā:

सचिव बैद गुर तीनि जौं प्रिय बोलहिं भय आस ।
saciva baida gura tīni jaum̐ priya bolahim̐ bhaya āsa,
राज धर्म तन तीनि कर होइ बेगिहीं नास ॥३७॥
rāja dharma tana tīni kara hoi begihīm̐ nāsa. 37.

चौपाई-caupāī:

सोइ रावन कहुँ बनी सहाई । अस्तुति करहिं सुनाइ सुनाई ॥
soi rāvana kahum̐ banī sahāī, astuti karahim̐ sunāi sunāī.
अवसर जानि बिभीषनु आवा । भ्राता चरन सीसु तेहिं नावा ॥
avasara jāni bibhīṣanu āvā, bhrātā carana sīsu tehim̐ nāvā.
पुनि सिरु नाइ बैठ निज आसन । बोला बचन पाइ अनुसासन ॥
puni siru nāi baiṭha nija āsana, bolā bacana pāi anusāsana.
जौ कृपाल पूँछिहु मोहि बाता । मति अनुरुप कहउँ हित ताता ॥
jau kṛpāla pūm̐chihu mohi bātā, mati anurupa kahaum̐ hita tātā.
जो आपन चाहै कल्याना । सुजसु सुमति सुभ गति सुख नाना ॥
jo āpana cāhai kalyānā, sujasu sumati subha gati sukha nānā.
सो परनारि लिलार गोसाईं । तजउ चउथि के चंद कि नाईं ॥
so paranāri lilāra gosāīm̐, tajau cauthi ke cam̐da ki nāīm̐.
चौदह भुवन एक पति होई । भूतद्रोह तिष्टइ नहिं सोई ॥
caudaha bhuvana eka pati hoī, bhūtadroha tiṣṭai nahim̐ soī.
गुन सागर नागर नर जोऊ । अलप लोभ भल कहइ न कोऊ ॥
guna sāgara nāgara nara joū, alapa lobha bhala kahai na koū.

दोहा-dohā:

काम क्रोध मद लोभ सब नाथ नरक के पंथ ।
kāma krodha mada lobha saba nātha naraka ke pam̐tha,
सब परिहरि रघुबीरहि भजहु भजहिं जेहि संत ॥३८॥
saba parihari raghubīrahi bhajahu bhajahim̐ jehi sam̐ta. 38.

चौपाई-caupāī:

तात राम नहिं नर भूपाला । भुवनेस्वर कालहु कर काला ॥
tāta rāma nahim̐ nara bhūpālā, bhuvanesvara kālahu kara kālā.
ब्रह्म अनामय अज भगवंता । ब्यापक अजित अनादि अनंता ॥
brahma anāmaya aja bhagavam̐tā, byāpaka ajita anādi anam̐tā.

दीन दयाल बिरिदु संभारी ।
dīna dayāla biridu sam̐bhārī
हरहु नाथ मम संकट भारी ॥
harahu nātha mama sam̐kaṭa bhārī

हनूमान अंगद रन गाजे ।
hanūmāna am̐gada rana gāje
हाँक सुनत रजनीचर भाजे ॥
hām̐ka sunata rajanīcara bhāje

सकल बिघ्न ब्यापहिं नहिं तेही ।
sakala bighna byāpahim̐ nahim̐ tehī
राम सुकृपाँ बिलोकहिं जेही ॥
rāma sukṛpām̐ bilokahim̐ jehī

दैहिक दैविक भौतिक तापा ।
daihika daivika bhautika tāpā
राम राज नहिं काहुहि ब्यापा ॥
rāma rāja nahim̐ kāhuhi byāpā

प्रबिसि नगर कीजे सब काजा ।
prabisi nagara kīje saba kājā
हृदयँ राखि कोसलपुर राजा ॥
hṛdayam̐ rākhi kosalapura rājā

जब तें रामु ब्याहि घर आए ।
jaba tem̐ rāmu byāhi ghara āe
नित नव मंगल मोद बधाए ॥
nita nava mam̐gala moda badhāe

जनकसुता जग जननि जानकी ।
janakasutā jaga janani jānakī,
अतिसय प्रिय करुना निधान की ॥
atisaya priya karunā nidhāna kī

गो द्विज धेनु देव हितकारी । कृपा सिंधु मानुष तनुधारी ॥
go dvija dhenu deva hitakārī, kṛpā siṁdhu mānuṣa tanudhārī.
जन रंजन भंजन खल ब्राता । बेद धर्म रच्छक सुनु भ्राता ॥
jana raṁjana bhaṁjana khala brātā, beda dharma racchaka sunu bhrātā.
ताहि बयरु तजि नाइअ माथा । प्रनतारति भंजन रघुनाथा ॥
tāhi bayaru taji nāia māthā, pranatārati bhaṁjana raghunāthā.
देहु नाथ प्रभु कहुँ बैदेही । भजहु राम बिनु हेतु सनेही ॥
dehu nātha prabhu kahum̐ baidehī, bhajahu rāma binu hetu sanehī.
सरन गएँ प्रभु ताहु न त्यागा । बिस्व द्रोह कृत अघ जेहि लागा ॥
sarana gaem̐ prabhu tāhu na tyāgā, bisva droha kṛta agha jehi lāgā.
जासु नाम त्रय ताप नसावन । सोइ प्रभु प्रगट समुझु जियँ रावन ॥
jāsu nāma traya tāpa nasāvana, soi prabhu pragaṭa samujhu jiyam̐ rāvana.

दोहा-dohā:

बार बार पद लागउँ बिनय करउँ दससीस ।
bāra bāra pada lāgaum̐ binaya karaum̐ dasasīsa,
परिहरि मान मोह मद भजहु कोसलाधीस ॥३९क ॥
parihari māna moha mada bhajahu kosalādhīsa. 39(ka).

मुनि पुलस्ति निज सिष्य सन कहि पठई यह बात ।
muni pulasti nija siṣya sana kahi paṭhaī yaha bāta,
तुरत सो मैं प्रभु सन कही पाइ सुअवसरु तात ॥३९ख ॥
turata so maiṁ prabhu sana kahī pāi suavasaru tāta. 39(kha).

चौपाई-caupāī:

माल्यवंत अति सचिव सयाना । तासु बचन सुनि अति सुख माना ॥
mālyavaṁta ati saciva sayānā, tāsu bacana suni ati sukha mānā.
तात अनुज तव नीति बिभूषन । सो उर धरहु जो कहत बिभीषन ॥
tāta anuja tava nīti bibhūṣana, so ura dharahu jo kahata bibhīṣana.
रिपु उतकरष कहत सठ दोऊ । दूरि न करहु इहाँ हइ कोऊ ॥
ripu utakaraṣa kahata saṭha doū, dūri na karahu ihām̐ hai koū.
माल्यवंत गृह गयउ बहोरी । कहइ बिभीषनु पुनि कर जोरी ॥
mālyavaṁta gṛha gayau bahorī, kahai bibhīṣanu puni kara jorī.
सुमति कुमति सब कें उर रहहीं । नाथ पुरान निगम अस कहहीं ॥
sumati kumati saba keṁ ura rahahīṁ, nātha purāna nigama asa kahahīṁ.
जहाँ सुमति तहँ संपति नाना । जहाँ कुमति तहँ बिपति निदाना ॥
jahām̐ sumati taham̐ saṁpati nānā, jahām̐ kumati taham̐ bipati nidānā.
तव उर कुमति बसी बिपरीता । हित अनहित मानहु रिपु प्रीता ॥
tava ura kumati basī biparītā, hita anahita mānahu ripu prītā.
कालराति निसिचर कुल केरी । तेहि सीता पर प्रीति घनेरी ॥
kālarāti nisicara kula kerī, tehi sītā para prīti ghanerī.

सियावर रामचंद्र पद
siyāvara rāmacaṁdra pada
जय शरणं सीताराम
jaya śaraṇaṁ sitārāma

सियावर राम जय जय राम
siyāvara rāma jaya jaya rāma
मेरे प्रभु राम जय जय राम
mere prabhu rāma jaya jaya rāma

मंगल भवन अमंगल हारी ।
maṁgala bhavana amaṁgala hārī
द्रवउ सो दसरथ अजिर बिहारी ॥
dravau so dasaratha ajira bihārī

अजर अमर गुननिधि सुत होहू ।
ajara amara gunanidhi suta hohū
करहुँ बहुत रघुनायक छोहू ॥
karahum̐ bahuta raghunāyaka chohū

राजिवनयन धरें धनु सायक ।
rājivanayana dhareṁ dhanu sāyaka,
भगत बिपति भंजन सुख दायक ॥
bhagata bipati bhaṁjana sukha dāyaka

जौं प्रभु दीनदयालु कहावा ।
jauṁ prabhu dīnadayālu kahāvā
आरति हरन बेद जसु गावा ॥
ārati harana beda jasu gāvā

जपहिं नामु जन आरत भारी ।
japahiṁ nāmu jana ārata bhārī,
मिटहिं कुसंकट होहिं सुखारी ॥
miṭahiṁ kusaṁkaṭa hohiṁ sukhārī

दोहा-dohā:

तात चरन गहि मागउँ राखहु मोर दुलार ।
tāta carana gahi māgaum̐ rākhahu mora dulāra,
सीता देहु राम कहुँ अहित न होइ तुम्हार ॥४०॥
sītā dehu rāma kahum̐ ahita na hoi tumhāra. 40.

चौपाई-caupāī:

बुध पुरान श्रुति संमत बानी । कही बिभीषन नीति बखानी ॥
budha purāna śruti saṁmata bānī, kahī bibhīṣana nīti bakhānī.
सुनत दसानन उठा रिसाई । खल तोहि निकट मुत्यु अब आई ॥
sunata dasānana uṭhā risāī, khala tohi nikaṭa mutyu aba āī.
जिअसि सदा सठ मोर जिआवा । रिपु कर पच्छ मूढ़ तोहि भावा ॥
jiasi sadā saṭha mora jiāvā, ripu kara paccha mūṛha tohi bhāvā.
कहसि न खल अस को जग माहीं । भुज बल जाहि जिता मैं नाहीं ॥
kahasi na khala asa ko jaga māhīṁ, bhuja bala jāhi jitā maiṁ nāhīṁ.
मम पुर बसि तपसिन्ह पर प्रीती । सठ मिलु जाइ तिन्हहि कहु नीती ॥
mama pura basi tapasinha para prītī, saṭha milu jāi tinhahi kahu nītī.
अस कहि कीन्हेसि चरन प्रहारा । अनुज गहे पद बारहिं बारा ॥
asa kahi kīnhesi carana prahārā, anuja gahe pada bārahiṁ bārā.
उमा संत कइ इहइ बड़ाई । मंद करत जो करइ भलाई ॥
umā saṁta kai ihai baṛāī, maṁda karata jo karai bhalāī.
तुम्ह पितु सरिस भलेहिं मोहि मारा । रामु भजें हित नाथ तुम्हारा ॥
tumha pitu sarisa bhalehiṁ mohi mārā, rāmu bhajeṁ hita nātha tumhārā.
सचिव संग लै नभ पथ गयऊ । सबहि सुनाइ कहत अस भयऊ ॥
saciva saṁga lai nabha patha gayaū, sabahi sunāi kahata asa bhayaū.

दोहा-dohā:

रामु सत्यसंकल्प प्रभु सभा कालबस तोरि ।
rāmu satyasaṁkalpa prabhu sabhā kālabasa tori,
मैं रघुबीर सरन अब जाउँ देहु जनि खोरि ॥४१॥
maiṁ raghubīra sarana aba jāum̐ dehu jani khori. 41.

चौपाई-caupāī:

अस कहि चला बिभीषनु जबहीं । आयूहीन भए सब तबहीं ॥
asa kahi calā bibhīṣanu jabahīṁ, āyūhīna bhae saba tabahīṁ.
साधु अवग्या तुरत भवानी । कर कल्यान अखिल कै हानी ॥
sādhu avagyā turata bhavānī, kara kalyāna akhila kai hānī.
रावन जबहिं बिभीषन त्यागा । भयउ बिभव बिनु तबहिं अभागा ॥
rāvana jabahiṁ bibhīṣana tyāgā, bhayau bibhava binu tabahiṁ abhāgā.
चलेउ हरषि रघुनायक पाहीं । करत मनोरथ बहु मन माहीं ॥
caleu haraṣi raghunāyaka pāhīṁ, karata manoratha bahu mana māhīṁ.
देखिहउँ जाइ चरन जलजाता । अरुन मृदुल सेवक सुखदाता ॥
dekhihaum̐ jāi carana jalajātā, aruna mṛdula sevaka sukhadātā.
जे पद परसि तरी रिषिनारी । दंडक कानन पावनकारी ॥
je pada parasi tarī riṣinārī, daṁḍaka kānana pāvanakārī.

दीन दयाल बिरिदु संभारी ।
dīna dayāla biridu saṁbhārī
हरहु नाथ मम संकट भारी ॥
harahu nātha mama saṁkaṭa bhārī

हनूमान अंगद रन गाजे ।
hanūmāna aṁgada rana gāje
हाँक सुनत रजनीचर भाजे ॥
hām̐ka sunata rajanīcara bhāje

सकल बिघ्न ब्यापहिं नहिं तेही ।
sakala bighna byāpahiṁ nahiṁ tehī
राम सुकृपाँ बिलोकहिं जेही ॥
rāma sukṛpām̐ bilokahiṁ jehī

दैहिक दैविक भौतिक तापा ।
daihika daivika bhautika tāpā
राम राज नहिं काहुहि ब्यापा ॥
rāma rāja nahiṁ kāhuhi byāpā

प्रबिसि नगर कीजे सब काजा ।
prabisi nagara kīje saba kājā
हृदयँ राखि कोसलपुर राजा ॥
hṛdayam̐ rākhi kosalapura rājā

जब तें रामु ब्याहि घर आए ।
jaba teṁ rāmu byāhi ghara āe
नित नव मंगल मोद बधाए ॥
nita nava maṁgala moda badhāe

जनकसुता जग जननि जानकी ।
janakasutā jaga janani jānakī,
अतिसय प्रिय करुना निधान की ॥
atisaya priya karunā nidhāna kī

सियावर रामचंद्र पद
siyāvara rāmacaṁdra pada
जय शरणं सीताराम
jaya śaraṇaṁ sitārāma

सियावर राम जय जय राम
siyāvara rāma jaya jaya rāma
मेरे प्रभु राम जय जय राम
mere prabhu rāma jaya jaya rāma

मंगल भवन अमंगल हारी ।
maṁgala bhavana amaṁgala hārī
द्रवउ सो दसरथ अजिर बिहारी ॥
dravau so dasaratha ajira bihārī

अजर अमर गुननिधि सुत होहू ।
ajara amara gunanidhi suta hohū
करहुँ बहुत रघुनायक छोहू ॥
karahuṁ bahuta raghunāyaka chohū

राजिवनयन धरें धनु सायक ।
rājivanayana dhareṁ dhanu sāyaka,
भगत बिपति भंजन सुख दायक ॥
bhagata bipati bhaṁjana sukha dāyaka

जौं प्रभु दीनदयालु कहावा ।
jauṁ prabhu dīnadayālu kahāvā
आरति हरन बेद जसु गावा ॥
ārati harana beda jasu gāvā

जपहिं नामु जन आरत भारी ।
japahiṁ nāmu jana ārata bhārī,
मिटहिं कुसंकट होहिं सुखारी ॥
miṭahiṁ kusaṁkaṭa hohiṁ sukhārī

जे पद जनकसुताँ उर लाए । कपट कुरंग संग धर धाए ॥
je pada janakasutāṁ ura lāe, kapaṭa kuraṁga saṁga dhara dhāe.
हर उर सर सरोज पद जेई । अहोभाग्य मैं देखिहउँ तेई ॥
hara ura sara saroja pada jeī, ahobhāgya maiṁ dekhihauṁ teī.

दोहा-dohā:

जिन्ह पायन्ह के पादुकन्हि भरतु रहे मन लाइ ।
jinha pāyanha ke pādukanhi bharatu rahe mana lāi,
ते पद आजु बिलोकिहउँ इन्ह नयनन्हि अब जाइ ॥४२॥
te pada āju bilokihauṁ inha nayananhi aba jāi. 42.

चौपाई-caupāī:

एहि बिधि करत सप्रेम बिचारा । आयउ सपदि सिंधु एहिं पारा ॥
ehi bidhi karata saprema bicārā, āyau sapadi siṁdhu ehiṁ pārā.
कपिन्ह बिभीषनु आवत देखा । जाना कोउ रिपु दूत बिसेषा ॥
kapinha bibhīṣanu āvata dekhā, jānā kou ripu dūta biseṣā.
ताहि राखि कपीस पहिं आए । समाचार सब ताहि सुनाए ॥
tāhi rākhi kapīsa pahiṁ āe, samācāra saba tāhi sunāe.
कह सुग्रीव सुनहु रघुराई । आवा मिलन दसानन भाई ॥
kaha sugrīva sunahu raghurāī, āvā milana dasānana bhāī.
कह प्रभु सखा बूझिऐ काहा । कहइ कपीस सुनहु नरनाहा ॥
kaha prabhu sakhā būjhiai kāhā, kahai kapīsa sunahu naranāhā.
जानि न जाइ निसाचर माया । कामरूप केहि कारन आया ॥
jāni na jāi nisācara māyā, kāmarūpa kehi kārana āyā.
भेद हमार लेन सठ आवा । राखिअ बाँधि मोहि अस भावा ॥
bheda hamāra lena saṭha āvā, rākhia bāṁdhi mohi asa bhāvā.
सखा नीति तुम्ह नीकि बिचारी । मम पन सरनागत भयहारी ॥
sakhā nīti tumha nīki bicārī, mama pana saranāgata bhayahārī.
सुनि प्रभु बचन हरष हनुमाना । सरनागत बच्छल भगवाना ॥
suni prabhu bacana haraṣa hanumānā, saranāgata bacchala bhagavānā.

दोहा-dohā:

सरनागत कहुँ जे तजहिं निज अनहित अनुमानि ।
saranāgata kahuṁ je tajahiṁ nija anahita anumāni,
ते नर पावँर पापमय तिन्हहि बिलोकत हानि ॥४३॥
te nara pāvaṁra pāpamaya tinhahi bilokata hāni. 43.

चौपाई-caupāī:

कोटि बिप्र बध लागहिं जाहू । आएँ सरन तजउँ नहिं ताहू ॥
koṭi bipra badha lāgahiṁ jāhū, āeṁ sarana tajauṁ nahiṁ tāhū.
सनमुख होइ जीव मोहि जबहीं । जन्म कोटि अघ नासहिं तबहीं ॥
sanamukha hoi jīva mohi jabahīṁ, janma koṭi agha nāsahiṁ tabahīṁ.
पापवंत कर सहज सुभाऊ । भजनु मोर तेहि भाव न काऊ ॥
pāpavaṁta kara sahaja subhāū, bhajanu mora tehi bhāva na kāū.

जौं पै दुष्टहृदय सोइ होई । मोरें सनमुख आव कि सोई ॥
jauṁ pai duṣṭahadaya soi hoī, moreṁ sanamukha āva ki soī.
निर्मल मन जन सो मोहि पावा । मोहि कपट छल छिद्र न भावा ॥
nirmala mana jana so mohi pāvā, mohi kapaṭa chala chidra na bhāvā.
भेद लेन पठवा दससीसा । तबहुँ न कछु भय हानि कपीसा ॥
bheda lena paṭhavā dasasīsā, tabahum̐ na kachu bhaya hāni kapīsā.
जग महुँ सखा निसाचर जेते । लछिमनु हनइ निमिष महुँ तेते ॥
jaga mahum̐ sakhā nisācara jete, lachimanu hanai nimiṣa mahum̐ tete.
जौं सभीत आवा सरनाईं । रखिहउँ ताहि प्रान की नाईं ॥
jauṁ sabhīta āvā saranāīṁ, rakhihaum̐ tāhi prāna kī nāīṁ.

दोहा-dohā:

उभय भाँति तेहि आनहु हँसि कह कृपानिकेत ।
ubhaya bhām̐ti tehi ānahu ham̐si kaha kṛpāniketa,
जय कृपाल कहि कपि चले अंगद हनू समेत ॥४४॥
jaya kṛpāla kahi kapi cale aṁgada hanū sameta. 44.

चौपाई-caupāī:

सादर तेहि आगें करि बानर । चले जहाँ रघुपति करुनाकर ॥
sādara tehi āgeṁ kari bānara, cale jahām̐ raghupati karunākara.
दूरिहि ते देखे द्वौ भ्राता । नयनानंद दान के दाता ॥
dūrihi te dekhe dvau bhrātā, nayanānaṁda dāna ke dātā.
बहुरि राम छबिधाम बिलोकी । रहेउ ठटुकि एकटक पल रोकी ॥
bahuri rāma chabidhāma bilokī, raheu ṭhaṭuki ekaṭaka pala rokī.
भुज प्रलंब कंजारुन लोचन । स्यामल गात प्रनत भय मोचन ॥
bhuja pralaṁba kaṁjāruna locana, syāmala gāta pranata bhaya mocana.
सिंघ कंध आयत उर सोहा । आनन अमित मदन मन मोहा ॥
siṁgha kaṁdha āyata ura sohā, ānana amita madana mana mohā.
नयन नीर पुलकित अति गाता । मन धरि धीर कही मृदु बाता ॥
nayana nīra pulakita ati gātā, mana dhari dhīra kahī mṛdu bātā.
नाथ दसानन कर मैं भ्राता । निसिचर बंस जनम सुरत्राता ॥
nātha dasānana kara maiṁ bhrātā, nisicara baṁsa janama suratrātā.
सहज पापप्रिय तामस देहा । जथा उलूकहि तम पर नेहा ॥
sahaja pāpapriya tāmasa dehā, jathā ulūkahi tama para nehā.

दोहा-dohā:

श्रवन सुजसु सुनि आयउँ प्रभु भंजन भव भीर ।
śravana sujasu suni āyaum̐ prabhu bhaṁjana bhava bhīra,
त्राहि त्राहि आरति हरन सरन सुखद रघुबीर ॥४५॥
trāhi trāhi ārati harana sarana sukhada raghubīra. 45.

चौपाई-caupāī:

अस कहि करत दंडवत देखा । तुरत उठे प्रभु हरष बिसेषा ॥
asa kahi karata daṁḍavata dekhā, turata uṭhe prabhu haraṣa biseṣā.
दीन बचन सुनि प्रभु मन भावा । भुज बिसाल गहि हृदयँ लगावा ॥
dīna bacana suni prabhu mana bhāvā, bhuja bisāla gahi hṛdayam̐ lagāvā.

दीन दयाल बिरिदु संभारी ।
dīna dayāla biridu saṁbhārī
हरहु नाथ मम संकट भारी ॥
harahu nātha mama saṁkaṭa bhārī

हनूमान अंगद रन गाजे ।
hanūmāna aṁgada rana gāje
हाँक सुनत रजनीचर भाजे ॥
hām̐ka sunata rajanīcara bhāje

सकल बिघ्न ब्यापहिं नहिं तेही ।
sakala bighna byāpahiṁ nahiṁ tehī
राम सुकृपाँ बिलोकहिं जेही ॥
rāma sukṛpām̐ bilokahiṁ jehī

दैहिक दैविक भौतिक तापा ।
daihika daivika bhautika tāpā
राम राज नहिं काहुहि ब्यापा ॥
rāma rāja nahiṁ kāhuhi byāpā

प्रबिसि नगर कीजे सब काजा ।
prabisi nagara kīje saba kājā
हृदयँ राखि कोसलपुर राजा ॥
hṛdayam̐ rākhi kosalapura rājā

जब तें रामु ब्याहि घर आए ।
jaba teṁ rāmu byāhi ghara āe
नित नव मंगल मोद बधाए ॥
nita nava maṁgala moda badhāe

जनकसुता जग जननि जानकी ।
janakasutā jaga janani jānakī,
अतिसय प्रिय करुना निधान की ॥
atisaya priya karunā nidhāna kī

अनुज सहित मिलि ढिग बैठारी । बोले बचन भगत भयहारी ॥
anuja sahita mili ḍhiga baiṭhārī, bole bacana bhagata bhayahārī.
कहु लंकेस सहित परिवारा । कुसल कुठाहर बास तुम्हारा ॥
kahu laṁkesa sahita parivārā, kusala kuṭhāhara bāsa tumhārā.
खल मंडलीं बसहु दिनु राती । सखा धरम निबहइ केहि भाँती ॥
khala maṁḍalīṁ basahu dinu rātī, sakhā dharama nibahai kehi bhām̐tī.
मैं जानउँ तुम्हारि सब रीती । अति नय निपुन न भाव अनीती ॥
maiṁ jānaum̐ tumhāri saba rītī, ati naya nipuna na bhāva anītī.
बरु भल बास नरक कर ताता । दुष्ट संग जनि देइ बिधाता ॥
baru bhala bāsa naraka kara tātā, duṣṭa saṁga jani dei bidhātā.
अब पद देखि कुसल रघुराया । जौं तुम्ह कीन्हि जानि जन दाया ॥
aba pada dekhi kusala raghurāyā, jauṁ tumha kīnhi jāni jana dāyā.

दोहा-dohā:

तब लगि कुसल न जीव कहुँ सपनेहुँ मन बिश्राम ।
taba lagi kusala na jīva kahum̐ sapanehum̐ mana biśrāma,
जब लगि भजत न राम कहुँ सोक धाम तजि काम ॥४६॥
jaba lagi bhajata na rāma kahum̐ soka dhāma taji kāma. 46.

चौपाई-caupāī:

तब लगि हृदयँ बसत खल नाना । लोभ मोह मच्छर मद माना ॥
taba lagi hṛdayam̐ basata khala nānā, lobha moha macchara mada mānā.
जब लगि उर न बसत रघुनाथा । धरें चाप सायक कटि भाथा ॥
jaba lagi ura na basata raghunāthā, dhareṁ cāpa sāyaka kaṭi bhāthā.
ममता तरुन तमी अँधिआरी । राग द्वेष उलूक सुखकारी ॥
mamatā taruna tamī am̐dhiārī, rāga dveṣa ulūka sukhakārī.
तब लगि बसति जीव मन माहीं । जब लगि प्रभु प्रताप रबि नाहीं ॥
taba lagi basati jīva mana māhīṁ, jaba lagi prabhu pratāpa rabi nāhīṁ.
अब मैं कुसल मिटे भय भारे । देखि राम पद कमल तुम्हारे ॥
aba maiṁ kusala miṭe bhaya bhāre, dekhi rāma pada kamala tumhāre.
तुम्ह कृपाल जा पर अनुकूला । ताहि न ब्याप त्रिबिध भव सूला ॥
tumha kṛpāla jā para anukūlā, tāhi na byāpa tribidha bhava sūlā.
मैं निसिचर अति अधम सुभाऊ । सुभ आचरनु कीन्ह नहिं काऊ ॥
maiṁ nisicara ati adhama subhāū, subha ācaranu kīnha nahiṁ kāū.
जासु रूप मुनि ध्यान न आवा । तेहिं प्रभु हरषि हृदयँ मोहि लावा ॥
jāsu rūpa muni dhyāna na āvā, tehiṁ prabhu haraṣi hṛdayam̐ mohi lāvā.

दोहा-dohā:

अहोभाग्य मम अमित अति राम कृपा सुख पुंज ।
ahobhāgya mama amita ati rāma kṛpā sukha puṁja,
देखेउँ नयन बिरंचि सिव सेब्य जुगल पद कंज ॥४७॥
dekheum̐ nayana biraṁci siva sebya jugala pada kaṁja. 47.

चौपाई-caupāī:

सुनहु सखा निज कहउँ सुभाऊ । जान भुसुंडि संभु गिरिजाऊ ॥
sunahu sakhā nija kahaum̐ subhāū, jāna bhusuṁḍi saṁbhu girijāū.

सियावर रामचंद्र पद
siyāvara rāmacaṁdra pada
जय शरणं सीताराम
jaya śaraṇaṁ sitārāma

सियावर राम जय जय राम
siyāvara rāma jaya jaya rāma
मेरे प्रभु राम जय जय राम
mere prabhu rāma jaya jaya rāma

मंगल भवन अमंगल हारी ।
maṁgala bhavana amaṁgala hārī
द्रवउ सो दसरथ अजिर बिहारी ॥
dravau so dasaratha ajira bihārī

अजर अमर गुननिधि सुत होहू ।
ajara amara gunanidhi suta hohū
करहुँ बहुत रघुनायक छोहू ॥
karahum̐ bahuta raghunāyaka chohū

राजिवनयन धरें धनु सायक ।
rājivanayana dhareṁ dhanu sāyaka,
भगत बिपति भंजन सुख दायक ॥
bhagata bipati bhaṁjana sukha dāyaka

जौं प्रभु दीनदयालु कहावा ।
jauṁ prabhu dīnadayālu kahāvā
आरति हरन बेद जसु गावा ॥
ārati harana beda jasu gāvā

जपहिं नामु जन आरत भारी ।
japahiṁ nāmu jana ārata bhārī,
मिटहिं कुसंकट होहिं सुखारी ॥
miṭahiṁ kusaṁkaṭa hohiṁ sukhārī

जौं नर होइ चराचर द्रोही । आवे सभय सरन तकि मोही ॥
jauṁ nara hoi carācara drohī, āve sabhaya sarana taki mohī.
तजि मद मोह कपट छल नाना । करउँ सद्य तेहि साधु समाना ॥
taji mada moha kapaṭa chala nānā, karauṁ sadya tehi sādhu samānā.
जननी जनक बंधु सुत दारा । तनु धनु भवन सुहृद परिवारा ॥
jananī janaka baṁdhu suta dārā, tanu dhanu bhavana suhrada parivārā.
सब कै ममता ताग बटोरी । मम पद मनहि बाँध बरि डोरी ॥
saba kai mamatā tāga baṭorī, mama pada manahi bāṁdha bari ḍorī.
समदरसी इच्छा कछु नाहीं । हरष सोक भय नहिं मन माहीं ॥
samadarasī icchā kachu nāhīṁ, haraṣa soka bhaya nahiṁ mana māhīṁ.
अस सज्जन मम उर बस कैसें । लोभी हृदयँ बसइ धनु जैसें ॥
asa sajjana mama ura basa kaiseṁ, lobhī hṛdayaṁ basai dhanu jaiseṁ.
तुम्ह सारिखे संत प्रिय मोरें । धरउँ देह नहिं आन निहोरें ॥
tumha sārikhe saṁta priya moreṁ, dharauṁ deha nahiṁ āna nihoreṁ.

दोहा-dohā:

सगुन उपासक परहित निरत नीति दृढ़ नेम ।
saguna upāsaka parahita nirata nīti dṛṛha nema,
ते नर प्रान समान मम जिन्ह कें द्विज पद प्रेम ॥४८॥
te nara prāna samāna mama jinha keṁ dvija pada prema. 48.

चौपाई-caupāī:

सुनु लंकेस सकल गुन तोरें । तातें तुम्ह अतिसय प्रिय मोरें ॥
sunu laṁkesa sakala guna toreṁ, tāteṁ tumha atisaya priya moreṁ.
राम बचन सुनि बानर जूथा । सकल कहहिं जय कृपा बरूथा ॥
rāma bacana suni bānara jūthā, sakala kahahiṁ jaya kṛpā barūthā.
सुनत बिभीषनु प्रभु कै बानी । नहिं अघात श्रवनामृत जानी ॥
sunata bibhīṣanu prabhu kai bānī, nahiṁ aghāta śravanāmṛta jānī.
पद अंबुज गहि बारहिं बारा । हृदयँ समात न प्रेमु अपारा ॥
pada aṁbuja gahi bārahiṁ bārā, hṛdayaṁ samāta na premu apārā.
सुनहु देव सचराचर स्वामी । प्रनतपाल उर अंतरजामी ॥
sunahu deva sacarācara svāmī, pranatapāla ura aṁtarajāmī.
उर कछु प्रथम बासना रही । प्रभु पद प्रीति सरित सो बही ॥
ura kachu prathama bāsanā rahī, prabhu pada prīti sarita so bahī.
अब कृपाल निज भगति पावनी । देहु सदा सिव मन भावनी ॥
aba kṛpāla nija bhagati pāvanī, dehu sadā siva mana bhāvanī.
एवमस्तु कहि प्रभु रनधीरा । मागा तुरत सिंधु कर नीरा ॥
evamastu kahi prabhu ranadhīrā, māgā turata siṁdhu kara nīrā.
जदपि सखा तव इच्छा नाहीं । मोर दरसु अमोघ जग माहीं ॥
jadapi sakhā tava icchā nāhīṁ, mora darasu amogha jaga māhīṁ.
अस कहि राम तिलक तेहि सारा । सुमन बृष्टि नभ भई अपारा ॥
asa kahi rāma tilaka tehi sārā, sumana bṛṣṭi nabha bhaī apārā.

दीन दयाल बिरिदु संभारी ।
dīna dayāla biridu saṁbhārī
हरहु नाथ मम संकट भारी ॥
harahu nātha mama saṁkaṭa bhārī

हनूमान अंगद रन गाजे ।
hanūmāna aṁgada rana gāje
हाँक सुनत रजनीचर भाजे ॥
hāṁka sunata rajanīcara bhāje

सकल बिघ्न ब्यापहिं नहिं तेही ।
sakala bighna byāpahiṁ nahiṁ tehī
राम सुकृपाँ बिलोकहिं जेही ॥
rāma sukṛpāṁ bilokahiṁ jehī

दैहिक दैविक भौतिक तापा ।
daihika daivika bhautika tāpā
राम राज नहिं काहुहि ब्यापा ॥
rāma rāja nahiṁ kāhuhi byāpā

प्रबिसि नगर कीजे सब काजा ।
prabisi nagara kīje saba kājā
हृदयँ राखि कोसलपुर राजा ॥
hṛdayaṁ rākhi kosalapura rājā

जब तें रामु ब्याहि घर आए ।
jaba teṁ rāmu byāhi ghara āe
नित नव मंगल मोद बधाए ॥
nita nava maṁgala moda badhāe

जनकसुता जग जननि जानकी ।
janakasutā jaga janani jānakī,
अतिसय प्रिय करुना निधान की ॥
atisaya priya karunā nidhāna kī

दोहा-dohā:

रावन क्रोध अनल निज स्वास समीर प्रचंड ।
rāvana krodha anala nija svāsa samīra pracaṁḍa,
जरत बिभीषनु राखेउ दीन्हेउ राजु अखंड ॥४९क॥
jarata bibhīṣanu rākheu dīnheu rāju akhaṁḍa. 49(ka).

जो संपति सिव रावनहि दीन्हि दिएँ दस माथ ।
jo saṁpati siva rāvanahi dīnhi dieṁ dasa mātha,
सोइ संपदा बिभीषनहि सकुचि दीन्ह रघुनाथ ॥४९ख॥
soi saṁpadā bibhīṣanahi sakuci dīnha raghunātha. 49(kha).

चौपाई-caupāī:

असु प्रभु छाड़ि भजहिं जे आना । ते नर पसु बिनु पूँछ बिषाना ॥
asa prabhu chāṛi bhajahiṁ je ānā, te nara pasu binu pūṁcha biṣānā.
निज जन जानि ताहि अपनावा । प्रभु सुभाव कपि कुल मन भावा ॥
nija jana jāni tāhi apanāvā, prabhu subhāva kapi kula mana bhāvā.
पुनि सर्बग्य सर्ब उर बासी । सर्बरूप सब रहित उदासी ॥
puni sarbagya sarba ura bāsī, sarbarūpa saba rahita udāsī.
बोले बचन नीति प्रतिपालक । कारन मनुज दनुज कुल घालक ॥
bole bacana nīti pratipālaka, kārana manuja danuja kula ghālaka.
सुनु कपीस लंकापति बीरा । केहि बिधि तरिअ जलधि गंभीरा ॥
sunu kapīsa laṁkāpati bīrā, kehi bidhi taria jaladhi gaṁbhīrā.
संकुल मकर उरग झष जाती । अति अगाध दुस्तर सब भाँती ॥
saṁkula makara uraga jhaṣa jātī, ati agādha dustara saba bhāṁtī.
कह लंकेस सुनहु रघुनायक । कोटि सिंधु सोषक तव सायक ॥
kaha laṁkesa sunahu raghunāyaka, koṭi siṁdhu soṣaka tava sāyaka.
जद्यपि तदपि नीति असि गाई । बिनय करिअ सागर सन जाई ॥
jadyapi tadapi nīti asi gāī, binaya karia sāgara sana jāī.

दोहा-dohā:

प्रभु तुम्हार कुलगुर जलधि कहिहि उपाय बिचारि ।
prabhu tumhāra kulagura jaladhi kahihi upāya bicāri,
बिनु प्रयास सागर तरिहि सकल भालु कपि धारि ॥५०॥
binu prayāsa sāgara tarihi sakala bhālu kapi dhāri. 50.

चौपाई-caupāī:

सखा कही तुम्ह नीकि उपाई । करिअ दैव जौं होइ सहाई ॥
sakhā kahī tumha nīki upāī, karia daiva jauṁ hoi sahāī.
मंत्र न यह लछिमन मन भावा । राम बचन सुनि अति दुख पावा ॥
maṁtra na yaha lachimana mana bhāvā, rāma bacana suni ati dukha pāvā.
नाथ दैव कर कवन भरोसा । सोषिअ सिंधु करिअ मन रोसा ॥
nātha daiva kara kavana bharosā, soṣia siṁdhu karia mana rosā.
कादर मन कहुँ एक अधारा । दैव दैव आलसी पुकारा ॥
kādara mana kahuṁ eka adhārā, daiva daiva ālasī pukārā.

सियावर रामचंद्र पद
siyāvara rāmacaṁdra pada
जय शरणं सीताराम
jaya śaraṇaṁ sitārāma

सियावर राम जय जय राम
siyāvara rāma jaya jaya rāma
मेरे प्रभु राम जय जय राम
mere prabhu rāma jaya jaya rāma

मंगल भवन अमंगल हारी ।
maṁgala bhavana amaṁgala hārī
द्रवउ सो दसरथ अजिर बिहारी ॥
dravau so dasaratha ajira bihārī

अजर अमर गुननिधि सुत होहू ।
ajara amara gunanidhi suta hohū
करहुँ बहुत रघुनायक छोहू ॥
karahuṁ bahuta raghunāyaka chohū

राजिवनयन धरें धनु सायक ।
rājivanayana dhareṁ dhanu sāyaka,
भगत बिपति भंजन सुख दायक ॥
bhagata bipati bhaṁjana sukha dāyaka

जौं प्रभु दीनदयालु कहावा ।
jauṁ prabhu dīnadayālu kahāvā
आरति हरन बेद जसु गावा ॥
ārati harana beda jasu gāvā

जपहिं नामु जन आरत भारी ।
japahiṁ nāmu jana ārata bhārī,
मिटहिं कुसंकट होहिं सुखारी ॥
miṭahiṁ kusaṁkaṭa hohiṁ sukhārī

सुनत बिहसि बोले रघुबीरा । ऐसेहिं करब धरहु मन धीरा ॥
sunata bihasi bole raghubīrā, aisehiṁ karaba dharahu mana dhīrā.
अस कहि प्रभु अनुजहि समुझाई । सिंधु समीप गए रघुराई ॥
asa kahi prabhu anujahi samujhāī, siṁdhu samīpa gae raghurāī.
प्रथम प्रनाम कीन्ह सिरु नाई । बैठे पुनि तट दर्भ डसाई ॥
prathama pranāma kīnha siru nāī, baiṭhe puni taṭa darbha ḍasāī.
जबहिं बिभीषन प्रभु पहिं आए । पाछें रावन दूत पठाए ॥
jabahiṁ bibhīṣana prabhu pahiṁ āe, pāchem̐ rāvana dūta paṭhāe.

दोहा-dohā:

सकल चरित तिन्ह देखे धरें कपट कपि देह ।
sakala carita tinha dekhe dhareṁ kapaṭa kapi deha,
प्रभु गुन हृदयँ सराहहिं सरनागत पर नेह ॥५१॥
prabhu guna hṛdayam̐ sarāhahiṁ saranāgata para neha. 51.

चौपाई-caupāī:

प्रगट बखानहिं राम सुभाऊ । अति सप्रेम गा बिसरि दुराऊ ॥
pragaṭa bakhānahiṁ rāma subhāū, ati saprema gā bisari durāū.
रिपु के दूत कपिन्ह तब जाने । सकल बाँधि कपीस पहिं आने ॥
ripu ke dūta kapinha taba jāne, sakala bām̐dhi kapīsa pahiṁ āne.
कह सुग्रीव सुनहु सब बानर । अंग भंग करि पठवहु निसिचर ॥
kaha sugrīva sunahu saba bānara, aṁga bhaṁga kari paṭhavahu nisicara.
सुनि सुग्रीव बचन कपि धाए । बाँधि कटक चहु पास फिराए ॥
suni sugrīva bacana kapi dhāe, bām̐dhi kaṭaka cahu pāsa phirāe.
बहु प्रकार मारन कपि लागे । दीन पुकारत तदपि न त्यागे ॥
bahu prakāra mārana kapi lāge, dīna pukārata tadapi na tyāge.
जो हमार हर नासा काना । तेहि कोसलाधीस कै आना ॥
jo hamāra hara nāsā kānā, tehi kosalādhīsa kai ānā.
सुनि लछिमन सब निकट बोलाए । दया लागि हँसि तुरत छोड़ाए ॥
suni lachimana saba nikaṭa bolāe, dayā lāgi ham̐si turata choṛāe.
रावन कर दीजहु यह पाती । लछिमन बचन बाचु कुलघाती ॥
rāvana kara dījahu yaha pātī, lachimana bacana bācu kulaghātī.

दोहा-dohā:

कहेहु मुखागर मूढ़ सन मम संदेसु उदार ।
kahehu mukhāgara mūṛha sana mama saṁdesu udāra,
सीता देइ मिलेहु न त आवा कालु तुम्हार ॥५२॥
sītā dei milehu na ta āvā kālu tumhāra. 52.

चौपाई-caupāī:

तुरत नाइ लछिमन पद माथा । चले दूत बरनत गुन गाथा ॥
turata nāi lachimana pada māthā, cale dūta baranata guna gāthā.
कहत राम जसु लंकाँ आए । रावन चरन सीस तिन्ह नाए ॥
kahata rāma jasu laṁkām̐ āe, rāvana carana sīsa tinha nāe.
बिहसि दसानन पूँछी बाता । कहसि न सुक आपनि कुसलाता ॥
bihasi dasānana pūm̐chī bātā, kahasi na suka āpani kusalātā.

दीन दयाल बिरिदु संभारी ।
dīna dayāla biridu saṁbhārī
हरहु नाथ मम संकट भारी ॥
harahu nātha mama saṁkaṭa bhārī

हनूमान अंगद रन गाजे ।
hanūmāna aṁgada rana gāje
हाँक सुनत रजनीचर भाजे ॥
hām̐ka sunata rajanīcara bhāje

सकल बिघ्न ब्यापहिं नहिं तेही ।
sakala bighna byāpahiṁ nahiṁ tehī
राम सुकृपाँ बिलोकहिं जेही ॥
rāma sukṛpām̐ bilokahiṁ jehī

दैहिक दैविक भौतिक तापा ।
daihika daivika bhautika tāpā
राम राज नहिं काहुहि ब्यापा ॥
rāma rāja nahiṁ kāhuhi byāpā

प्रबिसि नगर कीजे सब काजा ।
prabisi nagara kīje saba kājā
हृदयँ राखि कोसलपुर राजा ॥
hṛdayam̐ rākhi kosalapura rājā

जब तें रामु ब्याहि घर आए ।
jaba teṁ rāmu byāhi ghara āe
नित नव मंगल मोद बधाए ॥
nita nava maṁgala moda badhāe

जनकसुता जग जननि जानकी ।
janakasutā jaga janani jānakī,
अतिसय प्रिय करुना निधान की ॥
atisaya priya karunā nidhāna kī

पुनि कहु खबरि बिभीषन केरी । जाहि मृत्यु आई अति नेरी ॥
puni kahu khabari bibhīṣana kerī, jāhi mṛtyu āī ati nerī.
करत राज लंका सठ त्यागी । होइहि जव कर कीट अभागी ॥
karata rāja laṁkā saṭha tyāgī, hoihi java kara kīṭa abhāgī.
पुनि कहु भालु कीस कटकाई । कठिन काल प्रेरित चलि आई ॥
puni kahu bhālu kīsa kaṭakāī, kaṭhina kāla prerita cali āī.
जिन्ह के जीवन कर रखवारा । भयउ मृदुल चित सिंधु बिचारा ॥
jinha ke jīvana kara rakhavārā, bhayau mṛdula cita siṁdhu bicārā.
कहु तपसिन्ह कै बात बहोरी । जिन्ह के हृदयँ त्रास अति मोरी ॥
kahu tapasinha kai bāta bahorī, jinha ke hṛdayam̐ trāsa ati morī.

दोहा-dohā:

की भइ भेंट कि फिरि गए श्रवन सुजसु सुनि मोर ।
kī bhai bheṁṭa ki phiri gae śravana sujasu suni mora,
कहसि न रिपु दल तेज बल बहुत चकित चित तोर ॥५३॥
kahasi na ripu dala teja bala bahuta cakita cita tora. 53.

चौपाई-caupāī:

नाथ कृपा करि पूँछेहु जैसें । मानहु कहा क्रोध तजि तैसें ॥
nātha kṛpā kari pūm̐chehu jaiseṁ, mānahu kahā krodha taji taiseṁ.
मिला जाइ जब अनुज तुम्हारा । जातहिं राम तिलक तेहि सारा ॥
milā jāi jaba anuja tumhārā, jātahiṁ rāma tilaka tehi sārā.
रावन दूत हमहि सुनि काना । कपिन्ह बाँधि दीन्हे दुख नाना ॥
rāvana dūta hamahi suni kānā, kapinha bām̐dhi dīnhe dukha nānā.
श्रवन नासिका काटैं लागे । राम सपथ दीन्हें हम त्यागे ॥
śravana nāsikā kāṭaiṁ lāge, rāma sapatha dīnheṁ hama tyāge.
पूँछिहु नाथ राम कटकाई । बदन कोटि सत बरनि न जाई ॥
pūm̐chihu nātha rāma kaṭakāī, badana koṭi sata barani na jāī.
नाना बरन भालु कपि धारी । बिकटानन बिसाल भयकारी ॥
nānā barana bhālu kapi dhārī, bikaṭānana bisāla bhayakārī.
जेहिं पुर दहेउ हतेउ सुत तोरा । सकल कपिन्ह महँ तेहि बलु थोरा ॥
jehiṁ pura daheu hateu suta torā, sakala kapinha maham̐ tehi balu thorā.
अमित नाम भट कठिन कराला । अमित नाग बल बिपुल बिसाला ॥
amita nāma bhaṭa kaṭhina karālā, amita nāga bala bipula bisālā.

दोहा-dohā:

द्विबिद मयंद नील नल अंगद गद बिकटासि ।
dvibida mayaṁda nīla nala aṁgada gada bikaṭāsi,
दधिमुख केहरि निसठ सठ जामवंत बलरासि ॥५४॥
dadhimukha kehari nisaṭha saṭha jāmavaṁta balarāsi. 54.

चौपाई-caupāī:

ए कपि सब सुग्रीव समाना । इन्ह सम कोटिन्ह गनइ को नाना ॥
e kapi saba sugrīva samānā, inha sama koṭinha ganai ko nānā.
राम कृपाँ अतुलित बल तिन्हहीं । तृन समान त्रैलोकहि गनहीं ॥
rāma kṛpām̐ atulita bala tinhahīṁ, tṛna samāna trailokahi ganahīṁ.

सियावर रामचंद्र पद
siyāvara rāmacaṁdra pada
जय शरणं सीताराम
jaya śaraṇaṁ sitārāma

सियावर राम जय जय राम
siyāvara rāma jaya jaya rāma
मेरे प्रभु राम जय जय राम
mere prabhu rāma jaya jaya rāma

मंगल भवन अमंगल हारी ।
maṁgala bhavana amaṁgala hārī
द्रवउ सो दसरथ अजिर बिहारी ॥
dravau so dasaratha ajira bihārī

अजर अमर गुननिधि सुत होहू ।
ajara amara guṇanidhi suta hohū
करहुँ बहुत रघुनायक छोहू ॥
karahum̐ bahuta raghunāyaka chohū

राजिवनयन धरें धनु सायक ।
rājivanayana dhareṁ dhanu sāyaka,
भगत बिपति भंजन सुख दायक ॥
bhagata bipati bhaṁjana sukha dāyaka

जौं प्रभु दीनदयालु कहावा ।
jauṁ prabhu dīnadayālu kahāvā
आरति हरन बेद जसु गावा ॥
ārati harana beda jasu gāvā

जपहिं नामु जन आरत भारी ।
japahiṁ nāmu jana ārata bhārī,
मिटहिं कुसंकट होहिं सुखारी ॥
miṭahiṁ kusaṁkaṭa hohiṁ sukhārī

अस मैं सुना श्रवन दसकंधर । पदुम अठारह जूथप बंदर ॥
asa maiṁ sunā śravana dasakaṁdhara, paduma aṭhāraha jūthapa baṁdara.
नाथ कटक महँ सो कपि नाहीं । जो न तुम्हहि जीतै रन माहीं ॥
nātha kaṭaka mahaṁ so kapi nāhīṁ, jo na tumhahi jītai rana māhīṁ.
परम क्रोध मीजहिं सब हाथा । आयसु पै न देहिं रघुनाथा ॥
parama krodha mījahiṁ saba hāthā, āyasu pai na dehiṁ raghunāthā.
सोषहिं सिंधु सहित झष ब्याला । पूरहिं न त भरि कुधर बिसाला ॥
soṣahiṁ siṁdhu sahita jhaṣa byālā, pūrahiṁ na ta bhari kudhara bisālā.
मर्दि गर्द मिलवहिं दससीसा । ऐसेइ बचन कहहिं सब कीसा ॥
mardi garda milavahiṁ dasasīsā, aisei bacana kahahiṁ saba kīsā.
गर्जहिं तर्जहिं सहज असंका । मानहुँ ग्रसन चहत हहिं लंका ॥
garjahiṁ tarjahiṁ sahaja asaṁkā, mānahuṁ grasana cahata hahiṁ laṁkā.

दोहा-dohā:

सहज सूर कपि भालु सब पुनि सिर पर प्रभु राम ।
sahaja sūra kapi bhālu saba puni sira para prabhu rāma,
रावन काल कोटि कहुँ जीति सकहिं संग्राम ॥५५॥
rāvana kāla koṭi kahuṁ jīti sakahiṁ saṁgrāma. 55.

चौपाई-caupāī:

राम तेज बल बुधि बिपुलाई । सेष सहस सत सकहिं न गाई ॥
rāma teja bala budhi bipulāī, seṣa sahasa sata sakahiṁ na gāī.
सक सर एक सोषि सत सागर । तव भ्रातहि पूँछेउ नय नागर ॥
saka sara eka soṣi sata sāgara, tava bhrātahi pūṁcheu naya nāgara.
तासु बचन सुनि सागर पाहीं । मागत पंथ कृपा मन माहीं ॥
tāsu bacana suni sāgara pāhīṁ, māgata paṁtha kṛpā mana māhīṁ.
सुनत बचन बिहसा दससीसा । जौं असि मति सहाय कृत कीसा ॥
sunata bacana bihasā dasasīsā, jauṁ asi mati sahāya kṛta kīsā.
सहज भीरु कर बचन दृढ़ाई । सागर सन ठानी मचलाई ॥
sahaja bhīru kara bacana dṛṛhāī, sāgara sana ṭhānī macalāī.
मूढ़ मृषा का करसि बड़ाई । रिपु बल बुद्धि थाह मैं पाई ॥
mūṛha mṛṣā kā karasi baṛāī, ripu bala buddhi thāha maiṁ pāī.
सचिव सभीत बिभीषन जाकें । बिजय बिभूति कहाँ जग ताकें ॥
saciva sabhīta bibhīṣana jākeṁ, bijaya bibhūti kahāṁ jaga tākeṁ.
सुनि खल बचन दूत रिस बाढ़ी । समय बिचारि पत्रिका काढ़ी ॥
suni khala bacana dūta risa bāṛhī, samaya bicāri patrikā kāṛhī.
रामानुज दीन्ही यह पाती । नाथ बचाइ जुड़ावहु छाती ॥
rāmānuja dīnhī yaha pātī, nātha bacāi juṛāvahu chātī.
बिहसि बाम कर लीन्ही रावन । सचिव बोलि सठ लाग बचावन ॥
bihasi bāma kara līnhī rāvana, saciva boli saṭha lāga bacāvana.

दोहा-dohā:

बातन्ह मनहि रिझाइ सठ जनि घालसि कुल खीस ।
bātanha manahi rijhāi saṭha jani ghālasi kula khīsa,

दीन दयाल बिरिदु संभारी ।
dīna dayāla biridu saṁbhārī
हरहु नाथ मम संकट भारी ॥
harahu nātha mama saṁkaṭa bhārī

हनूमान अंगद रन गाजे ।
hanūmāna aṁgada rana gāje
हाँक सुनत रजनीचर भाजे ॥
hāṁka sunata rajanīcara bhāje

सकल बिघ्न ब्यापहिं नहिं तेही ।
sakala bighna byāpahiṁ nahiṁ tehī
राम सुकृपाँ बिलोकहिं जेही ॥
rāma sukṛpāṁ bilokahiṁ jehī

दैहिक दैविक भौतिक तापा ।
daihika daivika bhautika tāpā
राम राज नहिं काहुहि ब्यापा ॥
rāma rāja nahiṁ kāhuhi byāpā

प्रबिसि नगर कीजे सब काजा ।
prabisi nagara kīje saba kājā
हृदयँ राखि कोसलपुर राजा ॥
hṛdayaṁ rākhi kosalapura rājā

जब तें रामु ब्याहि घर आए ।
jaba teṁ rāmu byāhi ghara āe
नित नव मंगल मोद बधाए ॥
nita nava maṁgala moda badhāe

जनकसुता जग जननि जानकी ।
janakasutā jaga janani jānakī,
अतिसय प्रिय करुना निधान की ॥
atisaya priya karunā nidhāna kī

राम बिरोध न उबरसि सरन बिष्नु अज ईस ॥५६क॥
rāma birodha na ubarasi sarana biṣnu aja īsa. 56(ka).

की तजि मान अनुज इव प्रभु पद पंकज भृंग ।
kī taji māna anuja iva prabhu pada paṁkaja bhṛṁga,
होहि कि राम सरानल खल कुल सहित पतंग ॥५६ख॥
hohi ki rāma sarānala khala kula sahita pataṁga. 56(kha).

चौपाई-caupāī:

सुनत सभय मन मुख मुसुकाई । कहत दसानन सबहि सुनाई ॥
sunata sabhaya mana mukha musukāī, kahata dasānana sabahi sunāī.
भूमि परा कर गहत अकासा । लघु तापस कर बाग बिलासा ॥
bhūmi parā kara gahata akāsā, laghu tāpasa kara bāga bilāsā.
कह सुक नाथ सत्य सब बानी । समुझहु छाड़ि प्रकृति अभिमानी ॥
kaha suka nātha satya saba bānī, samujhahu chāṛi prakṛti abhimānī.
सुनहु बचन मम परिहरि क्रोधा । नाथ राम सन तजहु बिरोधा ॥
sunahu bacana mama parihari krodhā, nātha rāma sana tajahu birodhā.
अति कोमल रघुबीर सुभाऊ । जद्यपि अखिल लोक कर राऊ ॥
ati komala raghubīra subhāū, jadyapi akhila loka kara rāū.
मिलत कृपा तुम्ह पर प्रभु करिही । उर अपराध न एकउ धरिही ॥
milata kṛpā tumha para prabhu karihī, ura aparādha na ekau dharihī.
जनकसुता रघुनाथहि दीजे । एतना कहा मोर प्रभु कीजे ॥
janakasutā raghunāthahi dīje, etanā kahā mora prabhu kīje.
जब तेहिं कहा देन बैदेही । चरन प्रहार कीन्ह सठ तेही ॥
jaba tehiṁ kahā dena baidehī, carana prahāra kīnha saṭha tehī.
नाइ चरन सिरु चला सो तहाँ । कृपासिंधु रघुनायक जहाँ ॥
nāi carana siru calā so tahāṁ, kṛpāsiṁdhu raghunāyaka jahāṁ.
करि प्रनामु निज कथा सुनाई । राम कृपाँ आपनि गति पाई ॥
kari pranāmu nija kathā sunāī, rāma kṛpāṁ āpani gati pāī.
रिषि अगस्ति कीं साप भवानी । राछस भयउ रहा मुनि ग्यानी ॥
riṣi agasti kīṁ sāpa bhavānī, rāchasa bhayau rahā muni gyānī.
बंदि राम पद बारहिं बारा । मुनि निज आश्रम कहुँ पगु धारा ॥
baṁdi rāma pada bārahiṁ bārā, muni nija āśrama kahuṁ pagu dhārā.

दोहा-dohā:

बिनय न मानत जलधि जड़ गए तीनि दिन बीति ।
binaya na mānata jaladhi jaṛa gae tīni dina bīti,
बोले राम सकोप तब भय बिनु होइ न प्रीति ॥५७॥
bole rāma sakopa taba bhaya binu hoi na prīti. 57.

चौपाई-caupāī:

लछिमन बान सरासन आनू । सोषौं बारिधि बिसिख कृसानू ॥
lachimana bāna sarāsana ānū, soṣauṁ bāridhi bisikha kṛsānū.
सठ सन बिनय कुटिल सन प्रीती । सहज कृपन सन सुंदर नीती ॥
saṭha sana binaya kuṭila sana prītī, sahaja kṛpana sana suṁdara nītī.

सियावर रामचंद्र पद
siyāvara rāmacaṁdra pada
जय शरणं सीताराम
jaya śaraṇaṁ sitārāma

सियावर राम जय जय राम
siyāvara rāma jaya jaya rāma
मेरे प्रभु राम जय जय राम
mere prabhu rāma jaya jaya rāma

मंगल भवन अमंगल हारी ।
maṁgala bhavana amaṁgala hārī
द्रवउ सो दसरथ अजिर बिहारी ॥
dravau so dasaratha ajira bihārī

अजर अमर गुननिधि सुत होहू ।
ajara amara gunanidhi suta hohū
करहुँ बहुत रघुनायक छोहू ॥
karahuṁ bahuta raghunāyaka chohū

राजिवनयन धरें धनु सायक ।
rājivanayana dhareṁ dhanu sāyaka,
भगत बिपति भंजन सुख दायक ॥
bhagata bipati bhaṁjana sukha dāyaka

जौं प्रभु दीनदयालु कहावा ।
jauṁ prabhu dīnadayālu kahāvā
आरति हरन बेद जसु गावा ॥
ārati harana beda jasu gāvā

जपहिं नामु जन आरत भारी ।
japahiṁ nāmu jana ārata bhārī,
मिटहिं कुसंकट होहिं सुखारी ॥
miṭahiṁ kusaṁkaṭa hohiṁ sukhārī

ममता रत सन ग्यान कहानी । अति लोभी सन बिरति बखानी ॥
mamatā rata sana gyāna kahānī, ati lobhī sana birati bakhānī.
क्रोधिहि सम कामिहि हरि कथा । ऊसर बीज बएँ फल जथा ॥
krodhihi sama kāmihi hari kathā, ūsara bīja baem̐ phala jathā.
अस कहि रघुपति चाप चढ़ावा । यह मत लछिमन के मन भावा ॥
asa kahi raghupati cāpa caṛhāvā, yaha mata lachimana ke mana bhāvā.
संघानेउ प्रभु बिसिख कराला । उठी उदधि उर अंतर ज्वाला ॥
saṁghāneu prabhu bisikha karālā, uṭhī udadhi ura aṁtara jvālā.
मकर उरग झष गन अकुलाने । जरत जंतु जलनिधि जब जाने ॥
makara uraga jhaṣa gana akulāne, jarata jaṁtu jalanidhi jaba jāne.
कनक थार भरि मनि गन नाना । बिप्र रूप आयउ तजि माना ॥
kanaka thāra bhari mani gana nānā, bipra rūpa āyau taji mānā.

दोहा-dohā:

काटेहिं पइ कदरी फरइ कोटि जतन कोउ सींच ।
kāṭehiṁ pai kadarī pharai koṭi jatana kou sīṁca,
बिनय न मान खगेस सुनु डाटेहिं पइ नव नीच ॥५८॥
binaya na māna khagesa sunu ḍāṭehiṁ pai nava nīca. 58.

चौपाई-caupāī:

सभय सिंधु गहि पद प्रभु केरे । छमहु नाथ सब अवगुन मेरे ॥
sabhaya siṁdhu gahi pada prabhu kere, chamahu nātha saba avaguna mere.
गगन समीर अनल जल धरनी । इन्ह कइ नाथ सहज जड़ करनी ॥
gagana samīra anala jala dharanī, inha kai nātha sahaja jaṛa karanī.
तव प्रेरित मायाँ उपजाए । सृष्टि हेतु सब ग्रंथनि गाए ॥
tava prerita māyām̐ upajāe, sṛṣṭi hetu saba graṁthani gāe.
प्रभु आयसु जेहि कहँ जस अहई । सो तेहि भाँति रहें सुख लहई ॥
prabhu āyasu jehi kaham̐ jasa ahaī, so tehi bhām̐ti raheṁ sukha lahaī.
प्रभु भल कीन्ह मोहि सिख दीन्ही । मरजादा पुनि तुम्हरी कीन्ही ॥
prabhu bhala kīnha mohi sikha dīnhī, marajādā puni tumharī kīnhī.
ढोल गवाँर सूद्र पसु नारी । सकल ताड़ना के अधिकारी ॥
ḍhola gavām̐ra sūdra pasu nārī, sakala tāṛanā ke adhikārī.
प्रभु प्रताप मैं जाब सुखाई । उतरिहि कटकु न मोरि बड़ाई ॥
prabhu pratāpa maiṁ jāba sukhāī, utarihi kaṭaku na mori baṛāī.
प्रभु अग्या अपेल श्रुति गाई । करौं सो बेगि जो तुम्हहि सोहाई ॥
prabhu agyā apela śruti gāī, karauṁ so begi jo tumhahi sohāī.

दोहा-dohā:

सुनत बिनीत बचन अति कह कृपाल मुसुकाइ ।
sunata binīta bacana ati kaha kṛpāla musukāi,
जेहि बिधि उतरै कपि कटकु तात सो कहहु उपाइ ॥५९॥
jehi bidhi utarai kapi kaṭaku tāta so kahahu upāi. 59.

चौपाई-caupāī:

नाथ नील नल कपि द्वौ भाई । लरिकाईं रिषि आसिष पाई ॥
nātha nīla nala kapi dvau bhāī, larikāīṁ riṣi āsiṣa pāī.

दीन दयाल बिरिदु संभारी ।
dīna dayāla biridu saṁbhārī
हरहु नाथ मम संकट भारी ॥
harahu nātha mama saṁkaṭa bhārī

हनूमान अंगद रन गाजे ।
hanūmāna aṁgada rana gāje
हाँक सुनत रजनीचर भाजे ॥
hām̐ka sunata rajanīcara bhāje

सकल बिघ्न ब्यापहिं नहिं तेही ।
sakala bighna byāpahiṁ nahiṁ tehī
राम सुकृपाँ बिलोकहिं जेही ॥
rāma sukṛpām̐ bilokahiṁ jehī

दैहिक दैविक भौतिक तापा ।
daihika daivika bhautika tāpā
राम राज नहिं काहुहि ब्यापा ॥
rāma rāja nahiṁ kāhuhi byāpā

प्रबिसि नगर कीजे सब काजा ।
prabisi nagara kīje saba kājā
हृदयँ राखि कोसलपुर राजा ॥
hṛdayam̐ rākhi kosalapura rājā

जब तें रामु ब्याहि घर आए ।
jaba teṁ rāmu byāhi ghara āe
नित नव मंगल मोद बधाए ॥
nita nava maṁgala moda badhāe

जनकसुता जग जननि जानकी ।
janakasutā jaga janani jānakī,
अतिसय प्रिय करुना निधान की ॥
atisaya priya karunā nidhāna kī

तिन्ह कें परस किएँ गिरि भारे । तरिहहिं जलधि प्रताप तुम्हारे ॥
tinha keṁ parasa kieṁ giri bhāre, tarihahiṁ jaladhi pratāpa tumhāre.

मैं पुनि उर धरि प्रभु प्रभुताई । करिहउँ बल अनुमान सहाई ॥
maiṁ puni ura dhari prabhu prabhutāī, karihauṁ bala anumāna sahāī.

एहि बिधि नाथ पयोधि बँधाइअ । जेहिं यह सुजसु लोक तिहुँ गाइअ ॥
ehi bidhi nātha payodhi baṁdhāia, jehiṁ yaha sujasu loka tihuṁ gāia.

एहिं सर मम उत्तर तट बासी । हतहु नाथ खल नर अघ रासी ॥
ehiṁ sara mama uttara taṭa bāsī, hatahu nātha khala nara agha rāsī.

सुनि कृपाल सागर मन पीरा । तुरतहिं हरी राम रनधीरा ॥
suni kṛpāla sāgara mana pīrā, turatahiṁ harī rāma ranadhīrā.

देखि राम बल पौरुष भारी । हरषि पयोनिधि भयउ सुखारी ॥
dekhi rāma bala pauruṣa bhārī, haraṣi payonidhi bhayau sukhārī.

सकल चरित कहि प्रभुहि सुनावा । चरन बंदि पाथोधि सिधावा ॥
sakala carita kahi prabhuhi sunāvā, carana baṁdi pāthodhi sidhāvā.

छंद-chaṁda:

निज भवन गवनेउ सिंधु श्रीरघुपतिहि यह मत भायऊ ।
nija bhavana gavaneu siṁdhu śrīraghupatihi yaha mata bhāyaū,

यह चरित कलि मलहर जथामति दास तुलसी गायऊ ॥
yaha carita kali malahara jathāmati dāsa tulasī gāyaū.

सुख भवन संसय समन दवन बिषाद रघुपति गुन गना ।
sukha bhavana saṁsaya samana davana biṣāda raghupati guna ganā,

तजि सकल आस भरोस गावहि सुनहि संतत सठ मना ॥
taji sakala āsa bharosa gāvahi sunahi saṁtata saṭha manā.

दोहा-dohā:

सकल सुमंगल दायक रघुनायक गुन गान ।
sakala sumaṁgala dāyaka raghunāyaka guna gāna,

सादर सुनहिं ते तरहिं भव सिंधु बिना जलजान ॥६०॥
sādara sunahiṁ te tarahiṁ bhava siṁdhu binā jalajāna. 60.

इति श्रीमद्रामचरितमानसे सकलकलिकलुषविध्वंसने
iti śrīmadrāmacaritamānase sakalakalikaluṣavidhvaṁsane

पञ्चमः सोपानः सुन्दरकाण्ड
pañcamaḥ sopānaḥ sundarakāṇḍa

श्रीरामचरणार्पणमस्तु
śrī rāma caraṇāarpaṇamastu

कायेन वाचा मनसेंद्रियैर्वा । बुद्ध्यात्मना वा प्रकृतिस्वभावात् ।
kāyena vācā manaseṁdriyairvā , buddhyātmanā vā prakṛtisvabhāvāt ,

करोमि यद्यत् सकलं परस्मै । नारायणायेति समर्पयामि ॥
karomi yadyat sakalaṁ parasmai , nārāyaṇāyeti samarpayāmi .

सीताराम सीताराम सीताराम सीताराम सीताराम सीताराम सीताराम सीताराम सीताराम
सीताराम सीताराम सीताराम सीताराम सीताराम सीताराम सीताराम सीताराम सीताराम

सियावर रामचंद्र पद
siyāvara rāmacaṁdra pada
जय शरणं सीताराम
jaya śaraṇaṁ sitārāma

सियावर राम जय जय राम
siyāvara rāma jaya jaya rāma
मेरे प्रभु राम जय जय राम
mere prabhu rāma jaya jaya rāma

मंगल भवन अमंगल हारी ।
maṁgala bhavana amaṁgala hārī
द्रवउ सो दसरथ अजिर बिहारी ॥
dravau so dasaratha ajira bihārī

अजर अमर गुननिधि सुत होहू ।
ajara amara gunanidhi suta hohū
करहुँ बहुत रघुनायक छोहू ॥
karahuṁ bahuta raghunāyaka chohū

राजिवनयन धरें धनु सायक ।
rājivanayana dhareṁ dhanu sāyaka,
भगत बिपति भंजन सुख दायक ॥
bhagata bipati bhaṁjana sukha dāyaka

जौं प्रभु दीनदयालु कहावा ।
jauṁ prabhu dīnadayālu kahāvā
आरति हरन बेद जसु गावा ॥
ārati harana beda jasu gāvā

जपहिं नामु जन आरत भारी ।
japahiṁ nāmu jana ārata bhārī,
मिटहिं कुसंकट होहिं सुखारी ॥
miṭahiṁ kusaṁkaṭa hohiṁ sukhārī

ॐ

श्रीसीताराम

श्रीजानकीवल्लभो विजयते

śrījānakīvallabho vijayate

—: श्रीरामरक्षास्तोत्र :—

—: śrīrāmarakṣāstotra :—

अस्य श्रीरामरक्षास्तोत्रमन्त्रस्य बुधकौशिक ऋषिः

asya śrī-rāma-rakṣāstotra-mantrasya budha-kauśika ṛṣiḥ

श्रीसीतारामचन्द्रो देवता अनुष्टुप् छन्दः

śrī-sītā-rāma-candro devatā anuṣṭup chandaḥ

सीता शक्तिः श्रीमान् हनुमान् कीलकं

sītā śaktiḥ śrīmān hanumān kīlakaṁ

श्रीरामचन्द्रप्रीत्यर्थे रामरक्षास्तोत्रजपे विनियोगः ॥

śrī-rāma-candra-prītyarthe rāma-rakṣā-stotra-jape viniyogaḥ .

-- *अथ ध्यानम्* . *atha dhyānam* --

-- [**Meditate**] --

ध्यायेदाजानुबाहुं धृतशरधनुषं बद्धपद्मासनस्थं

dhyāye-dājānu-bāhuṁ dhṛta-śara-dhanuṣaṁ baddha-padmā-sanasthaṁ

पीतं वासो वसानं नवकमलदलस्पर्धिनेत्रं प्रसन्नम् ।

pītaṁ vāso vasānaṁ nava-kamala-dala-spardhi-netraṁ prasannam ,

वामाङ्करूढसीतामुखकमलमिलल्लोचनं नीरदाभं

vāmāṅka-rūḍha-sītā-mukha-kamala-mila-llocanaṁ nīra-dābhaṁ

नानालंकारदीप्तं दधतमुरुजटामण्डलं रामचन्द्रम् ॥

nānā-laṁkāra-dīptaṁ dadhata-murujaṭā-maṇḍalaṁ rāma-candram .

-- *इति ध्यानम्* . *iti dhyānam* --

-- [Meditation concludes (Mantras Begin)] --

चरितं रघुनाथस्य शतकोटि प्रविस्तरम् ।

caritaṁ raghu-nāthasya śata-koṭi pravis-taram ,

एकैकमक्षरं पुंसां महापातकनाशनम् ॥ १ ॥

ek-aikam-akṣaraṁ puṁsāṁ mahā-pātaka-nāśa-nam . 1 .

ध्यात्वा नीलोत्पलश्यामं रामं राजीवलोचनम् ।
dhyā-tvā nīl-otpala-śyāmaṁ rāmaṁ rājīva-locanam ,
जानकीलक्ष्मणोपेतं जटामुकुटमण्डितम् ॥ २ ॥
jānakī-lakṣmaṇo-petaṁ jaṭā-mukuṭa-maṇḍitam . 2 .
सासितूणधनुर्बाणपाणिं नक्तंचरान्तकम् ।
sāsitūṇa-dhanur-bāṇa-pāṇiṁ naktaṁ-carāntakam ,
स्वलीलया जगत्त्रातुमविर्भूतमजं विभुम् ॥ ३ ॥
sva-līlayā jagat-trātuma-virbhūta-majaṁ vibhum . 3 .
रामरक्षां पठेत्प्राज्ञः पापघ्नीं सर्वकामदाम् ।
rāma-rakṣāṁ paṭhet-prājñaḥ pāpa-ghnīṁ sarva-kāma-dām ,
शिरो मे राघवः पातु भालं दशरथात्मजः ॥ ४ ॥
śiro me rāghavaḥ pātu bhālaṁ daśarath-ātmajaḥ . 4 .

कौसल्येयो दृशौ पातु विश्वामित्रप्रियः श्रुती ।
kausal-yeyo dṛśau pātu viśvā-mitra-priyaḥ śrutī ,
घ्राणं पातु मखत्राता मुखं सौमित्रिवत्सलः ॥ ५ ॥
ghrāṇaṁ pātu makha-trātā mukhaṁ saumitri-vatsalaḥ . 5 .
जिह्वां विद्यानिधिः पातु कण्ठं भरतवंदितः ।
jihvāṁ vidyā-nidhiḥ pātu kaṇṭhaṁ bharata-vaṁditaḥ ,
स्कन्धौ दिव्यायुधः पातु भुजौ भग्नेशकार्मुकः ॥ ६ ॥
skandhau divyā-yudhaḥ pātu bhujau bhag-neśa-kārmukaḥ . 6 .
करौ सीतापतिः पातु हृदयं जामदग्न्यजित् ।
karau sītā-patiḥ pātu hṛdayaṁ jāma-dagnya-jit ,
मध्यं पातु खरध्वंसी नाभिं जाम्बवदाश्रयः ॥ ७ ॥
madhyaṁ pātu khara-dhvaṁsī nābhiṁ jāmbavad-āśrayaḥ . 7 .
सुग्रीवेशः कटी पातु सक्थिनी हनुमत्प्रभुः ।
sugrī-veśaḥ kaṭī pātu sakthinī hanumat-prabhuḥ ,
ऊरू रघूत्तमः पातु रक्षःकुलविनाशकृत् ॥ ८ ॥
ūrū raghū-ttamaḥ pātu rakṣaḥ-kula-vināśakṛt . 8 .
जानुनी सेतुकृत्पातु जङघे दशमुखान्तकः ।
jānunī setu-kṛtpātu jaṅaghe daśa-mukh-āntakaḥ ,
पादौ बिभीषणश्रीदः पातु रामोऽखिलं वपुः ॥ ९ ॥
pādau bibhīṣaṇ-aśrīdaḥ pātu rām-o'khilaṁ vapuḥ . 9 .
एतां रामबलोपेतां रक्षां यः सुकृती पठेत् ।
etāṁ rāma-balo-petāṁ rakṣāṁ yaḥ sukṛtī paṭhet ,
स चिरायुः सुखी पुत्री विजयी विनयी भवेत् ॥ १० ॥
sa cirāyuḥ sukhī putrī vijayī vinayī bhavet . 10 .

पातालभूतलव्योमचारिणश्छद्मचारिणः ।
pātāla-bhūtala-vyoma-cāriṇa-śchadma-cāriṇaḥ ,
न द्रष्टुमपि शक्तास्ते रक्षितं रामनामभिः ॥ ११ ॥
na draṣṭu-mapi śakt-āste rakṣitaṁ rāma-nāma-bhiḥ . 11 .
रामेति रामभद्रेति रामचन्द्रेति वा स्मरन् ।
rāmeti rāma-bhadreti rāma-candreti vā smaran ,
नरो न लिप्यते पापैभुक्तिं मुक्तिं च विन्दति ॥ १२ ॥
naro na lipyate pāpai-bhuktiṁ muktiṁ ca vindati . 12 .
जगज्जैत्रेकमन्त्रेण रामनाम्नाऽभिरक्षितम् ।
jagajjai-trekam-antreṇa rāma-nāmnā-'bhirakṣ-itam ,
यः कण्ठे धारयेत्तस्य करस्थाः सर्वसिद्धयः ॥ १३ ॥
yaḥ kaṇṭhe dhāra-yettasya kara-sthāḥ sarva-siddha-yaḥ . 13 .
वज्रपंजरनामेदं यो रामकवचं स्मरेत् ।
vajra-paṁjara-nāmedaṁ yo rāma-kavacaṁ smaret ,
अव्याहताज्ञः सर्वत्र लभते जयमंगलम् ॥ १४ ॥
avyā-hatā-jñaḥ sarvatra labhate jaya-maṁgalam . 14 .
आदिष्टवान्यथा स्वप्ने रामरक्षामिमां हरः ।
ādiṣṭa-vānyathā svapne rāma-rakṣā-mimāṁ haraḥ ,
तथा लिखितवान्प्रातः प्रभुद्धो बुधकौशिकः ॥ १५ ॥
tathā likhita-vān-prātaḥ pra-bhuddho budha-kauśikaḥ . 15 .
आरामः कल्पवृक्षाणां विरामः सकलापदाम् ।
ārāmaḥ kalpa-vṛkṣāṇāṁ virā-maḥ sakal-āpadām ,
अभिरामस्त्रिलोकानां रामः श्रीमान्स नः प्रभुः ॥ १६ ॥
abhirāmas-trilok-ānāṁ rāmaḥ śrī-mānsa naḥ prabhuḥ . 16 .
तरुणौ रूपसम्पन्नौ सुकुमारौ महाबलौ ।
taruṇau rūpa-sampannau su-kumārau mahā-balau ,
पुण्डरीकविशालाक्षौ चीरकृष्णाजिनाम्बरौ ॥ १७ ॥
puṇḍarīka-viśāl-ākṣau cīra-kṛṣṇā-jinām-barau . 17 .
फलमूलाशिनौ दान्तौ तापसौ ब्रह्मचारिणौ ।
phala-mūl-āśinau dāntau tāpasau brahma-cāriṇau ,
पुत्रौ दशरथस्यैतौ भ्रातरौ रामलक्ष्मणौ ॥ १८ ॥
putrau daśa-ratha-syaitau bhrā-tarau rāma-lakṣmaṇau . 18 .
शरण्यौ सर्वसत्त्वानां श्रेष्ठौ सर्वधनुष्मताम् ।
śaraṇ-yau sarva-satt-vānāṁ śre-ṣṭhau sarva-dhanuṣ-matām ,
रक्षः कुलनिहन्तारौ त्रायेतां नो रघूत्तमौ ॥ १९ ॥
rakṣaḥ kulani-hantārau trā-yetāṁ no raghū-ttamau . 19 .

आत्तसज्जधनुषाविषुस्पृशावक्षयाशुगनिषङ्गसङ्गनौ ।
ātta-sajja-dhanuṣā-viṣu-spṛśā-vakṣay-āśuga-niṣaṅga-saṅganau ,
रक्षणाय मम रामलक्ष्मणावग्रतः पथि सदैव गच्छताम् ॥ २० ॥
rakṣ-aṇāya mama rāma-lakṣman-āvagrataḥ pathi sadaiva gacch-atām . 20 .
संनद्धः कवची खड्गी चापबाणधरो युवा ।
saṁ-naddhaḥ kavacī khaḍgī cāpa-bāṇa-dharo yuvā ,
गच्छन्मनोरथान्नश्च रामः पातु सलक्ष्मणः ॥ २१ ॥
gacchan-manorath-ānnaśca rāmaḥ pātu sa-lakṣmaṇaḥ . 21 .
रामो दाशरथिः शूरो लक्ष्मणानुचरो बली ।
rāmo dāśarathiḥ śūro lakṣman-ānucaro balī ,
काकुत्स्थः पुरुषः पूर्णः कौसल्येयो रघूत्तमः ॥ २२ ॥
kākuts-thaḥ puruṣaḥ pūrṇaḥ kausal-yeyo raghū-ttamaḥ . 22 .
वेदान्तवेद्यो यज्ञेशः पुराणपुरुषोत्तमः ।
vedānta-vedyo yajñ-eśaḥ purāṇa-puruṣ-ottamaḥ ,
जानकीवल्लभः श्रीमान् अप्रमेय पराक्रमः ॥ २३ ॥
jānakī-vallabh-aḥ śrī-mān a-prameya parā-kramaḥ . 23 .
इत्येतानि जपन्नित्यं मद्भक्तः श्रद्धयान्वितः ।
itye-tāni japan-nityaṁ mad-bhaktaḥ śraddha-yānvitaḥ ,
अश्वमेधाधिकं पुण्यं सम्प्राप्नोति न संशयः ॥ २४ ॥
aśva-medhā-dhikaṁ puṇyaṁ sam-prāp-noti na saṁś-ayaḥ . 24 .
रामं दुर्वादलश्यामं पद्माक्षं पीतवाससम् ।
rāmaṁ durvā-dala-śyāmaṁ padm-ākṣaṁ pīta-vāsa-sam,
स्तुवन्ति नामभिर्दिव्यैर्न ते संसारिणो नराः ॥ २५ ॥
stu-vanti nāmabhir-div-yairna te saṁ-sāriṇo narāḥ . 25 .
रामं लक्ष्मणपूर्वजं रघुवरं सीतापतिं सुन्दरं
rāmaṁ lakṣmaṇa-pūrvajaṁ raghu-varaṁ sītā-patiṁ sundaraṁ
काकुत्स्थं करुणार्णवं गुणनिधिं विप्रप्रियं धार्मिकम् ।
kākut-sthaṁ karuṇār-ṇavaṁ guṇa-nidhiṁ vipra-priyaṁ dhārmikam ,
राजेन्द्रं सत्यसंधं दशरथतनयं श्यामलं शान्तमूर्तिं
rājendraṁ satya-saṁdhaṁ daśaratha-tanayaṁ śyāmalaṁ śānta-mūrtiṁ
वन्दे लोकाभिरामं रघुकुलतिलकं राघवं रावणारिम् ॥ २६ ॥
vande lok-ābhirāmaṁ raghu-kula-tilakaṁ rāghavaṁ rāvaṇā-rim . 26 .
रामाय रामभद्राय रामचन्द्राय वेधसे ।
rāmāya rāma-bhadrāya rāma-candrāya vedhase ,
रघुनाथाय नाथाय सीतायाः पतये नमः ॥ २७ ॥
raghu-nāthāya nāthāya sītāyāḥ pataye namaḥ . 27 .

श्रीराम राम रघुनन्दन राम राम
śrīrāma rāma raghu-nandana rāma rāma
श्रीराम राम भरताग्रज राम राम ।
śrīrāma rāma bharat-āgraja rāma rāma ,
श्रीराम राम रणकर्कश राम राम
śrīrāma rāma raṇa-karkaśa rāma rāma
श्रीराम राम शरणं भव राम राम ॥ २८ ॥
śrīrāma rāma śaraṇaṁ bhava rāma rāma . 28 .

श्रीरामचन्द्रचरणौ मनसा स्मरामि
śrī-rāma-candra-caraṇau manasā smarāmi
श्रीरामचन्द्रचरणौ वचसा गृणामि ।
śrī-rāma-candra-caraṇau vacasā gṛṇāmi ,
श्रीरामचन्द्रचरणौ शिरसा नमामि
śrī-rāma-candra-caraṇau śirasā namāmi
श्रीरामचन्द्रचरणौ शरणं प्रपद्ये ॥ २९ ॥
śrī-rāma-candra-caraṇau śaraṇaṁ prapadye . 29 .

माता रामो मत्पिता रामचन्द्रः
mātā rāmo mat-pitā rāma-candraḥ
स्वामी रामो मत्सखा रामचन्द्रः ।
svāmī rāmo mat-sakhā rāma-candraḥ ,
सर्वस्वं मे रामचन्द्रो दयालु
sarva-svaṁ me rāma-candro dayālu
र्नान्यं जाने नैव जाने न जाने ॥ ३० ॥
rnā-nyaṁ jāne naiva jāne na jāne . 30 .

दक्षिणे लक्ष्मणो यस्य वामे च जनकात्मजा ।
dakṣiṇe lakṣmaṇo yasya vāme ca janak-ātmajā ,
पुरतो मारुतिर्यस्य तं वन्दे रघुनन्दनम् ॥ ३१ ॥
purato mārutir-yasya taṁ vande raghu-nandanam . 31 .

लोकाभिरामं रणरङ्गधीरं
lokā-bhirāmaṁ raṇa-raṅga-dhīraṁ
राजीवनेत्रं रघुवंशनाथम् ।
rājīva-netraṁ raghu-vaṁśa-nātham ,
कारुण्यरूपं करुणाकरं तं
kāruṇy-arūpaṁ karuṇā-karaṁ taṁ
श्रीरामचन्द्रं शरणं प्रपद्ये ॥ ३२ ॥
śrī-rāma-candraṁ śaraṇaṁ pra-padye . 32 .

मनोजवं मारुततुल्यवेगं
mano-javaṁ māruta-tulya-vegaṁ
जितेन्द्रियं बुद्धिमतां वरिष्ठम् ।
jit-endriyaṁ buddhi-matāṁ vari-ṣṭham ,
वातात्मजं वानरयूथमुख्यं
vāt-ātmajaṁ vānara-yūtha-mukhyaṁ
श्रीरामदूतं शरणं प्रपद्ये ॥ ३३ ॥
śrī-rāma-dūtaṁ śaraṇaṁ pra-padye . 33 .

कूजन्तं रामरामेति मधुरं मधुराक्षरम् ।
kū-jantaṁ rāma-rāmeti madhuraṁ madhu-rākṣaram ,
आरुह्य कविताशाखां वन्दे वाल्मीकिकोकिलम् ॥ ३४ ॥
āruhya kavitā-śākhāṁ vande vālmīki-kokilam . 34 .

आपदामपहर्तारं दातारं सर्वसम्पदाम् ।
āpadā-mapa-hartāraṁ dātā-raṁ sarva-sampadām ,
लोकाभिरामं श्रीरामं भूयो भूयो नमाम्यहम् ॥ ३५ ॥
lokā-bhirāmaṁ śrī-rāmaṁ bhūyo bhūyo namām-yaham . 35 .

भर्जनं भवबीजानामर्जनं सुखसम्पदाम् ।
bhar-janaṁ bhava-bījā-nāmar-janaṁ sukha-sam-padām ,
तर्जनं यमदूतानां रामरामेति गर्जनम् ॥ ३६ ॥
tar-janaṁ yama-dūtā-nāṁ rāma-rāmeti gar-janam . 36 .

रामो राजमणिः सदा विजयते रामं रमेशं भजे
rāmo rāja-maṇiḥ sadā vijayate rāmaṁ rameśaṁ bhaje
रामेणाभिहता निशाचरचमू रामाय तस्मै नमः ।
rāmeṇ-ābhihatā niśā-cara-camū rāmāya tasmai namaḥ ,
रामान्नास्ति परायणं परतरं रामस्य दासोऽस्म्यहं
rāmān-nāsti parā-yaṇaṁ parataraṁ rāmasya dāso-'smyahaṁ
रामे चित्तलयः सदा भवतु मे भो राम मामुद्धर ॥ ३७ ॥
rāme citta-layaḥ sadā bhavatu me bho rāma mām-uddhara . 37 .

राम रामेति रामेति रमे रामे मनोरमे ।
rāma rāmeti rāmeti rame rāme mano-rame ,
सहस्रनाम तत्तुल्यं रामनाम वरानने ॥ ३८ ॥
sahasra-nāma tat-tulyaṁ rāma-nāma varā-nane . 38 .

॥ इति श्रीबुधकौशिकमुनिविरचितं श्रीरामरक्षास्तोत्रं सम्पूर्णम् ॥
. iti śrī-budha-kauśika-muni-viraci-taṁ śrī-rāma-rakṣā-stotraṁ sam-pūrṇam

सीताराम सीताराम सीताराम सीताराम सीताराम सीताराम सीताराम सीताराम सीताराम
सीताराम सीताराम सीताराम सीताराम सीताराम सीताराम सीताराम सीताराम सीताराम

सीताराम
सीताराम सीताराम
सीताराम सीताराम
सीताराम सीताराम

ॐ

श्री गणेशाय नमः
OM śrī gaṇeśāya namaḥ
श्रीजानकीवल्लभो विजयते
śrījānakīvallabho vijayate

श्रीकाकभुसुंडिरामायण

śrī-kāka-bhusuṁḍi-rāmāyaṇa

सीताराम सीताराम सीताराम सीताराम सीताराम सीताराम

दोहा-dohā:

नाथ कृतारथ भयउँ मैं तव दरसन खगराज ।
nātha kṛtāratha bhayaum̐ maiṁ tava darasana khagarāja,
आयसु देहु सो करौं अब प्रभु आयहु केहि काज ॥६३क॥
āyasu dehu so karauṁ aba prabhu āyahu kehi kāja. 63(ka).

सदा कृतारथ रूप तुम्ह कह मृदु बचन खगेस ।
sadā kṛtāratha rūpa tumha kaha mṛdu bacana khagesa,
जेहि कै अस्तुति सादर निज मुख कीन्हि महेस ॥६३ख॥
jehi kai astuti sādara nija mukha kīnhi mahesa. 63(kha).

चौपाई-caupāī:

सुनहु तात जेहि कारन आयउँ । सो सब भयउ दरस तव पायउँ ॥
sunahu tāta jehi kārana āyaum̐, so saba bhayau darasa tava pāyaum̐.
देखि परम पावन तव आश्रम । गयउ मोह संसय नाना भ्रम ॥
dekhi parama pāvana tava āśrama, gayau moha saṁsaya nānā bhrama.
अब श्रीराम कथा अति पावनि । सदा सुखद दुख पुंज नसावनि ॥
aba śrīrāma kathā ati pāvani, sadā sukhada dukha puṁja nasāvani.
सादर तात सुनावहु मोही । बार बार बिनवउँ प्रभु तोही ॥
sādara tāta sunāvahu mohī, bāra bāra binavaum̐ prabhu tohī.
सुनत गरुड़ कै गिरा बिनीता । सरल सुप्रेम सुखद सुपुनीता ॥
sunata garuṛa kai girā binītā, sarala suprema sukhada supunītā.
भयउ तासु मन परम उछाहा । लाग कहै रघुपति गुन गाहा ॥
bhayau tāsu mana parama uchāhā, lāga kahai raghupati guna gāhā.
प्रथमहिं अति अनुराग भवानी । रामचरित सर कहेसि बखानी ॥
prathamahiṁ ati anurāga bhavānī, rāmacarita sara kahesi bakhānī.
पुनि नारद कर मोह अपारा । कहेसि बहुरि रावन अवतारा ॥
puni nārada kara moha apārā, kahesi bahuri rāvana avatārā.
प्रभु अवतार कथा पुनि गाई । तब सिसु चरित कहेसि मन लाई ॥
prabhu avatāra kathā puni gāī, taba sisu carita kahesi mana lāī.

दोहा-dohā:

बालचरित कहि बिबिधि बिधि मन महँ परम उछाह ।
bālacarita kahi bibidhi bidhi mana mahaṁ parama uchāha,
रिषि आगवन कहेसि पुनि श्रीरघुबीर बिबाह ॥६४॥
riṣi āgavana kahesi puni śrīraghubīra bibāha. 64.

चौपाई-caupāī:

बहुरि राम अभिषेक प्रसंगा । पुनि नृप बचन राज रस भंगा ॥
bahuri rāma abhiṣeka prasaṁgā, puni nṛpa bacana rāja rasa bhaṁgā.
पुरबासिन्ह कर बिरह बिषादा । कहेसि राम लछिमन संबादा ॥
purabāsinha kara biraha biṣādā, kahesi rāma lachimana saṁbādā.
बिपिन गवन केवट अनुरागा । सुरसरि उतरि निवास प्रयागा ॥
bipina gavana kevaṭa anurāgā, surasari utari nivāsa prayāgā.
बालमीक प्रभु मिलन बखाना । चित्रकूट जिमि बसे भगवाना ॥
bālamīka prabhu milana bakhānā, citrakūṭa jimi base bhagavānā.
सचिवागवन नगर नृप मरना । भरतागवन प्रेम बहु बरना ॥
sacivāgavana nagara nṛpa maranā, bharatāgavana prema bahu baranā.
करि नृप क्रिया संग पुरबासी । भरत गए जहँ प्रभु सुख रासी ॥
kari nṛpa kriyā saṁga purabāsī, bharata gae jahaṁ prabhu sukha rāsī.
पुनि रघुपति बहुबिधि समुझाए । लै पादुका अवधपुर आए ॥
puni raghupati bahubidhi samujhāe, lai pādukā avadhapura āe.
भरत रहनि सुरपति सुत करनी । प्रभु अरु अत्रि भेंट पुनि बरनी ॥
bharata rahani surapati suta karanī, prabhu aru atri bheṁṭa puni baranī.

दोहा-dohā:

कहि बिराध बध जेहि बिधि देह तजी सरभंग ।
kahi birādha badha jehi bidhi deha tajī sarabhaṁga.
बरनि सुतीछन प्रीति पुनि प्रभु अगस्ति सतसंग ॥६५॥
barani sutīchana prīti puni prabhu agasti satasaṁga. 65.

चौपाई-caupāī:

कहि दंडक बन पावनताई । गीध मइत्री पुनि तेहिं गाई ॥
kahi daṁḍaka bana pāvanatāī, gīdha maitrī puni tehiṁ gāī.
पुनि प्रभु पंचबटीं कृत बासा । भंजी सकल मुनिन्ह की त्रासा ॥
puni prabhu paṁcabaṭīṁ kṛta bāsā, bhaṁjī sakala muninha kī trāsā.
पुनि लछिमन उपदेस अनूपा । सूपनखा जिमि कीन्हि कुरूपा ॥
puni lachimana upadesa anūpā, sūpanakhā jimi kīnhi kurūpā.
खर दूषन बध बहुरि बखाना । जिमि सब मरमु दसानन जाना ॥
khara dūṣana badha bahuri bakhānā, jimi saba maramu dasānana jānā.
दसकंधर मारीच बतकही । जेहि बिधि भई सो सब तेहिं कही ॥
dasakaṁdhara mārīca batakahī, jehi bidhi bhaī so saba tehiṁ kahī.
पुनि माया सीता कर हरना । श्रीरघुबीर बिरह कछु बरना ॥
puni māyā sītā kara haranā, śrīraghubīra biraha kachu baranā.

पुनि प्रभु गीध क्रिया जिमि कीन्ही । बधि कबंध सबरिहि गति दीन्ही ॥
puni prabhu gīdha kriyā jimi kīnhī, badhi kabaṁdha sabarihi gati dīnhī.
बहुरि बिरह बरनत रघुबीरा । जेहि बिधि गए सरोबर तीरा ॥
bahuri biraha baranata raghubīrā, jehi bidhi gae sarobara tīrā.

दोहा-dohā:

प्रभु नारद संबाद कहि मारुति मिलन प्रसंग ।
prabhu nārada saṁbāda kahi māruti milana prasaṁga,
पुनि सुग्रीव मिताई बालि प्रान कर भंग ॥ ६६क ॥
puni sugrīva mitāī bāli prāna kara bhaṁga. 66((ka).

कपिहि तिलक करि प्रभु कृत सैल प्रबरषन बास ।
kapihi tilaka kari prabhu kṛta saila prabaraṣana bāsa,
बरनन बर्षा सरद अरु राम रोष कपि त्रास ॥ ६६ख ॥
baranana barṣā sarada aru rāma roṣa kapi trāsa. 66(kha).

चौपाई-caupāī:

जेहि बिधि कपिपति कीस पठाए । सीता खोज सकल दिसि धाए ॥
jehi bidhi kapipati kīsa paṭhāe, sītā khoja sakala disi dhāe.
बिबर प्रबेस कीन्ह जेहि भाँती । कपिन्ह बहोरि मिला संपाती ॥
bibara prabesa kīnha jehi bhām̐tī, kapinha bahori milā saṁpātī.
सुनि सब कथा समीरकुमारा । नाघत भयउ पयोधि अपारा ॥
suni saba kathā samīrakumārā, nāghata bhayau payodhi apārā.
लंकाँ कपि प्रबेस जिमि कीन्हा । पुनि सीतहि धीरजु जिमि दीन्हा ॥
laṁkām̐ kapi prabesa jimi kīnhā, puni sītahi dhīraju jimi dīnhā.
बन उजारि रावनहि प्रबोधी । पुर दहि नाघेउ बहुरि पयोधी ॥
bana ujāri rāvanahi prabodhī, pura dahi nāgheu bahuri payodhī.
आए कपि सब जहँ रघुराई । बैदेही कि कुसल सुनाई ॥
āe kapi saba jaham̐ raghurāī, baidehī ki kusala sunāī.
सेन समेति जथा रघुबीरा । उतरे जाइ बारिनिधि तीरा ॥
sena sameti jathā raghubīrā, utare jāi bārinidhi tīrā.
मिला बिभीषन जेहि बिधि आई । सागर निग्रह कथा सुनाई ॥
milā bibhīṣana jehi bidhi āī, sāgara nigraha kathā sunāī.

दोहा-dohā:

सेतु बाँधि कपि सेन जिमि उतरी सागर पार ।
setu bām̐dhi kapi sena jimi utarī sāgara pāra,
गयउ बसीठी बीरबर जेहि बिधि बालिकुमार ॥ ६७क ॥
gayau basīṭhī bīrabara jehi bidhi bālikumāra. 67(ka).

निसिचर कीस लराई बरनिसि बिबिधि प्रकार ।
nisicara kīsa larāī baranisi bibidhi prakāra,
कुंभकरन घननाद कर बल पौरुष संघार ॥ ६७ख ॥
kuṁbhakarana ghananāda kara bala pauruṣa saṁghāra. 67(kha).

चौपाई-caupāī:

निसिचर निकर मरन बिधि नाना । रघुपति रावन समर बखाना ॥
nisicara nikara marana bidhi nānā, raghupati rāvana samara bakhānā.
रावन बध मंदोदरि सोका । राज बिभीषन देव असोका ॥
rāvana badha maṁdodari sokā, rāja bibhīṣana deva asokā.
सीता रघुपति मिलन बहोरी । सुरन्ह कीन्हि अस्तुति कर जोरी ॥
sītā raghupati milana bahorī, suranha kīnhi astuti kara jorī.
पुनि पुष्पक चढ़ि कपिन्ह समेता । अवध चले प्रभु कृपा निकेता ॥
puni puṣpaka caṛhi kapinha sametā, avadha cale prabhu kṛpā niketā.
जेहि बिधि राम नगर निज आए । बायस बिसद चरित सब गाए ॥
jehi bidhi rāma nagara nija āe, bāyasa bisada carita saba gāe.
कहेसि बहोरि राम अभिषेका । पुर बरनत नृपनीति अनेका ॥
kahesi bahori rāma abhiṣekā, pura baranata nṛpanīti anekā.
कथा समस्त भुसुंड बखानी । जो मैं तुम्ह सन कही भवानी ॥
kathā samasta bhusuṁḍa bakhānī, jo maiṁ tumha sana kahī bhavānī.
सुनि सब राम कथा खगनाहा । कहत बचन मन परम उछाहा ॥
suni saba rāma kathā khaganāhā, kahata bacana mana parama uchāhā.

सोरठा-soraṭhā:

गयउ मोर संदेह सुनेउँ सकल रघुपति चरित ।
gayau mora saṁdeha suneuṁ sakala raghupati carita,
भयउ राम पद नेह तव प्रसाद बायस तिलक ॥६८क॥
bhayau rāma pada neha tava prasāda bāyasa tilaka. 68(ka).

इति श्रीमद्रामचरितमानसे सकलकलिकलुषविध्वंसने श्रीकाकभुसुंडिरामायण
iti śrīmadrāmacaritamānase sakalakalikaluṣavidhvaṁsane śrīkākabhusuṁḍirāmāyaṇa

---

सीताराम सीताराम सीताराम सीताराम सीताराम सीताराम सीताराम सीताराम सीताराम
सीताराम सीताराम सीताराम सीताराम सीताराम सीताराम सीताराम सीताराम सीताराम

ॐ

श्रीसीताराम

श्री हनुमान चालीसा

śrī-hanumāna-cālīsā

सीताराम सीताराम सीताराम सीताराम सीताराम सीताराम

दोहा - dohā

श्रीगुरु चरन सरोज रज निज मन मुकुर सुधारि ।
बरनऊँ रघुबर बिमल जस जो दायक फल चारि ॥
śrīguru carana saroja raja nija mana mukura sudhāri,
baranaūm̐ raghubara bimala jasa jo dāyaka phala cāri.

बुद्धि हीन तनु जानिकै सुमिरौं पवन कुमार ।
बल बुद्धि बिद्या देहु मोहि हरहु कलेश विकार ॥
buddhi hīna tanu jānikai sumiraum̐ pavana kumāra,
bala buddhi bidyā dehu mohi harahu kaleśa vikāra.

चौपाई - caupāī

जय हनुमान ज्ञान गुण सागर । जय कपीश तिहुँ लोक उजागर ॥ 1
jaya hanumāna jñāna guṇa sāgara, jaya kapīśa tihum̐ loka ujāgara.

राम दूत अतुलित बल धामा । अंजनिपुत्र पवनसुत नामा ॥ 2
rāma dūta atulita bala dhāmā, aṁjaniputra pavanasuta nāmā.

महाबीर बिक्रम बजरंगी । कुमति निवार सुमति के संगी ॥ 3
mahābīra bikrama bajaraṁgī, kumati nivāra sumati ke saṁgī.

कंचन बरन बिराज सुबेषा । कानन कुंडल कुंचित केशा ॥ 4
kaṁcana barana birāja subeṣā, kānana kuṁḍala kuṁcita keśā.

हाथ बज्र और ध्वजा बिराजै । काँधे मूँज जनेऊ साजै ॥ 5
hātha bajra aura dhvajā birājai, kām̐dhe mūm̐ja janeū sājai.

शङ्कर स्वयं केशरीनंदन । तेज प्रताप महा जग बंदन ॥ 6
śaṅkara svayaṁ keśarīnaṁdana, teja pratāpa mahā jaga baṁdana.

विद्यावान गुणी अति चातुर । राम काज करिबे को आतुर ॥ 7
vidyāvāna guṇī ati cātura, rāma kāja karibe ko ātura.

प्रभु चरित्र सुनिबे को रसिया । राम लखन सीता मन बसिया ॥ 8
prabhu caritra sunibe ko rasiyā, rāma lakhana sītā mana basiyā.

सूक्ष्म रूप धरि सियहिं दिखावा । बिकट रूप धरि लंक जरावा ॥ 9
sūkṣma rūpa dhari siyahiṁ dikhāvā, bikaṭa rūpa dhari laṁka jarāvā.

भीम रूप धरि असुर सँहारे । रामचन्द्र के काज सँवारे ॥ 10
bhīma rūpa dhari asura sam̐hāre, rāmacandra ke kāja sam̐vāre.

लाय संजीवनि लखन जियाये । श्री रघुबीर हरषि उर लाये ॥ 11
lāya saṁjīvani lakhana jiyāye, śrī raghubīra haraṣi ura lāye.
रघुपति कीन्ही बहुत बड़ाई । तुम मम प्रिय भरतहिं सम भाई ॥ 12
raghupati kīnhī bahuta baṛāī, tuma mama priya bharatahiṁ sama bhāī.
सहस बदन तुम्हरो जस गावैं । अस कहि श्रीपति कंठ लगावैं ॥ 13
sahasa badana tumharo jasa gāvaiṁ, asa kahi śrīpati kaṁṭha lagāvaiṁ.
सनकादिक ब्रह्मादि मुनीशा । नारद शारद सहित अहीशा ॥ 14
sanakādika brahmādi munīśā, nārada śārada sahita ahīśā.
जम कुबेर दिगपाल जहाँ ते । कबि कोबिद कहि सके कहाँ ते ॥ 15
jama kubera digapāla jahām̐ te, kabi kobida kahi sakai kahām̐ te.
तुम उपकार सुग्रीवहिं कीन्हा । राम मिलाय राज पद दीन्हा ॥ 16
tuma upakāra sugrīvahiṁ kīnhā, rāma milāya rāja pada dīnhā.
तुम्हरो मंत्र बिभीषन माना । लंकेश्वर भए सब जग जाना ॥ 17
tumharo maṁtra bibhīṣana mānā, laṁkeśvara bhae saba jaga jānā.
जुग सहस्त्र जोजन पर भानू । लील्यो ताहि मधुर फल जानू ॥ 18
* juga sahastra jojana para bhānū, līlyo tāhi madhura phala jānū.
प्रभु मुद्रिका मेलि मुख माहीं । जलधि लाँघि गये अचरज नाहीं ॥ 19
prabhu mudrikā meli mukha māhīṁ, jaladhi lām̐ghi gaye acaraja nāhīṁ.
दुर्गम काज जगत के जेते । सुगम अनुग्रह तुम्हरे तेते ॥ 20
durgama kāja jagata ke jete, sugama anugraha tumhare tete.
राम दुआरे तुम रखवारे । होत न आज्ञा बिनु पैसारे ॥ 21
rāma duāre tuma rakhavāre, hota na ājñā binu paisāre.
सब सुख लहैं तुम्हारी शरना । तुम रक्षक काहू को डर ना ॥ 22
saba sukha lahaiṁ tumhārī śaranā, tuma rakṣaka kāhū ko ḍara nā.
आपन तेज सम्हारो आपै । तीनौं लोक हाँक ते काँपै ॥ 23
āpana teja samhāro āpai, tīnauṁ loka hām̐ka te kām̐pai.
भूत पिशाच निकट नहिं आवै । महाबीर जब नाम सुनावै ॥ 24
bhūta piśāca nikaṭa nahiṁ āvai, mahābīra jaba nāma sunāvai.
नासै रोग हरै सब पीरा । जपत निरंतर हनुमत बीरा ॥ 25
nāsai roga harai saba pīrā, japata niraṁtara hanumata bīrā.
संकट ते हनुमान छुड़ावै । मन क्रम बचन ध्यान जो लावै ॥ 26
saṁkaṭa te hanumāna chuṛāvai, mana krama bacana dhyāna jo lāvai.
सब पर राम तपस्वी राजा । तिन के काज सकल तुम साजा ॥ 27
saba para rāma tapasvī rājā, tina ke kāja sakala tuma sājā.
और मनोरथ जो कोउ लावै । तासु अमित जीवन फल पावै ॥ 28
aura manoratha jo kou lāvai, tāsu amita jīvana phala pāvai.
चारों जुग परताप तुम्हारा । है परसिद्ध जगत उजियारा ॥ 29
cāroṁ juga paratāpa tumhārā, hai parasiddha jagata ujiyārā.
साधु संत के तुम रखवारे । असुर निकंदन राम दुलारे ॥ 30
sādhu saṁta ke tuma rakhavāre, asura nikaṁdana rāma dulāre.

अष्ट सिद्धि नव निधि के दाता । अस बर दीन्ह जानकी माता ॥ 31
aṣṭa siddhi nava nidhi ke dātā, asa bara dīnha jānakī mātā.
राम रसायन तुम्हरे पासा । सदा रहउ रघुपति के दासा ॥ 32
rāma rasāyana tumhare pāsā, sadā rahau raghupati ke dāsā.
तुम्हरे भजन राम को पावै । जनम जनम के दुख बिसरावै ॥ 33
tumhare bhajana rāma ko pāvai, janama janama ke dukha bisarāvai.
अंत काल रघुबर पुर जाई । जहाँ जन्म हरिभक्त कहाई ॥ 34
aṁta kāla raghubara pura jāī, jahāṁ janma haribhakta kahāī.
और देवता चित्त न धरई । हनुमत सेइ सर्ब सुख करई ॥ 35
aura devatā citta na dharaī, hanumata sei sarba sukha karaī.
संकट कटै मिटै सब पीरा । जो सुमिरै हनुमत बलबीरा ॥ 36
saṁkaṭa kaṭai miṭai saba pīrā, jo sumirai hanumata balabīrā.
जय जय जय हनुमान गोसाईं । कृपा करहु गुरु देव की नाईं ॥ 37
jaya jaya jaya hanumāna gosāīṁ, kṛpā karahu guru deva kī nāīṁ.
यह शत बार पाठ कर जोई । छूटै बंदि महा सुख सोई ॥ 38
yaha śata bāra pāṭha kara joī, chūṭai baṁdi mahā sukha soī.
जो यह पढ़ै हनुमान चालीसा । होय सिद्धि साखी गौरीसा ॥ 39
jo yaha paṛhai hanumāna cālīsā, hoya siddhi sākhī gaurīsā.
तुलसीदास सदा हरि चेरा । कीजै नाथ हृदय महँ डेरा ॥ 40
tulasīdāsa sadā hari cerā, kījai nātha hṛdaya mahaṁ ḍerā.

दोहा - dohā

पवन तनय संकट हरन मंगल मूरति रूप ।
राम लखन सीता सहित हृदय बसहु सुर भूप ॥
pavana tanaya saṁkaṭa harana maṁgala mūrati rūpa,
rāma lakhana sītā sahita hṛdaya basahu sura bhūpa.

— ॐ — ॐ — ॐ — ॐ — ॐ — ॐ — ॐ — ॐ — ॐ —
सीताराम सीताराम सीताराम सीताराम सीताराम सीताराम सीताराम सीताराम सीताराम
सीताराम सीताराम सीताराम सीताराम सीताराम सीताराम सीताराम सीताराम सीताराम
— ॐ — ॐ — ॐ — ॐ — ॐ — ॐ — ॐ — ॐ — ॐ —

श्री रामायण आरती — śrī rāmāyaṇa āratī

आरति श्रीरामायनजी की । कीरति कलित ललित सिय पी की ॥
ārati śrīrāmāyanajī kī, kīrati kalita lalita siya pī kī.

गावत ब्रह्मादिक मुनि नारद । बालमीक बिग्यान बिसारद ॥
gāvata brahmādika muni nārada,
bālamīka bigyāna bisārada.
सुक सनकादि सेष अरु सारद । बरनि पवनसुत कीरति नीकी ॥ १ ॥
suka sanakādi seṣa aru sārada,
barani pavanasuta kīrati nīkī. [1]

गावत बेद पुरान अष्टदस । छओ सास्त्र सब ग्रंथन को रस ॥
gāvata beda purāna aṣṭadasa,
chao sāstra saba gramthana ko rasa.
मुनि जन धन संतन को सरबस । सार अंस संमत सबही की ॥ २ ॥
muni jana dhana saṁtana ko sarabasa,
sāra aṁsa saṁmata sabahī kī. [2]

गावत संतत संभु भवानी । अरु घटसंभव मुनि बिग्यानी ॥
gāvata saṁtata saṁbhu bhavānī,
aru ghaṭasaṁbhava muni bigyānī.
ब्यास आदि कबिबर्ज बखानी । कागभुसुंडि गरुड के ही की ॥ ३ ॥
byāsa ādi kabibarja bakhānī,
kāgabhusuṁḍi garuḍa ke hī kī. [3]

कलिमल हरनि बिषय रस फीकी । सुभग सिंगार मुक्ति जुबती की ॥
kalimala harani biṣaya rasa phīkī,
subhaga siṁgāra mukti jubatī kī.
दलन रोग भव मूरि अमी की । तात मात सब बिधि तुलसी की ॥ ४ ॥
dalana roga bhava mūri amī kī,
tāta māta saba bidhi tulasī kī. [4]

आरति श्रीरामायनजी की । कीरति कलित ललित सिय पी की ...
ārati śrīrāmāyanajī kī, kīrati kalita lalita siya pī kī ...

श्री हनुमान आरती — śrī hanumāna āratī

आरती कीजै हनुमान लला की । दुष्ट-दलन रघुनाथ कला की ॥ 1
āratī kījai hanumāna lalā kī, duṣṭa-dalana raghunātha kalā kī.

जाके बल से गिरिवर काँपै । रोग दोष जाके निकट न झाँपै ॥ 2
jāke bala se girivara kāmँpai, roga doṣa jāke nikaṭa na jhāmँpai.

अंजनि-पुत्र महा बल दाई । संतन के प्रभु सदा सहाई ॥ 3
aṁjani-putra mahā bala dāī, saṁtana ke prabhu sadā sahāī.

दे बीरा रघुनाथ पठाये । लंका जारि सीय सुधि लाये ॥ 4
de bīrā raghunātha paṭhāye, laṁkā jāri sīya sudhi lāye.

लंका-सो कोट समुद्र-सी खाई । जात पवनसुत बार न लाई ॥ 5
laṁkā-so koṭa samudra-sī khāī, jāta pavanasuta bāra na lāī.

लंका जारि असुर संहारे । सियारामजी के काज सँवारे ॥ 6
laṁkā jāri asura saṁhāre, siyārāmajī ke kāja samँvāre.

लछिमन मूर्छित पड़े सकारे । आनि सजीवन प्रान उबारे ॥ 7
lachimana mūrchita paṛe sakāre, āni sajīvana prāna ubāre.

पैठी पताल तोरि जम-कारे । अहिरावन की भुजा उखारे ॥ 8
paiṭhī patāla tori jama-kāre, ahirāvana kī bhujā ukhāre.

बायें भुजा असुरदल मारे । दहिने भुजा संतजन तारे ॥ 9
bāyeṁ bhujā asuradala māre, dahine bhujā saṁtajana tāre.

सुर नर मुनि आरती उतारे । जै जै जै हनुमान उचारे ॥ 10
sura nara muni āratī utāre, jai jai jai hanumāna ucāre.

कंचन थार कपूर लौ छाई । आरति करत अंजना माई ॥ 11
kaṁcana thāra kapūra lau chāī, ārati karata aṁjanā māī.

जो हनुमानजी की आरति गावै । बसि बैकुंठ परमपद पावै ॥ 12
jo hanumānajī kī ārati gāvai, basi baikuṁṭha paramapada pāvai.

आरती कीजै हनुमान लला की । दुष्ट-दलन रघुनाथ कला की ...
āratī kījai hanumāna lalā kī, duṣṭa-dalana raghunātha kalā kī.
...

श्री राम-स्तुति — śrī rāma-stuti

श्री रामचन्द्र कृपालु भजु मन हरण भवभय दारुणं ।
śrī rāmacandra kṛpālu bhaju mana haraṇa bhavabhaya dāruṇaṁ,
नवकंज-लोचन कंज-मुख कर-कंज पद कंजारुणं ॥ 1
navakaṁja-locana kaṁja-mukha kara-kaṁja pada kaṁjāruṇaṁ.
कंदर्प अगणित अमित छवि नवनील नीरद सुंदरं ।
kaṁdarpa agaṇita amita chavi navanīla nīrada suṁdaraṁ,
पट पीत मानहु तड़ित रुचि शुचि नौमि जनक सुतावरं ॥ 2
paṭa pīta mānahu taṛita ruci śuci naumi janaka sutāvaraṁ.
भजु दीनबंधु दिनेश दानव-दैत्य-वंश निकंदनं ।
bhaju dīnabaṁdhu dineśa dānava-daitya-vaṁśa nikaṁdanaṁ,
रघुनंद आनँदकंद कोशलचंद दशरथ नंदनं ॥ 3
raghunaṁda ānam̐dakaṁda kośalacaṁda daśaratha naṁdanaṁ.
सिर मुकुट कुंडल तिलक चारु उदारु अंग विभूषणं ।
sira mukuṭa kuṁḍala tilaka cāru udāru aṁga vibhūṣaṇaṁ,
आजानुभुज शर-चाप-धर संग्राम-जित-खरदूषणं ॥ 4
ājānubhuja śara-cāpa-dhara saṁgrāma-jita-kharadūṣaṇaṁ.
इति वदति तुलसीदास शंकर-शेष-मुनि-मन-रंजनं ।
iti vadati tulasīdāsa śaṁkara-śeṣa-muni-mana-raṁjanaṁ,
मम हृदय कंज निवास करु कामादि खल-दल-गंजनं ॥ 5
mama hṛdaya kaṁja nivāsa karu kāmādi khala-dala-gaṁjanaṁ.

श्री रामचन्द्र कृपालु भजु मन हरण भवभय दारुणं ...
śrī rāmacandra kṛpālu bhaju mana haraṇa bhavabhaya dāruṇaṁ ...

श्री हनुमान-स्तुति — śrī hanumāna-stuti

मंगल-मूरति मारुत-नंदन । सकल-अमंगल-मूल-निकंदन ॥ 1
maṁgala-mūrati māruta-naṁdana, sakala-amaṁgala-mūla-nikaṁdana.
पवन-तनय संतन-हितकारी। हृदय विराजत अवध बिहारी ॥ 2
pavana-tanaya saṁtana-hitakārī, hṛdaya virājata avadha bihārī.
मातु-पिता गुरु गनपति सारद। सिवा-समेत संभु सुक-नारद ॥ 3
mātu-pitā guru ganapati sārada, sivā-sameta saṁbhu suka-nārada.
चरन बंदि बिनवौं सब काहू। देहु रामपद-नेह-निबाहू ॥ 4
carana baṁdi binavauṁ saba kāhū, dehu rāmapada-neha-nibāhū.
बंदौं राम-लखन-बैदेही। जे तुलसी के परम सनेही ॥ 5
baṁdauṁ rāma-lakhana-baidehī, je tulasī ke parama sanehī.

मंगल-मूरति मारुत-नंदन ...
maṁgala-mūrati māruta-naṁdana ...

ॐ — विभिन्न स्तुति मंत्र — ॐ

— ॐ various stuti maṁtras ॐ —

— ॐ —

वक्रतुंड महाकाय कोटिसूर्यसमप्रभ ।
vakratuṁḍa mahākāya koṭisūryasamaprabha ,
निर्विघ्नं कुरु मे देव सर्वकार्येषु सर्वदा ॥
nirvighnaṁ kuru me deva sarvakāryeṣu sarvadā .

— ॐ —

गुरुर्ब्रह्मा गुरुर्विष्णूः गुरुर्देवो महेश्वरः ।
gururbrahmā gururviṣṇūḥ gururdevo maheśvaraḥ ,
गुरुः साक्षात् परब्रह्म तस्मै श्रीगुरवे नमः ॥
guruḥ sākṣāt parabrahma tasmai śrīgurave namaḥ .

— ॐ —

श्रीमन्महागणाधिपतये नमः । श्री सरस्वत्यै नमः ।
śrīmanmahāgaṇādhipataye namaḥ , śrī sarasvatyai namaḥ ,
श्रीगुरवे नमः । श्रीमातापितृभ्यां नमः ।
śrīgurave namaḥ , śrīmātāpitṛbhyāṁ namaḥ ,
श्रीलक्ष्मीनारायणाभ्यां नमः । श्रीमामहेश्वराभ्यां नमः ।
śrīlakṣmīnārāyaṇābhyāṁ namaḥ , śrīumāmaheśvarābhyāṁ namaḥ ,
इष्टदेवताभ्यो नमः । कुलदेवताभ्यो नमः ।
iṣṭadevatābhyo namaḥ , kuladevatābhyo namaḥ ,
स्थानदेवताभ्यो नमः । वास्तुदेवताभ्यां नमः ।
sthānadevatābhyo namaḥ , vāstudevatābhyāṁ namaḥ ,
सर्वेभ्यो देवेभ्यो नमो नमः ।
sarvebhyo devebhyo namo namaḥ ,
अविघ्नमस्तु । देवतावंदनम् ॥
avighnamastu , devatāvaṁdanam .

— ॐ —

मन्त्रहीनं क्रियाहीनं भक्तिहीनं सुरेश्वर
mantrahīnaṁ kriyāhīnaṁ bhaktihīnaṁ sureśvara
यत्पूजितं मयादेव परिपूर्णं तदस्तु मे ॥
yatpūjitaṁ mayādeva paripūrṇaṁ tadastu me .

— ॐ —

अच्युतं केशवं रामनारायणम्। कृष्णदामोदरं वासुदेवं हरिम्।
acyutaṁ keśavaṁ rāmanārāyaṇam ,
kṛṣṇadāmodaraṁ vāsudevaṁ harim ,

श्रीधरं माधवं गोपिकावल्लभम्। जानकीनायकं रामचंद्रं भजे ॥
śrīdharaṁ mādhavaṁ gopikāvallabham ,
jānakīnāyakaṁ rāmacaṁdraṁ bhaje .

— ॐ —

मङ्गलं भगवान्विष्णुर्मङ्गलं गरुडध्वजः।
maṅgalaṁ bhagavānviṣṇurmaṅgalaṁ garuḍadhvajaḥ ,

मङ्गलं पुण्डरीकाक्षो मङ्गलायतनं हरिः ॥
maṅgalaṁ puṇḍarīkākṣo maṅgalāyatanaṁ hariḥ .

— ॐ —

कृष्णाय वासुदेवाय हरये परमात्मने।
kṛṣṇāya vāsudevāya haraye paramātmane ,

प्रणत क्लेश नाशाय गोविन्दाय नमो नमः।
praṇata kleśa nāśāya govindāya namo namaḥ ,

— ॐ —

रामाय रामभद्राय रामचंद्राय वेधसे।
rāmāya rāmabhadrāya rāmacaṁdrāya vedhase ,

रघुनाथाय नाथाय सीतायाः पतये नमः ॥
raghunāthāya nāthāya sītāyāḥ pataye namaḥ .

— ॐ —

श्रीरामचंद्रचरणौ मनसा स्मरामि। श्रीरामचंद्रचरणौ वचसा गृणामि।
śrīrāmacaṁdracaraṇau manasā smarāmi ,
śrīrāmacaṁdracaraṇau vacasā gṛṇāmi ,

श्रीरामचंद्रचरणौ शिरसा नमामि। श्रीरामचंद्रचरणौ शरणं प्रपद्ये ॥
śrīrāmacaṁdracaraṇau śirasā namāmi ,
śrīrāmacaṁdracaraṇau śaraṇaṁ prapadye .

— ॐ —

मनोजवं मारुततुल्यवेगम् जितेन्द्रियं बुद्धिमतां वरिष्ठम्।
manojavaṁ mārutatulyavegam jitendriyaṁ buddhimatāṁ variṣṭham ,

वातात्मजं वानरयूथमुख्यम् श्रीरामदूतं शरणं प्रपद्ये ॥
vātātmajaṁ vānarayūthamukhyam śrīrāmadūtaṁ śaraṇaṁ prapadye .

— ॐ —

अतुलितबलधामं हेमशैलाभदेहं
atulitabaladhāmaṁ hemaśailābhadehaṁ

दनुजवनकृशानुं ज्ञानिनामग्रगण्यम्।
danujavanakṛśānuṁ jñānināmagragaṇyam ,
सकलगुणनिधानं वानराणामधीशं
sakalaguṇanidhānaṁ vānarāṇāmadhīśaṁ
रघुपतिप्रियभक्तं वातजातं नमामि ॥
raghupatipriyabhaktaṁ vātajātaṁ namāmi .

— ॐ —

कर्पूरगौरं करुणावतारं संसारसारं भुजगेन्द्रहारम्।
karpūragauraṁ karuṇāvatāraṁ saṁsārasāraṁ bhujagendrahāram ,
सदा वसन्तं हृदयारविन्दे भवं भवानीसहितं नमामि ॥
sadā vasantaṁ hṛdayāravinde bhavaṁ bhavānīsahitaṁ namāmi .

— ॐ —

ॐ त्रयम्बकं यजामहे सुगन्धिं पुष्टिवर्धनम्।
om trayambakaṁ yajāmahe sugandhiṁ puṣṭivardhanam ,
उर्वारुकमिव बन्धनान् मृत्योर्मुक्षीय मामृतात् ॥
urvārukamiva bandhanān mṛtyormukṣīya māmṛtāt .

— ॐ —

ॐ शिव ॐ शिव परात्परा शिव ओङ्कार शिव तव शरणम्।
om śiva om śiva parātparā śiva oṅkāra śiva tava śaraṇam ,
नमामि शङ्कर भजामि शङ्कर उमामहेश्वर तव शरणम् ॥
namāmi śaṅkara bhajāmi śaṅkara umāmaheśvara tava śaraṇam .

— ॐ —

मङ्गलं भगवान् शंभुः मङ्गलं वृषभध्वजः।
maṅgalaṁ bhagavān śaṁbhuḥ maṅgalaṁ vṛṣabhadhvajaḥ ,
मङ्गलं पार्वतीनाथो मङ्गलायतनो हरः ॥
maṅgalaṁ pārvatīnātho maṅgalāyatano haraḥ .

— ॐ —

सर्व मङ्गल माङ्गल्ये शिवे सर्वार्थ साधिके।
sarva maṅgala māṅgalye śive sarvārtha sādhike ,
शरण्ये त्र्यम्बके गौरी नारायणी नमोऽस्तुते ॥
śaraṇye tryambake gaurī nārāyaṇī namo'stute .

— ॐ —

अन्नपूर्णे सदापूर्णे शङ्करः प्राणवल्लभे।
annapūrṇe sadāpūrṇe śaṅkaraḥ prāṇavallabhe ,
ज्ञान वैराग्य सिद्ध्यर्थं भिक्षां देहि च पार्वती ॥
jñāna vairāgya siddhyarthaṁ bhikṣāṁ dehi ca pārvatī .

— ॐ —

सरस्वति नमस्तुभ्यं वरदे कामरूपिणि।
sarasvati namastubhyaṁ varade kāmarūpiṇi ,
विद्यारम्भं करिष्यामि सिद्धिर्भवतु मे सदा ॥
vidyārambhaṁ kariṣyāmi siddhirbhavatu me sadā .

— ॐ —

सिद्धिबुद्धिप्रदे देवि भुक्तिमुक्ति प्रदायिनि।
siddhibuddhiprade devi bhuktimukti pradāyini ,
मन्त्रमूर्ते सदा देवि महालक्ष्मि नमोऽस्तुते ॥
mantramūrte sadā devi mahālakṣmi namo'stute .

— ॐ —

समुद्रवसने देवि पर्वतस्तनमण्डले।
samudravasane devi parvatastanamaṇḍale ,
विष्णुपत्नि नमस्तुभ्यं पादस्पर्शं क्षमस्वमे ॥
viṣṇupatni namastubhyaṁ pādasparśaṁ kṣamasvame .

— ॐ —

महालक्ष्मी च विद्महे। विष्णुपत्नी च धीमहि।
mahālakṣmī ca vidmahe , viṣṇupatnī ca dhīmahi ,
तन्नो लक्ष्मीः प्रचोदयात् ॥
tanno lakṣhmīḥ pracodayāt .

— ॐ —

या देवी सर्वभूतेषु मातृरूपेण संस्थिता।
yā devī sarvabhūteṣu mātṛrūpeṇa saṁsthitā ,
या देवी सर्वभूतेषु शक्तिरूपेण संस्थिता।
yā devī sarvabhūteṣu śaktirūpeṇa saṁsthitā ,
या देवी सर्वभूतेषु शान्तिरूपेण संस्थिता।
yā devī sarvabhūteṣu śāntirūpeṇa saṁsthitā ,
नमस्तस्यै नमस्तस्यै नमस्तस्यै नमो नमः ॥
namastasyai namastasyai namastasyai namo namaḥ .

— ॐ —

शरणागतदीनार्तपरित्राणपरायणे।
śaraṇāgatadīnārtaparitrāṇaparāyaṇe ,
सर्वस्यार्तिहरे देवि नारायणि नमोऽस्तु ते ॥
sarvasyārtihare devi nārāyaṇi namo'stu te .

— ॐ —

सर्वस्वरूपे सर्वेशे सर्वशक्ति समन्विते।
sarvasvarūpe sarveśe sarvaśakti samanvite ,

भयेभ्यस्त्राहि नो देवि दुर्गे देवि नमोऽस्तुते ॥
bhayebhyastrāhi no devi durge devi namo'stute .

— ॐ —

गङ्गेच यमुने चैव गोदावरी सरस्वती।
gaṅgeca yamune caiva godāvarī sarasvatī ,

नर्मदा सिंधु कावेरी जलेऽस्मिन् सन्निधं कुरु ॥
narmadā siṁdhu kāverī jale'smin sannidhaṁ kuru .

— ॐ —

अहल्या द्रौपदी सीता तारा मन्दोदरी तथा।
ahalyā draupadī sītā tārā mandodarī tathā ,

पंचकन्या स्मरेन्नित्यं महापातकनाशनम् ॥
paṁcakanyā smarennityaṁ mahāpātakanāśanam .

— ॐ —

ब्रह्माणं शङ्करं विष्णुं यमं रामं दनुं बलिम्।
brahmāṇaṁ śaṅkaraṁ viṣṇuṁ yamaṁ rāmaṁ danuṁ balim ,

सप्तैतान् यःस्मरेन्नित्यं दुःस्वपन्स्तस्य नश्यति ॥
saptaitān yaḥsmarennityaṁ duḥsvapanstasya naśyati .

— ॐ —

यानि कानि च पापानि जन्मान्तरकृतानि च।
yāni kāni ca pāpāni janmāntarakṛtāni ca ,

तानि तानि विनश्यन्ति प्रदक्षिणपदे पदे ॥
tāni tāni vinaśyanti pradakṣiṇapade pade .

— ॐ —

आवाहनं न जानामि न जानामि विसर्जनं।
āvāhanaṁ na jānāmi na jānāmi visarjanaṁ ,

तस्मात्कारुण्य भावेन क्षमस्व परमेश्वर ॥
tasmātkāruṇya bhāvena kṣamasva parameśvara .

यदक्षर पदभ्रष्टं मात्रा हीनन्तु यद्भवेत्।
yadakṣara padabhraṣṭaṁ mātrā hīnantu yadbhavet ,

तत्सर्वं क्षम्यतां देव नारायण नमोऽस्तुते ॥
tatsarvaṁ kṣamyatāṁ deva nārāyaṇa namo'stute .

— ॐ —

गतं पापं गतं दुःखं गतं दारिद्र्यमेव च।
gataṁ pāpaṁ gataṁ duḥkhaṁ gataṁ dāridryameva ca ,
आगता सुखसम्पत्तिः पुण्याच्च तव दर्शनात् ॥
āgatā sukhasampattiḥ puṇyācca tava darśanāt .

— ॐ —

अन्यथा शरणं नास्ति त्वमेव शरणं मम।
anyathā śaraṇaṁ nāsti tvameva śaraṇaṁ mama ,
तस्मात्कारुण्यभावेन रक्षस्व परमेश्वर ॥
tasmātkāruṇyabhāvena rakṣasva parameśvara .

— ॐ —

सर्वे भवंतु सुखिनः सर्वे संतु निरामयाः।
sarve bhavaṁtu sukhinaḥ sarve saṁtu nirāmayāḥ ,
सर्वे भद्राणि पश्यंतु मा कश्चिद् दुःखभाग्भवेत् ॥
sarve bhadrāṇi paśyaṁtu mā kaścid duḥkhabhāgbhavet .

— ॐ —

असितगिरिसमस्यात् कज्जलं सिंधूपात्रे
asitagirisamasyāt kajjalaṁ siṁdhūpātre
सुरतरुवरशाखा लेखनी पत्रमूर्वी।
surataruvaraśākhā lekhanī patramūrvī ,
लिखति यदि गृहित्वा शारदा सर्वकालं
likhati yadi gṛhitvā śāradā sarvakālaṁ
तदपि तव गुणानामीश पारं न याति ॥
tadapi tava guṇānāmīśa pāraṁ na yāti .

— ॐ —

ॐ भूर्भुवः स्वः तत्सवितुर्वरेण्यम्
om bhūrbhuvaḥ svaḥ tatsaviturvareṇyam
भर्गो देवस्य धीमहि धियो यो नः प्रचोदयात् ॥
bhargo devasya dhīmahi dhiyo yo naḥ pracodayāt .

— ॐ —

हरे राम हरे राम राम राम हरे हरे।
hare rāma hare rāma rāma rāma hare hare ,
हरे कृष्ण हरे कृष्ण कृष्ण कृष्ण हरे हरे ॥
hare kṛṣṇa hare kṛṣṇa kṛṣṇa kṛṣṇa hare hare .

ॐ शान्तिः शान्तिः शान्तिः ॥
om śāntiḥ śāntiḥ śāntiḥ .

ॐ जय जगदीश हरे
om jaya jagadīśa hare
स्वामी जय जगदीश हरे
swāmī jaya jagadīśa hare
भक्त जनों के संकट
bhakta janoṅ ke saṅkaṭa
दास जनों के संकट
dāsa janoṅ ke saṅkaṭa
क्षण में दूर करे
kṣaṇa meṅ dūra kare
ॐ जय जगदीश हरे
om jaya jagadīśa hare

जो ध्यावे फल पावे ,
jo dhyāve phala pāve
दुख बिनसे मन का
dukha binase mana kā
स्वामी दुख बिनसे मन का
swāmī dukha binase mana kā
सुख सम्पति घर आवे
sukha sampatī ghara āve
सुख सम्पति घर आवे
sukha sampatī ghara āve
कष्ट मिटे तन का
kaṣṭa miṭe tana kā
ॐ जय जगदीश हरे
om jaya jagadīśa hare

मात पिता तुम मेरे
māta pitā tuma mere
शरण गहूं किसकी
śaraṇa gahūṅ kisakī
स्वामी शरण गहूं मैं किसकी
swāmi śaraṇa gahūṅ maiṅ kisakī
तुम बिन और न दूजा
tuma bina aura na dūjā
हरि बिन और न दूजा
hari bina aura na dūjā
आस करूं मैं जिसकी
āsa karūṇ maiṅ jisakī
ॐ जय जगदीश हरे
om jaya jagadīśa hare

तुम पूरण परमात्मा
tuma pūraṇa paramātmā
तुम अंतरयामी
tuma aṅtarayāmī
स्वामी तुम अंतरयामी
swāmi tuma aṅtarayāmī
पारब्रह्म परमेश्वर
pārabrahma parameśwara
पारब्रह्म परमेश्वर
pārabrahma parameśwara
तुम सब के स्वामी
tuma saba ke swāmī
ॐ जय जगदीश हरे
om jaya jagadīśa hare

तुम करुणा के सागर
tuma karuṇā ke sāgara
तुम पालनकर्ता
tuma pālanakartā
स्वामी तुम पालनकर्ता
swāmī tuma pālanakartā
मैं मूरख खल कामी
maiṅ mūrakh khala kāmī
मैं सेवक तुम स्वामी
maiṅ sevaka tuma swāmī
कृपा करो भर्ता
kṛpā karo bhartā
ॐ जय जगदीश हरे
om jaya jagadīśa hare

तुम हो एक अगोचर
tuma ho eka agochara
सबके प्राणपति
sabake prāṇapati
स्वामी सबके प्राणपति
swāmī sabake prāṇapati
किस विधि मिलूं दयामय
kisa vidhi milūṅ dayāmaya
किस विधि मिलूं दयामय
kisa vidhi milūṅ dayāmaya
तुमको मैं कुमति
tumako maiṅ kumati
ॐ जय जगदीश हरे
om jaya jagadīśa hare

दीनबंधु दुखहर्ता
dīnabaṅdhu dukhahartā
ठाकुर तुम मेरे
ṭhākura tuma mere
स्वामी रक्षक तुम मेरे
swāmī rakṣaka tuma mere
अपने हस्त उठाओ
apane hasta uṭhāo
अपनी शरण लगाओ
apanī śaraṇa lagāo
द्वार पड़ा मै तेरे
dwāra paṛā mai tere
ॐ जय जगदीश हरे
om jaya jagadīśa hare

विषय विकार मिटाओ
viṣaya vikāra miṭāo
पाप हरो देवा
pāpa haro devā
स्वमी कष्ट हरो देवा
swāmī kaṣṭa haro devā
श्रद्धा भक्ति बढ़ाओ
śraddhā bhakti baṛhāo
श्रद्धा प्रेम बढ़ाओ
śraddhā prema baṛhāo
संतन की सेवा
saṅtana kī sevā
ॐ जय जगदीश हरे
om jaya jagadīśa hare

ॐ जय जगदीश हरे
om jaya jagdīśa hare
स्वामी जय जगदीश हरे
swāmī jaya jagadīśa hare
भक्त जनों के संकट
bhakta janoṅ ke saṅkaṭa
दास जनों के संकट
dāsa janoṅ ke saṅkaṭa
क्षण में दूर करे
kṣaṇa meṅ dūra kare
ॐ जय जगदीश हरे
om jaya jagadīśa hare

Below is reproduced from **Tulsi Rāmāyana, Hindu Holy Book**, by Baldev Prasad Saxena.
ISBNs: 978-1-945739-01-9 (Paperback) / 978-1-945739-03-3 (Hardback)

(Excerpts shown below are in reduced font-size)
[Below are the beginning verses of Tulsi Rāmāyana]

श्लोक्-śloka:
वर्णानामर्थसंघानां रसानां छन्दसामपि ।
varṇānāmarthasaṁghānāṁ rasānāṁ chandasāmapi,
मङ्गलानां च कर्त्तारौ वन्दे वाणीविनायकौ ॥१॥
maṅgalānāṁ ca karttārau vande vāṇīvināyakau. 1.
Trans:
I venerate Vāṇī and Vināyak, the originators of the alphabet and of the multitudinous expressions of those letters; the creators of the poetic styles, of cadence, of metre; and the begetters of all blessings.

भवानीशङ्करौ वन्दे श्रद्धाविश्वासरूपिणौ ।
bhavānīśaṅkarau vande śraddhāviśvāsarūpiṇau,
याभ्यां विना न पश्यन्ति सिद्धाःस्वान्तःस्थमीश्वरम् ॥२॥
yābhyāṁ vinā na paśyanti siddhāḥsvāntaḥsthamīśvaram. 2.
Trans:
I reverence Bhawānī and Shankar, the embodiments of reverence and faith, without whom, not even the adept may see the Great Spirit which is enshrined in their very own hearts.

वन्दे बोधमयं नित्यं गुरुं शङ्कररूपिणम् ।
vande bodhamayaṁ nityaṁ guruṁ śaṅkararūpiṇam,
यमाश्रितो हि वक्रोऽपि चन्द्रः सर्वत्र वन्द्यते ॥३॥
yamāśrito hi vakro'pi candraḥ sarvatra vandyate. 3.
Trans:
I make obeisance to the eternal preceptor in the form of Shankar, who is all wisdom, and resting on whose crest the crescent moon, though crooked in shape, is everywhere honored.

सीतारामगुणग्रामपुण्यारण्यविहारिणौ ।
sītārāmaguṇagrāmapuṇyāraṇyavihāriṇau,
वन्दे विशुद्धविज्ञानौ कवीश्वरकपीश्वरौ ॥४॥
vande viśuddhavijñānau kavīśvarakapīśvarau. 4.
Trans:
I reverence the king of bards (Vālmikī) and the king of monkeys (Hanumān), of pure intelligence, who ever linger with delight in the holy woods in the shape of glories of Sītā-Rāma.

उद्भवस्थितिसंहारकारिणीं क्लेशहारिणीम् ।
udbhavasthitisaṁhārakāriṇīṁ kleśahāriṇīm,
सर्वश्रेयस्करीं सीतां नतोऽहं रामवल्लभाम् ॥५॥
sarvaśreyaskarīṁ sītāṁ nato'haṁ rāmavallabhām. 5.
Trans:
I bow to Sītā—the beloved consort of Rāma—She who's the responsible cause of creation, sustenance and dissolution of the universe—She who removes all afflictions and begets every blessing.

यन्मायावशवर्त्ति विश्वमखिलं ब्रह्मादिदेवासुरा
yanmāyāvaśavartti viśvamakhilaṁ brahmādidevāsurā
यत्सत्त्वादमृषैव भाति सकलं रज्जौ यथाहेर्भ्रमः ।
yatsattvādamṛṣaiva bhāti sakalaṁ rajjau yathāherbhramaḥ,
यत्पादप्लवमेकमेव हि भवाम्भोधेस्तितीर्षावतां
yatpādaplavamekameva hi bhavāmbhodhestitīrṣāvatāṁ
वन्देऽहं तमशेषकारणपरं रामाख्यमीशं हरिम् ॥६॥
vande'haṁ tamaśeṣakāraṇaparaṁ rāmākhyamīśaṁ harim. 6.
Trans:
I reverence Lord Hari, known by the name of Shrī Rāma—the Supreme causative Cause—whose Māyā holds sway over the entire universe, upon every being and supernatural beings from Brahmmā downwards—whose presence lends positive reality to the world of appearances: just as the false notion of serpent is imagined in a rope—and whose feet are the only bark for those eager to cross this worldly ocean of existence.

नानापुराणनिगमागमसम्मतं यद्
nānāpurāṇanigamāgamasammataṁ yad
रामायणे निगदितं क्वचिदन्यतोऽपि ।
rāmāyaṇe nigaditaṁ kvacidanyato'pi,
स्वान्तःसुखाय तुलसी रघुनाथगाथा-
svāntaḥsukhāya tulasī raghunāthagāthā-
भाषानिबन्धमतिमञ्जुलमातनोति ॥७॥
bhāṣānibandhamatimañjulamātanoti. 7.
Trans:
In accord with the various Purāṇas, Vedas, Agamas (Tantras), and with what has been recorded in the Rāmāyana and elsewhere, I, Tulsīdās, for the delight of my own heart, have composed these verses of the exquisite saga of Raghunāth in the common parlance.

सोरठा-soraṭhā:
जो सुमिरत सिधि होइ गन नायक करिबर बदन ।
jo sumirata sidhi hoi gana nāyaka karibara badana,
करउ अनुग्रह सोइ बुद्धि रासि सुभ गुन सदन ॥१॥
karau anugraha soi buddhi rāsi subha guna sadana. 1.
Trans:
The mention of whose very name ensures success, who carries on his shoulders the head of beautiful elephant, who is a repository of wisdom and an abode of blessed qualities, may Ganesh, the leader of Shiva's retinue, shower his grace.

मूक होइ बाचाल पंगु चढइ गिरिबर गहन ।
mūka hoi bācāla paṁgu caḍhai giribara gahana,
जासु कृपाँ सो दयाल द्रवउ सकल कलि मल दहन ॥२॥
jāsu kṛpāṁ so dayāla dravau sakala kali mala dahana. 2.
Trans:

By whose favor the dumb become eloquent and the cripple ascend formidable mountains; He, who burns all the impurities of the Kali-Yug—may that merciful Harī, be moved to pity.

नील सरोरुह स्याम तरुन अरुन बारिज नयन ।
nīla saroruha syāma taruna aruna bārija nayana,
करउ सो मम उर धाम सदा छीरसागर सयन ॥३॥
karau so mama ura dhāma sadā chīrasāgara sayana. 3.

Trans:

O Harī, thou who ever slumbers on the milky ocean, thou whose body is dark as a blue lotus, thou with eyes lustrous as freshly bloomed red water-lilies—do take up thy abode in my heart as well.

कुंद इंदु सम देह उमा रमन करुना अयन ।
kuṁda iṁdu sama deha umā ramana karunā ayana,
जाहि दीन पर नेह करउ कृपा मर्दन मयन ॥४॥
jāhi dīna para neha karau kṛpā mardana mayana. 4.

Trans:

O Hara, Destroyer-of-Kāmdev, whose form resembles in color the jasmine flower and the moon, who is an abode of compassion, who is the refuge of the afflicted, O spouse of Umā, be thou gracious to me.

बंदउँ गुरु पद कंज कृपा सिंधु नररूप हरि ।
baṁdauṁ guru pada kaṁja kṛpā siṁdhu nararūpa hari,
महामोह तम पुंज जासु बचन रबि कर निकर ॥५॥
mahāmoha tama puṁja jāsu bacana rabi kara nikara. 5.

Trans:

I bow to the lotus feet of my Gurū, who is an ocean of mercy and is none other than Harī in human form, and whose words are a deluge of sunshine upon the darkness of Ignorance and Infatuation.

[Below are the ending verses of Tulsi Rāmāyana]
दोहा-*dohā:*
मो सम दीन न दीन हित तुम्ह समान रघुबीर ।
mo sama dīna na dīna hita tumha samāna raghubīra,
अस बिचारि रघुबंस मनि हरहु बिषम भव भीर ॥१३०क॥
asa bicāri raghubaṁsa mani harahu biṣama bhava bhīra. 130(ka).
कामिहि नारि पिआरि जिमि लोभिहि प्रिय जिमि दाम ।
kāmihi nāri piāri jimi lobhihi priya jimi dāma,
तिमि रघुनाथ निरंतर प्रिय लागहु मोहि राम ॥१३०ख॥
timi raghunātha niraṁtara priya lāgahu mohi rāma. 130(kha).

Trans:

There is no one as pathetic as I am and no one as gracious to the piteous as you, O Raghubīr: remember this, O glory of the race of Raghu, and rid me of the grievous burden of existence. As an amorous person is infatuated over their lover, and just as a greedy miser hankers after money, so for ever and ever, may you be always dear to me, O Rāma.

श्लोक-*śloka:*
यत्पूर्वं प्रभुणा कृतं सुकविना श्रीशम्भुना दुर्गमं
yatpūrvaṁ prabhuṇā kṛtaṁ sukavinā śrīśambhunā durgamaṁ
श्रीमद्रामपदाब्जभक्तिमनिशं प्राप्त्यै तु रामायणम् ।
śrīmadrāmapadābjabhaktimaniśaṁ prāptyai tu rāmāyaṇam,
मत्वा तद्रघुनाथमनिरतं स्वान्तस्तमःशान्तये
matvā tadraghunāthamanirataṁ svāntastamaḥśāntaye
भाषाबद्धमिदं चकार तुलसीदासस्तथा मानसम् ॥१॥
bhāṣābaddhamidaṁ cakāra tulasīdāsastathā mānasam. 1.

Trans:

The same esoteric Mānas-Rāmāyana, the Holy Lake of enactments of Shrī Rāma, that was brought to fore, in days of yore, by the blessed Shambhu, the foremost amongst poets—with the object of developing unceasing devotion to the beautiful lotus-feet of our beloved Lord: the all-merciful Rāma—has been likewise rendered into the common lingo by Tulsīdās for dispersing the gloom of his own soul, which it does—rife as it is with the name Rāma that alone gives this work a substance.

पुण्यं पापहरं सदा शिवकरं विज्ञानभक्तिप्रदं
puṇyaṁ pāpaharaṁ sadā śivakaraṁ vijñānabhaktipradaṁ
मायामोहमलापहं सुविमलं प्रेमाम्बुपूरं शुभम् ।
māyāmohamalāpahaṁ suvimalaṁ premāmbupūraṁ śubham,
श्रीमद्रामचरित्रमानसमिदं भक्त्यावगाहन्ति ये
śrīmadrāmacaritramānasamidaṁ bhaktyāvagāhanti ye
ते संसारपतङ्गघोरकिरणैर्दह्यन्ति नो मानवाः ॥२॥
te saṁsārapataṅgaghorakiraṇairdahyanti no mānavāḥ. 2.

Trans:

This glorious, purifying, blessed most limpid holy Mānas Lake of Shrī Rāma's enactments ever begets happiness. Verily, it bestows both Wisdom and Devotion; and it washes away delusion, infatuation and impurity; and brimful with a stream of love it inundates one with bliss supreme. Never scorched by the burning rays of the sun of worldly illusions are those who take a plunge in this most Holy-Lake of the Glories of Shrī Rāma.

Below is reproduced from **Bhagavada Gītā, the Holy Book of Hindus, by Sushma.**

ISBNs: **978-1-945739-39-2** (Journal format) / **978-1-945739-36-1** (Paperback)/ **978-1-945739-37-8** (Hardback)

(Excerpts shown below are in reduced font-size)

— ॐ —

न त्वेवाहं जातु नासं न त्वं नेमे जनाधिपाः ।
na tvevāhaṁ jātu nāsaṁ na tvaṁ neme janādhipāḥ
न चैव न भविष्यामः सर्वे वयमतः परम् ॥२-१२॥
na caiva na bhaviṣyāmaḥ sarve vayamataḥ param (2-12)

There never was a time indeed when I—or you or any of these kings—did not exist; nor it is that hereafter any of us shall cease to be.

— ॐ —

देहिनोऽस्मिन्यथा देहे कौमारं यौवनं जरा ।
dehino'sminyathā dehe kaumāraṁ yauvanaṁ jarā
तथा देहान्तरप्राप्तिर्धीरस्तत्र न मुह्यति ॥२-१३॥
tathā dehāntaraprāptirdhīrastatra na muhyati (2-13)

Even as the embodied soul attains in this body the states of childhood, youth and old age—even so it obtains another body upon death; the wise do not get deluded witnessing such changes.

— ॐ —

मात्रास्पर्शास्तु कौन्तेय शीतोष्णसुखदुःखदाः ।
mātrāsparśāstu kaunteya śītoṣṇasukhaduḥkhadāḥ
आगमापायिनोऽनित्यास्तांस्तितिक्षस्व भारत ॥२-१४॥
āgamāpāyino'nityāstāṁstitikṣasva bhārata (2-14)

From the contact of the sense-organs with sense-objects, there arise heat and cold, and even so pleasures and pains; but these are all transitory and fleeting and are subject to coming and going—so therefore just endure them, O Bhārata.

— ॐ —

नासतो विद्यते भावो नाभावो विद्यते सतः ।
nāsato vidyate bhāvo nābhāvo vidyate sataḥ
उभयोरपि दृष्टोऽन्तस्त्वनयोस्तत्त्वदर्शिभिः ॥२-१६॥
ubhayorapi dṛṣṭo'ntastvanayostattvadarśibhiḥ (2-16)

The unreal has no existence, and the real never ceases to be—the conclusion of both is clearly perceived to its stark reality by the knowers of Truth.

— ॐ —

अविनाशि तु तद्विद्धि येन सर्वमिदं ततम् ।
avināśi tu tadviddhi yena sarvamidaṁ tatam
विनाशमव्ययस्यास्य न कश्चित्कर्तुमर्हति ॥२-१७॥
vināśamavyayasyāsya na kaścitkartumarhati (2-17)

That One—by which this entire universe is pervaded—know That to be imperishable; verily no one can bring about the destruction of that Immutable Principle.

— ॐ —

य एनं वेत्ति हन्तारं यश्चैनं मन्यते हतम् ।
ya enaṁ vetti hantāraṁ yaścainaṁ manyate hatam
उभौ तौ न विजानीतो नायं हन्ति न हन्यते ॥२-१९॥
ubhau tau na vijānīto nāyaṁ hanti na hanyate (2-19)

He who thinks of It to be a slayer, and who thinks of It as slain, both of them are ignorant—for verily the Self neither kills, nor gets killed.

— ॐ —

नैनं छिन्दन्ति शस्त्राणि नैनं दहति पावकः ।
nainaṁ chindanti śastrāṇi nainaṁ dahati pāvakaḥ
न चैनं क्लेदयन्त्यापो न शोषयति मारुतः ॥२-२३॥
na cainaṁ kledayantyāpo na śoṣayati mārutaḥ (2-23)

Weapons do not cut the Self; and fires burn It not; and water cannot moisten It; nor can It the winds dry.

— ॐ —

न जायते म्रियते वा कदाचिन्
na jāyate mriyate vā kadācin
नायं भूत्वा भविता वा न भूयः ।
nāyaṁ bhūtvā bhavitā vā na bhūyaḥ
अजो नित्यः शाश्वतोऽयं पुराणो
ajo nityaḥ śāśvato'yaṁ purāṇo
न हन्यते हन्यमाने शरीरे ॥२-२०॥
na hanyate hanyamāne śarīre (2-20)

The Self is never born, nor does it ever die; nor does it come into existence by the body coming into being. Verily the Soul is unborn, immutable, constant, eternal and ancient-most. Even though the body is slain, the indwelling Self always persists unslain.

— ॐ —

वासांसि जीर्णानि यथा विहाय
vāsāṁsi jīrṇāni yathā vihāya
नवानि गृह्णाति नरोऽपराणि ।
navāni gṛhṇāti naro'parāṇi
तथा शरीराणि विहाय जीर्णा-
tathā śarīrāṇi vihāya jīrṇā-
न्यन्यानि संयाति नवानि देही ॥२-२२॥
nyanyāni saṁyāti navāni dehī (2-22)

Discarding worn-out garments, just as a person puts on new garbs, in like fashion does the embodied Self—casting off outworn bodies—enters into other newer ones.

— ॐ —

अव्यक्तादीनि भूतानि व्यक्तमध्यानि भारत ।
avyaktādīni bhūtāni vyaktamadhyāni bhārata

अव्यक्तनिधनान्येव तत्र का परिदेवना ॥२-२८॥
avyaktanidhanānyeva tatra kā paridevanā (2-28)

Beings have the Unmanifest as their beginning; and upon death they return to that Unmanifest again. Between birth and death—only during the interim—do the beings become manifest; so wherefore lament for them, O Bhārata?

— ॐ —

देही नित्यमवध्योऽयं देहे सर्वस्य भारत ।
dehī nityamavadhyo'yaṁ dehe sarvasya bhārata
तस्मात्सर्वाणि भूतानि न त्वं शोचितुमर्हसि ॥२-३०॥
tasmātsarvāṇi bhūtāni na tvaṁ śocitumarhasi (2-30)

The indwelling Self, within the bodies of all, is eternally indestructible, O Bhārata; therefore, you ought not to grieve for any creature.

— ॐ —

यावानर्थ उदपाने सर्वतः सम्प्लुतोदके ।
yāvānartha udapāne sarvataḥ samplutodake
तावान्सर्वेषु वेदेषु ब्राह्मणस्य विजानतः ॥२-४६॥
tāvānsarveṣu vedeṣu brāhmaṇasya vijānataḥ (2-46)

All the purposes which a small reservoir serves, is served entirely by a vast lake full of water. Likewise the purpose which all the Vedas serve, is already attained by one who is in complete knowledge of Brahama.

— ॐ —

योगस्थः कुरु कर्माणि सङ्गं त्यक्त्वा धनञ्जय ।
yogasthaḥ kuru karmāṇi saṅgaṁ tyaktvā dhanañjaya
सिद्ध्यसिद्ध्योः समो भूत्वा समत्वं योग उच्यते ॥२-४८॥
siddhyasiddhyoḥ samo bhūtvā samatvaṁ yoga ucyate (2-48)

Established in Yoga, perform Karma renouncing all attachments, O Dhananjaya, remaining unconcerned as to the outcome—be it failure or success; this equanimity of mind is what is called Karma-Yoga.

— ॐ —

कर्मजं बुद्धियुक्ता हि फलं त्यक्त्वा मनीषिणः ।
karmajaṁ buddhiyuktā hi phalaṁ tyaktvā manīṣiṇaḥ
जन्मबन्धविनिर्मुक्ताः पदं गच्छन्त्यनामयम् ॥२-५१॥
janmabandhavinirmuktāḥ padaṁ gacchantyanāmayam (2-51)

Endowed with wisdom, renouncing the fruits born of action, attaining self-realization, freed from the shackles of births and deaths—verily a Yogī enters that abode which is void of sorrows.

— ॐ —

यदा संहरते चायं कूर्मोऽङ्गानीव सर्वशः ।
yadā saṁharate cāyaṁ kūrmo'ṅgānīva sarvaśaḥ
इन्द्रियाणीन्द्रियार्थेभ्यस्तस्य प्रज्ञा प्रतिष्ठिता ॥२-५८॥
indriyāṇīndriyārthebhyastasya prajñā pratiṣṭhitā (2-58)

When one can altogether withdraw the senses from the sense-objects—even as a tortoise its limbs—then his wisdom is said to be steady.

— ॐ —

विषया विनिवर्तन्ते निराहारस्य देहिनः ।
viṣayā vinivartante nirāhārasya dehinaḥ
रसवर्जं रसोऽप्यस्य परं दृष्ट्वा निवर्तते ॥२-५९॥
rasavarjaṁ raso'pyasya paraṁ dṛṣṭvā nivartate (2-59)

Sense enjoyments can be restricted through physical restraint by an abstemious being, but a relish for them may still persist; even this relish ceases when the highest bliss of the Supreme is realized.

— ॐ —

कर्मेन्द्रियाणि संयम्य य आस्ते मनसा स्मरन् ।
karmendriyāṇi saṁyamya ya āste manasā smaran
इन्द्रियार्थान्विमूढात्मा मिथ्याचारः स उच्यते ॥३-६॥
indriyārthānvimūḍhātmā mithyācāraḥ sa ucyate (3-6)

The fool who outwardly restraining the organs of action sits dwelling upon the senses-objects through the mind—that man of deluded intellect is called a hypocrite.

— ॐ —

यस्त्विन्द्रियाणि मनसा नियम्यारभतेऽर्जुन ।
yastvindriyāṇi manasā niyamyārabhate'rjuna
कर्मेन्द्रियैः कर्मयोगमसक्तः स विशिष्यते ॥३-७॥
karmendriyaiḥ karmayogamasaktaḥ sa viśiṣyate (3-7)

But he who controls the sense-organs through the mind—performing Karma-Yoga through the organs of actions while remaining unattached—that wise one excels, O Arjuna.

Below is reproduced from **Ashtavakra Gita, A Fiery Octave in Ascension, by Vidya Wati.**

ISBNs: **978-1-945739-42-2** (Journal format) / **978-1-945739-46-0** (Paperback) / **978-1-945739-48-4** (Pocket-sized) / **978-1-945739-47-7** (Hardback)

(Excerpts shown below are in reduced font-size)

अहं कर्तेत्यहंमानमहाकृष्णाहिदंशितः ।
ahaṁ kartetyahaṁmānamahākṛṣṇāhidaṁśitaḥ ,
नाहं कर्तेति विश्वासामृतं पीत्वा सुखी भव ॥१-८॥
nāhaṁ karteti viśvāsāmṛtaṁ pītvā sukhī bhava (1-8)

May thou
—who have been bitten by the deadly serpent of egoism,
who persist delirious in its venom,
hallucinating, "I am the Doer"—
drink of the antidote of faith
—partake of the curative reality—
which avers: "I am not the Doer";
and replete with that nectar,
may thou abide ever glad.

एको विशुद्धबोधोऽहमिति निश्चयवह्निना ।
eko viśuddhabodho'hamiti niścayavahninā ,
प्रज्वाल्याज्ञानगहनं वीतशोकः सुखी भव ॥१-९॥
prajvālyājñānagahanaṁ vītaśokaḥ sukhī bhava (1-9)

Burn down this wilderness of Ignorance in the Fiery Knowledge-of-the-Self,
the essence of which Truth is the firm conviction that proclaims,
"I am the One Reality,
the all-pervading pristine Consciousness";
and thus freed of pain grief sorrows,
may thou abide in supreme happiness.

कूटस्थं बोधमद्वैतमात्मानं परिभावय ।
kūṭasthaṁ bodhamadvaitamātmānaṁ paribhāvaya ,
आभासोऽहं भ्रमं मुक्त्वा भावं बाह्यमथान्तरम् ॥१-१३॥
ābhāso'haṁ bhramaṁ muktvā
bhāvaṁ bāhyamathāntaram (1-13)

Giving up the mistaken identification with the body,
the external crust;
and rid also of identifying yourself
as being the ego and mind
—the superimposed delusions which are but reflections of the Ātmā—
meditate on yourself as being none of these but purely the Ātmā:
Immutable Consciousness,
the One without a second.

यथा न तोयतो भिन्नास्तरङ्गाः फेनबुद्बुदाः ।
yathā na toyato bhinnāstaraṅgāḥ phenabudbudāḥ ,
आत्मनो न तथा भिन्नं विश्वमात्मविनिर्गतम् ॥२-४॥
ātmano na tathā bhinnaṁ viśvamātmavinirgatam (2-4)

Just as
the waves foam and bubbles
are identical to the water of which they are made,
even so
this seemingly real universe
has emanated from the Param-Ātmā,
and is none other than the Ātmā
—my Self.

प्रकाशो मे निजं रूपं नातिरिक्तोऽस्म्यहं ततः ।
prakāśo me nijaṁ rūpaṁ nātirikto'smyahaṁ tataḥ ,
यदा प्रकाशते विश्वं तदाहं भास एव हि ॥२-८॥
yadā prakāśate viśvaṁ tadāhaṁ bhāsa eva hi (2-8)

My innate essence is a Fiery Light—
and other than the effulgence of Consciousness
I am nothing else.
When the universe shines forth,
it does so borrowing the glow of my brilliance.
Through and through everything which is manifest anywhere,
there is nothing except for the Fiery Ātmā
shining all splendorous.

मत्तो विनिर्गतं विश्वं मय्येव लयमेष्यति ।
matto vinirgataṁ viśvaṁ mayyeva layameṣyati ,
मृदि कुम्भो जले वीचिः कनके कटकं यथा ॥२-१०॥
mṛdi kumbho jale vīciḥ kanake kaṭakaṁ yathā (2-10)

All this here, emerges out of me;
it exists in me;
and within me again it becomes dissolved
—like an earthen jar returning to its component clay,
...or a wave
blending back into the water again,
...or a gold bracelet
melting into the pureness of its element
—having become bereft of form
bereft of name.

द्वैतमूलमहो दुःखं नान्यत्तस्याऽस्ति भेषजम् ।
dvaitamūlamaho duḥkhaṁ nānyattasyā'sti bheṣajam ,
दृश्यमेतन् मृषा सर्वमेकोऽहं चिद्रसोमलः ॥२-१६॥
dṛśyametan mṛṣā sarvameko'haṁ cidrasomalaḥ (2-16)

The notion of duality
is at the root of all grief and misery.
There is no other cure for sorrow
except the realization of the Truth, that

"There are no two here—it is all just One."

All this perceived multifariousness
is just an apparition,
and behind it all is just the One pristine Reality
void of defilements,
comprised in bliss and consciousness.

नाहं देहो न मे देहो जीवो नाहमहं हि चित् ।
nāhaṁ deho na me deho jīvo nāhamahaṁ hi cit ,
अयमेव हि मे बन्ध आसीद्या जीविते स्पृहा ॥२-२२॥
ayameva hi me bandha āsīdyā jīvite spṛhā (2-22)

I am not this body
—and nor had I ever a body—
I am not the Jīva,
I am nothing but a Pure Consciousness.
This indeed was my bondage:
that I once had this 'me' and 'mine';
and that I thirsted for life
in greed, desires, covetousness;
and that I fancied little bites of joys
—while in fact
the entire ocean of bliss was just I myself.

यत् पदं प्रेप्सवो दीनाः शक्राद्याः सर्वदेवताः ।
yat padaṁ prepsavo dīnāḥ śakrādyāḥ sarvadevatāḥ ,
अहो तत्र स्थितो योगी न हर्षमुपगच्छति ॥४-२॥
aho tatra sthito yogī na harṣamupagacchati (4-2)

Even suffering the state of mirthful revelries
—those ravishing spheres of pleasures which even gods like Indra yearn for disconsolately—
the yogi finds no excitement existing in them
—being that he always abides
in That-Ocean-of-Bliss
where such morsels of delights
are but tiny fleeting waves
...flapping away

न ते सङ्गोऽस्ति केनापि किं शुद्धस्त्यक्तुमिच्छसि ।
na te saṅgo'sti kenāpi kiṁ śuddhastyaktumicchasi ,
सङ्घातविलयं कुर्वन्नेवमेव लयं व्रज ॥५-१॥
saṅghātavilayaṁ kurvannevameva layaṁ vraja (5-1)

There is nothing at all here attached to which you lie bound in fetters.
Pure and taintless you already are—
so what is that you must needs give up?

Renounce simply the idea of a body—
set aside this composite organism to rest.
Give up identifying yourself with this assemblage of skin, bone, organs.
Abide Dissolved,
knowing that you are not anything material
but the Ātmā pure.

यस्य बोधोदये तावत्स्वप्नवद् भवति भ्रमः ।
yasya bodhodaye tāvatsvapnavad bhavati bhramaḥ ,
तस्मै सुखैकरूपाय नमः शान्ताय तेजसे ॥१८-१॥
tasmai sukhaikarūpāya namaḥ śāntāya tejase (18-1)

Salutation to that Fiery Light—
self-effulgent, self-existent, independent,
which is pristine consciousness
which is tranquility,
which is bliss,
which is abiding existence—
in whose dawn,
this dark delusive universe
—which has you enslaved—
vanishes away
like the dream of a dark night.

व्यामोहमात्रविरतौ स्वरूपादानमात्रतः ।
vyāmohamātraviratau svarūpādānamātrataḥ ,
वीतशोका विराजन्ते निरावरणदृष्टयः ॥१८-६॥
vītaśokā virājante nirāvaraṇadṛṣṭayaḥ (18-6)

With their delusions dispelled,
those who abide cognized of the Self
—the fiery glow of pure consciousness shining within—
their distress is now at end;
and they live free of sorrows
—in a completeness of Bliss.

क्व विक्षेपः क्व चैकाग्र्यं क्व निर्बोधः क्व मूढता ।
kva vikṣepaḥ kva caikāgryaṁ kva nirbodhaḥ kva mūḍhatā ,
क्व हर्षः क्व विषादो वा सर्वदा निष्क्रियस्य मे ॥२०-९॥
kva harṣaḥ kva viṣādo vā sarvadā niṣkriyasya me (20-9)

Whither went concentration?
...and what happened to all those distractions?
...whither the deluded soul?
...and whither the burdensome bag of delusions?
...where went charms and delights of the world?
...and where went sorrows?
For me, it has all coalesced into a oneness.
Bereft of any karmas,
I am just the Ātmā now.

Below is reproduced from **Vivekachūḍāmani of Shankaracharya, the Fiery Crest-Jewel of Wisdom, by Vidya Wati.**

ISBNs: **978-1-945739-41-5** (Journal format) / **978-1-945739-44-6** (Paperback) / **978-1-945739-79-8** (Pocket-sized) / **978-1-945739-45-3** (Hardback)

(Excerpts shown below are in reduced font-size)

लब्ध्वा कथञ्चिन्नरजन्म दुर्लभं
labdhvā kathañcinnarajanma durlabhaṁ
तत्रापि पुंस्त्वं श्रुतिपारदर्शनम् ।
tatrāpi puṁstvaṁ śrutipāradarśanam ,
यस्त्वात्ममुक्तौ न यतेत मूढधीः
yastvātmamuktau na yateta mūḍhadhīḥ
स ह्यात्महा स्वं विनिहन्त्यसद्ग्रहात् ॥४॥
sa hyātmahā svaṁ vinihantyasadgrahāt (4)

He who, having by some means obtained this privileged human birth born a man—and furthermore having knowledge and learning and grasp of the sacred scriptures—does not exert himself for self-liberation, that fool is certainly committing suicide thereby—for he imperils himself by holding as life-support those very things which themselves are tenuous and unreal.

ब्रह्म सत्यं जगन्मिथ्येत्येवंरूपो विनिश्चयः ।
brahma satyaṁ jaganmithyetyevaṁrūpo viniścayaḥ ,
सोऽयं नित्यानित्यवस्तुविवेकः समुदाहृतः ॥२०॥
so'yaṁ nityānityavastuvivekaḥ samudāhṛtaḥ (20)

"*Brahama* alone is Real (self-existent), and the universe non-Real (not self-existent)"—the insight, discernment, and firm conviction by which one comprehends this Vedic dictum: that is designated to be *Viveka* (or Discrimination between the Real and the non-Real).

अहङ्कारादिदेहान्तान् बन्धानज्ञानकल्पितान् ।
ahaṅkārādidehāntān bandhānajñānakalpitān ,
स्वस्वरूपावबोधेन मोक्तुमिच्छा मुमुक्षुता ॥२७॥
svasvarūpāvabodhena moktumicchā mumukṣutā (27)

An intense yearning for Freedom—to be released of all bondages, from that of egoism to that of body, to be relieved of all thralldoms superimposed by dint of Ignorance—by realizing one's Real Nature: that is designated to be *Mumukshutā* (or Longing for Liberation).

मोक्षकारणसामग्र्यां भक्तिरेव गरीयसी ।
mokṣakāraṇasāmagryāṁ bhaktireva garīyasī ,
स्वस्वरूपानुसन्धानं भक्तिरित्यभिधीयते ॥३१॥
svasvarūpānusandhānaṁ bhaktirityabhidhīyate (31)

Among the means most conducive to Liberation, *Bhaktī* holds a supreme spot. A constant contemplation and seeking of one's true Self, one's Real Nature—that is designated to be *Bhaktī* (Devotion).

ऋणमोचनकर्तारः पितुः सन्ति सुतादयः ।
ṛṇamocanakartāraḥ pituḥ santi sutādayaḥ ,
बन्धमोचनकर्ता तु स्वस्मादन्यो न कश्चन ॥५१॥
bandhamocanakartā tu svasmādanyo na kaścana (51)

A father may have his sons and others to redeem him from his financial debts, but there is no one other than one's own Self to deliver one from the within bondages that are upon the Self (and which are self-imposed).

तस्मात्सर्वप्रयत्नेन भवबन्धविमुक्तये ।
tasmātsarvaprayatnena bhavabandhavimuktaye ,
स्वैरेव यत्नः कर्तव्यो रोगादाविव पण्डितैः ॥६६॥
svaireva yatnaḥ kartavyo rogādāviva paṇḍitaiḥ (66)

Therefore—just as in the case of bodily diseases and internal maladies—the wise should strive personally and with every means in his power, to free himself from the bondages of this dreadful transmigratory disease of repeated births and deaths.

मा भैष्ट विद्वंस्तव नास्त्यपायः
mā bhaiṣṭa vidvaṁstava nāstyapāyaḥ
संसारसिन्धोस्तरणेऽस्त्युपायः ।
saṁsārasindhostaraṇe'styupāyaḥ ,
येनैव याता यतयोऽस्य पारं
yenaiva yātā yatayo'sya pāraṁ
तमेव मार्गं तव निर्दिशामि ॥४३॥
tameva mārgaṁ tava nirdiśāmi (43)

Fear not, O learned one, there is no death for thee; verily there is a sovereign means of crossing this sea of relative existence. That very supreme path, treading which our ancient sages of yore have managed to go beyond—that very way I shall now inculcate to thee.

www.ingramcontent.com/pod-product-compliance
Lightning Source LLC
Chambersburg PA
CBHW082027120526
44592CB00039B/2541
* 9 7 8 1 9 4 5 7 3 9 5 3 8 *